遥远的过去
——我的哥哥契诃夫

【苏联】玛丽雅·巴甫洛芙娜·契诃娃 著
尼·亚·瑟索耶夫 整理
史永利 译

全国百佳出版社
中央编译出版社

图书在版编目（CIP）数据

遥远的过去：我的哥哥契诃夫 / (苏) 契诃娃著；
史永利译. -- 北京：中央编译出版社，2011.4
ISBN 978-7-5117-0850-2

Ⅰ.①遥…
Ⅱ.①契… ②史…
Ⅲ.①契诃夫，A.P.（1860~1904）- 生平事迹
Ⅳ.①K835.125.6
中国版本图书馆CIP数据核字(2011)第067671号

遥远的过去——我的哥哥契诃夫

出 版 人	和 龑
策划编辑	叶 芳 沈 山
责任编辑	王忠波
责任印制	尹 珺
出版发行	中央编译出版社
地　　址	北京西单西斜街36号（100032）
电　　话	（010）66509360（总编室）（010）66509367（编辑室）
	（010）66161011（团购部）（010）66130345（网络销售）
	（010）66509364（发行部）（010）66509618（读者服务部）
网　　址	www.cctpbook.com
经　　销	全国新华书店
印　　刷	北京印刷一厂
开　　本	787毫米×1092毫米　1/32
字　　数	210千字
印　　张	9.75
版　　次	2011年6月第1版第1次印刷
定　　价	32.00元

本社常年法律顾问：北京大成律师事务所首席顾问律师　鲁哈达
凡有印装质量问题，本社负责调换。电话：（010）66509618

大学时代的安·巴·契诃夫

玛·巴·契诃娃
19世纪90年代初

根据М. П. Чехова, Из Далекого Прошлого (Государственное Издательство Художественной Литературы, Москва, 1960) 翻译

谨以此译本献给难以忘怀的汝龙先生和文颖先生

——译者

契诃夫的妹妹玛丽雅（代序）

契诃夫是中国人很熟悉的俄罗斯作家，而他的妹妹玛丽雅·巴甫洛芙娜·契诃娃却鲜为人知。

玛丽雅出生在俄国废除农奴制的第三年，即1863年，逝世于1957年。玛丽雅曾在逝世前一年写的回忆录《遥远的过去》中说："我的生命确实是漫长的。……谁活得时间长，谁就应该做更多的事。我不敢说，我已经做了许多事，然而在我93岁的时候，我可以说：我把自己的一生献给了作家契诃夫，因此我完成了我想做的事。"

玛丽雅生在一个大家庭里，有四个哥哥和一个弟弟。契诃夫是她的三哥，比她大三岁半。玛丽雅是家中唯一的女孩子。她与哥哥契诃夫从少年时代起关系就很密切，这种关系是在患难中形成的。当玛丽雅13岁的时候，大哥和二哥已经离开家，去莫斯科读书，父亲在俄国南部塔甘罗格市经营的小食品杂货店倒闭，家庭生活陷入困境。不久，父亲为躲债也逃到莫斯科。后来，全家搬到莫

遥远的过去——我的哥哥契诃夫

斯科,只有契诃夫留在故乡中学读书。玛丽雅小小年纪,就要代替身患疾病的母亲,承担所有家务,洗衣做饭,缝缝补补,还要抽时间织头巾卖钱贴补家用。后来契诃夫曾经说:"玛丽雅是我们家的主管,要是她不在家,连粥锅都开不了。"契诃夫1879年中学毕业,争取到了故乡塔甘罗格市提供的助学金(每月25卢布),到莫斯科大学学习医学。他的这笔助学金对处于苦难之中的契诃夫一家来说,简直是一笔不小的财富。正是从这一年开始,全家人的日子才渐渐好转。契诃夫看到玛丽雅为维持家庭生活、照顾父母辛勤劳动,对她格外爱护和尊重。也就是从1879年起,契诃夫不但在大学读书,而且利用夜晚的时间拼命写作,开始踏上了文学之路。他用得到的稿费维持家庭生活,改变家人生活状况,后来还为玛丽雅缴学费,让她到高等女子学院学习。随着契诃夫的作品不断发表,他在家里的威望也越来越高,渐渐取代了父亲在家中的地位,成为一家之主。这样,契诃夫和玛丽雅便承担起照顾父母和家里生活的重担,成为契诃夫一家的两根互相依存的支柱。

1884年契诃夫从莫斯科大学医学系毕业,在家里挂牌行医,同时仍然把主要精力放在文学创作上,逐渐成为俄国文坛上耀眼的新星。玛丽雅为哥哥契诃夫取得的成绩感到由衷的高兴,在生活上对他细心照顾,千方百计为他创造舒适、安静的写作条件,同时还在医务上帮他的忙,成为哥哥的"医务助手"。有时契诃夫不在家,她都能为病人开药解忧。

契诃夫决心献身于文学事业后,健康状况越来越差,决定搬离莫斯科,到农村居住。玛丽雅对哥哥的病心急如焚,竟在隆冬季节顶着严寒为哥哥寻找、查看庄园。契诃夫对妹妹无限信任,自己连到实地看也没看,就同意购买玛丽雅选定的庄园。1892年契诃夫全家搬到离莫斯科不很远的梅里霍沃村居住。

此后,契诃夫写下大量作品,同时还从事繁重的社会工作:参加全俄人口普查,救济饥民,预防霍乱,为农民看病,为农民子弟建造学校,到萨哈林岛(即库页岛,下同——编者注)考察,等等。值得指出的是,契诃夫的这些社会工作都是无偿的,非但如此,他还要经常为这些工作顺利开展,自掏腰

——契诃夫的妹妹玛丽雅(代序)

包,提供资金。在契诃夫的影响下,玛丽雅除了忙自己的中学教员工作和繁琐的家务外,还想方设法筹集资金,为梅里霍沃的农民子弟建造了一所小学。她所建造的小学至今尚存。

玛丽雅年轻时长得很漂亮,心地善良,活泼愉快,许多人都追求她,向她求婚。可是她每次都把自己的婚姻大事告诉哥哥契诃夫,征求他的意见。最后一次,求婚者是她认识了多年的朋友亚历山大·伊万诺维奇·斯玛金。她心里斗争非常激烈,好几天没有给斯玛金回答。最后,她还是把斯玛金求婚的事向哥哥和盘托出。关于这件事,玛丽雅在回忆录中这样写道:"哥哥当然明白我要嫁给谁,可是他什么话也没有说……我明白,如果我到另外的人家去,到自己的新家去,他不会承认他将感到痛苦……他永远不会说出'不'这个字……几天过去了,安东·巴甫洛维奇对我的坦白依然没有回答……我想了许多许多。最后,凭着对哥哥的热爱,凭着对他的依恋之情,我对问题做出了决断。我不能让哥哥不愉快,不能让他习惯了的生活方式变得不协调,不能让他失去我一直千方百计为他创造的写作环境。我告诉斯玛金,我拒绝他的求婚。"就这样,玛丽雅为了哥哥契诃夫抛弃了自己的婚姻生活,一生未嫁。但是,契诃夫直到逝世也不知道玛丽雅不结婚的原因。当斯玛金已经变成白发苍苍的老人的时候,还对朋友说,他爱了玛丽雅一辈子,然而,他也不知道玛丽雅为什么拒绝他的求婚。忠贞不渝的爱情是人间宝贵的感情,而玛丽雅对哥哥的爱却超越了男女之间的爱情。这是一种什么样的境界呀!

正因为玛丽雅具有这种独特的品格才博得人们的爱戴和尊敬。俄国著名作家布宁生前曾经给玛丽雅写信说:"在这个世界上与我最亲近的人不超过十个,而您是其中之一。"

1901年5月,契诃夫41岁的时候,与莫斯科艺术剧院才华出众的女演员克尼碧尔结婚。同年8月,契诃夫便写好了遗嘱,交给妻子保存。三年后,契诃夫逝世,玛丽雅才看到这份遗嘱。契诃夫在遗嘱中指定玛丽雅做他遗嘱的执行人。这说明,契诃夫非常信任妹妹玛丽雅,相信她一定能够完成自己的最后一

遥远的过去——我的哥哥契诃夫

次嘱托。

在契诃夫逝世后的年代里,玛丽雅不折不扣地完成了哥哥的嘱托,把自己的一切献给了契诃夫的文学事业。她把契诃夫遗赠给她的雅尔塔白色别墅精心地保护起来,并且把它变成契诃夫纪念馆,馆内一切物件都按契诃夫生前的样子保存着。玛丽雅说,这样能让她觉得,契诃夫好像还活着,只是到外地旅行去了。她热情接待来访者,向他们详细讲述契诃夫生前的故事。在俄国十月革命前,玛丽雅克服重重困难,收集、整理、出版契诃夫的遗作和书信。光是契诃夫的书信就有整整六集,其中包括契诃夫写给玛丽雅的信434封。契诃夫逝世前三天写的最后一封信,也是写给妹妹玛丽雅的。契诃夫的书信内容极为丰富,是契诃夫文学遗产不可分割的重要组成部分,为展示契诃夫的全貌,为研究契诃夫及其作品、生活、思想、道德、文学理论等等,提供了难得的宝贵材料。

十月革命胜利后,玛丽雅被任命为雅尔塔契诃夫纪念馆终身馆长。1953年8月4日,苏联联邦政府授予玛丽雅"功勋艺术工作者"荣誉称号,以表彰她"在收集、保存、研究俄国伟大作家安·巴·契诃夫文学遗产事业中做出的功绩"。

契诃夫生前曾经开玩笑地说过,他的作品人们最多读七年,然后就会被遗忘。可是,契诃夫1904年逝世,到现在,一百多年过去了,人们仍然在读契诃夫的作品,不仅俄国人在读,中国人和世界许多国家的人都在读。人们在阅读契诃夫作品的时候,想没有想到,那些作品里面也浸透着玛丽雅的心血?看没有看到,在契诃夫作品的背后,闪动着玛丽雅那美丽、善良、真诚、勤劳、热情、乐观、忘我、令人肃然起敬的身影?

史永利

2010年11月

目 录

契诃夫的妹妹玛丽雅（代序）……………………………… I
一 童年 ………………………………………………………… 1
二 贫困的岁月 ………………………………………………… 8
三 新的生活 ………………………………………………… 13
四 沃斯克列辛斯克和巴勃基诺 …………………………… 21
五 库德林花园街 …………………………………………… 38
六 在卢卡 …………………………………………………… 59
七 萨哈林岛之行 …………………………………………… 82
八 鲍基莫沃的夏天 ………………………………………… 94
九 寻找庄园 ………………………………………………… 103
十 梅里霍沃 ………………………………………………… 108
十一 我的朋友丽卡 ………………………………………… 138
十二 安东·巴甫洛维奇的干亲家 ………………………… 152

十三 "我的新朋友"……………………………………	161
十四 《海鸥》在彼得堡…………………………………	164
十五 第十六病室……………………………………………	170
十六 哥哥不在家的那个冬天……………………………	178
十七 父亲晚年的生活……………………………………	184
十八 又是《海鸥》…………………………………………	192
十九 迁居雅尔塔…………………………………………	196
二十 莫斯科艺术剧院……………………………………	211
二十一 哥哥的婚事………………………………………	229
二十二 雅尔塔的生活……………………………………	235
二十三 哥哥的逝世与安葬………………………………	263
二十四 半个世纪之后……………………………………	269
人名索引……………………………………………………	277
特别感谢……………………………………………………	294
附录：为什么契诃夫41岁才结婚？……………………	295

一 童年

我1863年生在塔甘罗格市。

大约从六岁起我开始记事。那时,我们住在修道院街和集市街拐角上一所两层楼房里,那房子是莫伊谢耶夫家的。父亲在楼下开一个不大的食品杂货商店,我们一大家人,父亲、母亲、六个孩子,大部分人住在楼上,有几个人住在楼下。

我有五个兄弟。亚历山大比我大八岁,尼古拉大六岁,安东大三岁半,伊万大一岁,弟弟米哈伊尔比我小两岁。我们的父亲做的是小买卖,养活这样一家人是不容易的。我们这些孩子得干许多活儿。我是家里唯一的女孩子,要比别人干更多的家务,帮助母亲。哥哥们一般是在铺子里帮父亲做事,安托沙①也如此。

按照当时老派家庭严格的生活方式,我们的父亲对孩子们要求苛刻而严厉。哥哥们做错了事,往往难免遭到皮鞭的惩罚。有时安托沙也挨父亲打。安东·巴甫洛维奇长大成人后,虽然性格非常温柔体贴,却也批评过父亲教育孩子的方法。父亲极力要孩子们接受宗教教育,他们必须到教堂

---

① 安东的爱称。——译者注

遥远的过去——我的哥哥契诃夫

去祈祷,参加唱诗班唱诗,在家里没完没了地练唱。此外,作为父亲的帮手,哥哥们还要看守他的店铺,那是个枯燥无味的差事,正因为这些,后来安东·巴甫洛维奇曾说,"在我的童年没有童年"。当然,人们不要忘记我们童年所处的那个时代。我们的祖父,叶戈尔·米哈伊洛维奇,原是一个地主家的农奴,受过农奴生活的严酷训练,我们的父亲巴维尔·叶戈罗维奇年轻时也是个农奴,后来才得以赎身。因此,我们家那种严格与冷酷的生活方式,就是我们父亲童年时经历过的那种严酷和不自由生活的反映。然而我后来却感到奇怪,父亲那种演员式的性格,他对音乐、歌唱的热爱,他那些明晰的道德原则究竟是从哪里来的。虽然他本人没有进过任何学校,但是他却想方设法送孩子们进中学读书。人们只要回想一下当时商人家庭的生活,以及他们对子女教育方面的反动观点,就能明白我们的父亲比他同阶层的人要高明多少。

所以,认为巴维尔·叶戈罗维奇对待子女纯粹是一个"残忍的暴君"是不对的。他是一个严厉的人,然而他杰出、有才能。

那些论述巴维尔·叶戈罗维奇专横性格的文学研究家,通常援引我大哥亚历山大·巴甫洛维奇的书信和回忆录。但是需要注意的是,我大哥虽然很有才华和能力,不过他有病,醉酒病,发病时,想入非非地编造了许多东西。

安东·巴甫洛维奇喜欢大哥,可是他看到,疾病给大哥带来严重的后果。1888年他在一封信里写道:"我拿大哥有什么办法呢?没别的,光是叫人难受。他不饮酒的时候聪明、虚心、诚实、温和,可是一喝醉酒,就简直叫人受不了。他两三杯酒下肚,就会十分兴奋,开始胡扯。他写信就是要满足他那种要说、要写或者要编造某个无害而动人的假话的强烈愿望。他还没到产生幻觉的地步,因为他喝酒还算少。我根据他的信就能知道,他写信的时候是清醒的,还是喝醉了酒:有的信写得非常规矩、真挚,有的信却从头到尾都是胡说。他患有醉酒病,这是毫无疑问的。"

这就可以说明，为什么亚历山大·巴甫洛维奇在1905至1912年间发表的回忆录的某些章节会引起读者误解了。

此外，从父亲写给儿子们的信中也可以看出，大哥亚历山大年轻时代的生活有时多么让他生气，父亲对大儿子的性格、秉性又有多么细致入微的了解，他又怎样谨慎而委婉地努力教育他。在我的珍藏室里，保存着父亲写的一些信的原件。例如，1875年4月8日父亲给亚历山大写过一封信，当时亚历山大住在男子古典中学校长家里，做他孩子们的家庭教师。下面是这封信的摘录：

萨沙①，我看你并不需要我们，我们放纵了你，你岁数这么小，就能自己爱怎么生活就怎么生活，爱干什么就干什么了。就是说，我们的话你是不会听的。……你爱去哪儿就去哪儿吧，随你的便，你没有我们也能行，也能活。只可惜，你这么早就忘了父母，可是我们把全部心血都花在你身上，为了把你养育成人，我们不惜花钱，不顾劳累……今后我只求你一件事：你要改改自己的脾气，对我们和对你自己都要厚道些；你又漂亮又聪明，可是你有些忘乎所以，你身上有一种自高自大的派头。萨沙，你可给我们添了很大的罪孽呀……

我们的母亲叶甫盖尼雅·亚科夫列芙娜跟父亲不一样，她是一个很温柔、安静的女人。她的性格平和可爱。我记得，我们总是津津有味地听她讲故事，那些不平常的、神话般的故事都充满诗情。与父亲严厉的外貌形成鲜明对比，母亲对孩子们关怀备至，体贴入微，我们深有体会，而且铭记在心。后来，安东·巴甫洛维奇很准确地说道："我们的才能来自父亲，而我们的心灵来自母亲。"

安东·巴甫洛维奇早在17岁的时候，就给堂弟米哈伊尔·米哈伊洛维奇·契诃夫写信说：

父亲和母亲对我来说是举世无双的人，为了他们，我永远也不会吝惜

---

①亚历山大的爱称。——译者注

遥远的过去——我的哥哥契诃夫

什么。如果我将来有所成就,这也是他们的功劳,他们是极好的人,单是他们对孩子的一片爱,就值得赞扬不已,只这一点就可以忽略他们身上的一切缺点,而那些缺点,由于生活贫困,或难避免……

安东·巴甫洛维奇很准确而透彻地评价了我们父母的性格和生活状况,评价了他们对我们所起的作用,他一生对他们都怀着深切的热爱。

我们这些孩子,虽然不得不干许多活儿,不得不遵守父亲的清规戒律,可是我们生活得和睦而快活。我们家里总是充满玩乐、取笑、顽皮和欢笑。在想出各种逗笑的即兴表演也好,搞天真无邪的儿童恶作剧也好,安托沙总是起主要作用,由他带头。例如,我一直记得,安托沙组织我们小孩演戏。有一次我参加演一个戏。当时我还完全是个小姑娘。我演的角色是塔季雅娜·切普鲁尼哈,我记得,根据剧情的发展,安托沙在"舞台"上当着大家的面拥抱我,我简直窘极了。

我们这些十几岁的孩子对果戈理的著作,对他作品里的人物都非常入迷,并且经常扮演这些角色,把整场的戏演出来。两个哥哥,安东和伊万都打扮起来,穿上乌克兰民族服装。哥哥尼古拉演过果戈理的《圣诞节前夜》中的一个场面,他扮演醉汉丘勃,在暴风雪中寻找自己的茅舍,演得逗极了。

在我们家,《钦差大臣》享有很大的声望。我们小时候在家里经常演这个戏。安东·巴甫洛维奇通常演市长。他穿上他漂亮的中学生制服,纽扣闪闪发光,为了显得有气派,他在制服里垫些小枕头,该垫高的地方都垫高了。他的制服外面,没有佩剑,只挂一把平常的马刀,胸前戴着自己做的勋章。他化装很仔细,而且应该说非常精致。在所有"演员"当中,无可争论,他最有才能。如果用戏剧语言来说的话,他实际上既是导演,又是布景设计师。

哥哥伊万通常演赫列斯塔科夫,我演玛丽雅·安东诺芙娜——市长的女儿(在缺少合适的"女演员"的时候,我也演市长的妻子安娜·安德列耶芙娜），哥哥尼古拉·巴甫洛维奇有时演仆人奥西普，有时演法官利亚普金-加普金。我现在想起这个戏的某些情节还忍不住要笑。例如，有一幕，赫列斯塔科夫（哥哥伊万扮演）向我走来，要拥抱我，我应该躲开他一点。可是我躲开他远远的，因为当着观众的面让人拥抱，我觉得很不好意思，观众通常就是我们的父母、亲戚、熟人和邻居。最后，我一个劲儿往后躲，一直退到房间的墙上，所有的对白都念完了，赫列斯塔科夫原该吻我一下，可是始终也没吻着。

哥哥安东从少年时代起就具有异常敏锐的观察力。例如，他在城里、学校里或者熟人家里看到的事情，他能绘声绘色地描摹和表现出来。每当他模仿我们熟人身上可笑的特点，都要招得所有在场的人，从小孩到大人，笑得东倒西歪。安托沙甚至还开兄弟们的玩笑。他常给他们取外号，那些外号幽默极了，不过有时也挺气人。比方说，他管哥哥尼古拉叫"独眼龙"，因为尼古拉讲话时养成习惯，总眯起一只眼睛。他给尼古拉还取过一个外号，叫"站在大船上的细面条"，因为他两条腿又细又长，穿着非常瘦的裤子，脚上却穿着肥大的皮套鞋，样子确实滑稽。他那条裤子还是安托沙亲手做的，那时候他在一个技工学校学裁缝。我的几个哥哥在上中学的同时，都到那儿学习过。当初，安托沙给尼古拉做那条裤子的时候，尼古拉非要他把裤子做得尽量瘦不可（那时时穿瘦腿裤时髦）。于是安托沙就极力照办了。

我也没逃脱可笑的外号。安托沙给我取了整整三个外号："哈巴狗"、"小扁豆"和"光环"。最后一个外号惹得我特别生气，我为这个外号哭过。我小时候头发又短又直。为了让头发别乱，我用一个半圆形的梳子把头发卡住，可是头发仍旧不贴顺，梳子周围的头发竖起来，像光环似的。哥哥给我取的外号就是由这儿来的，可是我心里觉得十分委屈。

每逢节日，教堂举行祈祷时，我们的父亲一概要热心去参加，而且硬逼着全家人都得参加。对我们这些孩子来说，有时候这很不轻松：早早就得起床，还要在教堂里站很久。可是哥哥们即使在这种场合也还要开玩

遥远的过去——我的哥哥契诃夫

笑。比如，有这样一件事。

清晨。大家还睡得正香，根本不想起床。可是母亲催着大家起来，不然会耽误晨祷，父亲就要生气。父亲自己早在大家前面走了。最后，所有的人都准备好，只有安托沙一个人用被子蒙着头躺在床上，不理睬母亲的催促。

"安托沙，快起来……该去晨祷了。去晚了父亲会生气的，你还不知道他的脾气！……"

哥哥蹬蹬腿，不愿意听。

我们没有等他就到教堂去了。尼古拉也没有跟我们一块儿走。他早已经走了。他有一种天生的乐感，很喜欢在钟楼上打钟，当他把所有的钟都打响的时候，那钟声特别响亮悦耳，和谐动听。

我们往教堂去刚走了多一半路，出乎意外地瞧见安托沙在前面。原来，他还在被子里就穿好了衣服，我们走后，他很快起来，洗了脸，穿过几条小巷，绕到我们前面去了。

我们快要走到教堂了，可是突然……钟楼上所有的钟全敲响了。这么庄严的全部钟鸣，完全不是时候，大家都感到奇怪。原来，尼古拉在钟楼上看见母亲来了，就决定鸣钟迎接。全部钟鸣只有在教士临近教堂的时候才能用。不用说，哥哥由于干了这件事，遭到了父亲的处罚。

后来，我们家里的人常常回忆起尼古拉用钟声迎接母亲的事，每次大家都开心地笑起来。

我的兄弟们逐渐有了男孩子自己所特有的爱好，他们不让我加入他们的活动。虽然我还是跟他们一块玩棒球，玩羊拐子，可是毕竟跟兄弟们一起玩的时候越来越少了，加上对母亲的依恋，也使我这一时期不能和他们接近。夏天，兄弟们经常结伴到海上去捕鱼，到草原上克尼亚扎亚村我们的爷爷那里去，而我留在母亲身边。

那时候，大哥亚历山大在中学高年级读书，不大与我们来往。他觉得，他已经不适于跟我们这些小孩子一块儿生活和游戏。后来，他上中学最后一年，就干脆从我们家搬出去，到中学校长埃·鲁·赖特林格尔家去住，为他的孩子们补习功课，得些报酬。

★ ★ ★

1875年8月，我们家里的人口减少了：大哥和二哥到莫斯科去上学。大哥亚历山大中学毕业后，考进莫斯科大学，二哥尼古拉在绘画方面显露出很大才能，也跟大哥一块儿走了，希望考进绘画雕塑建筑学校。

这个时期，我们父亲的生意开始走下坡路。他在给莫斯科的两个儿子的信中，开始流露出忐忑不安的情绪。例如，他在1875年8月18日的信里写道："我的买卖一天不如一天。我已经有点灰心丧气，妈妈看到我这样，也不知如何是好。唉，钱，钱！要不去托人情，清清白白地弄到钱可真难……"

我们的父亲从来没有显出做生意的才干，虽然他有一个"三等商人"的称号，可是他不是人们所说的那种地地道道的商人。最后他的生意陷于困境，欠下大堆债务，特别是他又筹划盖了自己的房子，导致他的铺子不得不停业。1876年4月，父亲彻底破产。4月23日，他为了躲债，几乎是从塔甘罗格逃到莫斯科去的。这一事件使我们的生活完全变了样，生活状况急转直下。

父亲在莫斯科住在亚历山大和尼古拉那里。他们俩过着清苦的大学生生活，父亲来到，他们也帮不了他什么忙。在塔甘罗格盖好的房子被夺走抵了债。

1876年7月，我们的母亲带着我和弟弟米哈伊尔也到莫斯科来投奔父亲。安托沙和哥哥伊万留在塔甘罗格，继续在中学读书。可是伊万不久也搬到我们这里，只有安托沙一个人留在塔甘罗格。

在故乡那种无忧无虑的幼年时代就这样悲惨地结束了，莫斯科的艰难贫困时期开始了。

遥远的过去——我的哥哥契诃夫

二 贫困的岁月

1876年莫斯科给我留下的最初印象，我现在还记忆犹新。我那时已经13岁。莫斯科真让我惊叹不已，因为我一直住在安静的外省小城塔甘罗格，那儿的生活古老守旧，街道不铺路面，泥泞不堪。莫斯科的楼房宏伟高大，剧院富丽堂皇，那无穷无尽的大街小巷，害得我后来不止一次迷路，商店、小铺、粮店不计其数，广场上的货摊热热闹闹，像赶集一样，空中响着著名的莫斯科钟声，铁轨马车隆隆作响，这一切极大地开阔了我的眼界。

如今，莫斯科的面貌已经大变，要是把一个当代青年带到七八十年前我初次看见的莫斯科，那么这个城市大概会让他觉得非常陌生，甚至有些滑稽可笑，而且既冷清又土气，就跟我们当时见到莫斯科而回想塔甘罗格的情景一样。可是那时候，莫斯科在我们眼里是个繁华的大城，处处都使人震惊，这就是我们从上小学起就熟悉的、具有悠久历史的俄国古都莫斯科。

我们在莫斯科格拉切夫卡街住下，这条街在苏哈列夫花园街与喇叭广场之间。我们租下一所小楼的地下室里的一个房间。哥哥尼古拉起初也搬到我们这里来住。我们在塔甘罗格宽敞的房子里住惯了,现在全家挤在一个房间里,觉得很难受。

前面等待着我们的还有更大的考验。充满贫困、艰苦和烦心事的岁月开始了。父亲怎么也找不到工作。家里没有钱,母亲每天犯愁,拿什么给家里人吃。屋子里很不舒服,潮湿,寒冷。冬天,没有钱买木柴。我现在还记得,我哥哥尼古拉跟他在绘画雕塑建筑学校的朋友和同学,后来成为建筑学院士的弗兰茨·奥西波维奇·舍赫捷尔,用大车运过木柴,送到我们家里,供生火和取暖用。

后来我们搬过许多次家,都住在莫斯科的一些小巷子里。我们通常三个人一起去找房子:母亲、米哈伊尔和我。母亲怕狗,她和弟弟留在大门外,我总是大胆地走进人家的院子,打听租房的事,要是有合适的房子,我才把母亲带进去。

对我来说,无忧无虑的童年时代过去了。摆在我面前的已经是另外一种严肃的生活。现在我得实实在在地帮家里的忙了。

艰苦的生活逐渐锻炼了我:我从一个娇生惯养的小姑娘变成独当一面的管家人。饱经忧患的母亲时常害病,我得完全代替她干家务。我做饭,给全家人洗衣服,缝缝补补。我一有空闲的时间,就用毛线织头巾,每块头巾卖15至20戈比,为增加全家的收入贡献自己的力量。大哥亚历山大在大学读书时期,用他工作挣来的微薄收入接济过家里,可是这种事很少有,钱数也少。安托沙依照母亲的要求,把留在塔甘罗格的家具什物卖掉,将所有的钱寄到莫斯科我们这里来。

弟弟米哈伊尔也帮我在家里干活儿。每天早晨天还不亮,他就要早早起来,到小铺去买面包和吃食。我们年龄最小,而命运却逼迫我们承担忙碌的家务,这使得我们俩十分亲近。小小的米哈伊尔,遇上阴雨绵绵,或者天寒地冻的天气,却穿得很单薄,跑遍莫斯科,办些琐碎的事情,我看着总是很心疼。

遥远的过去——我的哥哥契诃夫

我们家在莫斯科的生活时期就这样开始了。

到了秋天,我们开始考虑我和米哈伊尔应该继续上学的事。在塔甘罗格,我已经升到中学三年级,米哈伊尔二年级。可是现在家里没有钱给我们缴学费。这样,我跟米哈伊尔打定主意,自己试着到哪个学校去说服校长免费收我们上学。米哈伊尔意外地交上了好运。他一个11岁的孩子,竟自己跑到第二男子中学,说服校长把他作为免费学生接收了。那个学校在拉兹古利亚依街,离我们家很远。他就是这样自己"解决"了自己上学的问题。

可是我却运气不佳。我不知去了多少个学校,一个人去也好,跟母亲一起去也好,都毫无结果,谁也不愿意免费收我上学。结果,我荒废了一学年的时间。

我们搬到莫斯科的第二年,有一天,我偶然通过我们家的一个熟人,中学图画教员康·伊·玛卡罗夫,参加了莫斯科一所武备中学举行的学生舞会。我在舞会上认识了一个小姑娘,她在菲拉列托夫女子学校读书。她对我讲,她们学习得怎么好,时间过得如何有趣,还经常跳舞,于是我很想到那个学校去上学。然而,照旧没有钱缴学费。

这件事我跟弟弟谈过许多次。我决定学弟弟的样子,也试试去"说服"哪个人。女子学校归宗教当局管理,于是我决定大着胆子直接去找莫斯科的总主教,请求他免费收我上学,或者干脆让他替我缴学费!米哈伊尔跟我一块儿去,"以便助我一臂之力"。

我们在总主教的房子周围转悠很久,最后鼓足勇气,按响了门铃。我至今还记得:那个房间又高又大,总主教坐在屋角一张桌子旁边。我们怯生生地走上前去行祝福礼,前言不搭后语地说明我们的来意,请求他让学校免费收我上学,或者让他替我缴学费。总主教听我们说完,两手一摊,威严地说道:

"我不是百万富翁啊!我毫无办法。"

这样，我们从总主教那里什么也没得到，碰了一鼻子灰。

　　可是后来命运终于向我露出了笑脸。一个姓萨宾尼科夫的塔甘罗格富商，还在塔甘罗格时就认识我们的父亲，看到我们家在莫斯科的凄惨生活，同意负担我的学习费用。我的理想实现了，我1877年8月通过入学考试，到菲拉列托夫女子学校二年级学习。

　　现在，除了我那一堆家务事，又添了一个学习。我和米哈伊尔天不亮就早早起床。他跑到小铺去买吃的东西，我呢，生起俄罗斯式火炉，烧好汤，我们吃过早饭，跑到各自的学校去上学。米哈伊尔身体孱弱，在班里时常被人欺负，总是抹眼泪。他临去上学的时候，一向跟母亲要两块手帕：第二块手帕专擦眼泪用。当母亲只给他一块手帕的时候，他就提醒说："擦眼泪用的手帕呢？……"

　　米哈伊尔也经常在街上哭。他的大衣很薄，不暖和，在莫斯科的严冬时节，他穿着这件大衣，身子冻得冰凉。上学的路又远。每当小弟弟在冰天雪地里走不动，站着痛哭流涕的时候，我心里难受极了。

　　* * *

　　1877年春天，安托沙从塔甘罗格到我们这里来度复活节假。大哥亚历山大早在圣诞节之前就给他寄去15卢布，邀他在寒假时来莫斯科，可是安托沙那时离不开，一直拖到春天才来。

　　大家都喜欢快活的安托沙，他的到来，是家里的一件大喜事。我们那时住在斯列坚卡的达耶夫巷莫罗佐夫和列昂季耶夫家的房子里，那是一间木头的旧厢房，在院子的深处。厢房后面有一座非常好的古老花园，里面有个小亭子，就像屠格涅夫笔下的庄园里的花园一样。安托沙，以及我们全家人，看惯了南方明媚的自然风光，很喜欢这座富有诗意的花园。

　　莫斯科给哥哥留下深刻的印象，简直使他入迷。可以大胆断言，安东·巴甫洛维奇从第一次来到莫斯科时起，就对它产生了强烈的热爱，这种热爱之情一直延续到他生命的最后时日。难怪后来哥哥在大学生活初

遥远的过去——我的哥哥契诃夫

期,给他在塔甘罗格的一位同学写信说:"我非常喜欢莫斯科。谁看惯了它,谁就不会离开它。我永远是个莫斯科人。"

那时候,米哈伊尔像个莫斯科的"老"住户一样,整天带着安托沙在城里转,参观克里姆林宫,逛商店,游览街心花园……安托沙当时已经是个戏剧爱好者,到莫斯科大剧院看过戏,并且非常高兴。

哥哥看到我们在莫斯科的生活,知道处处都很艰苦。他不可能不发现从塔甘罗格搬出来以后我所发生的变化,我的生活让他感动,我在家里所处的地位他看得一清二楚。显而易见,这就是以后我们之间那种深厚友谊的原动力。

安托沙看到我们的窘况,于是开始从物质上帮助我们,时常从塔甘罗格把一部分他挣到的钱寄来。他的这些"薪水"是他在塔甘罗格各处做家庭教师时一点点挣来的。他常给我们寄来些小包裹:咖啡、齐墩果和酥糖。他写来一封封信,从精神上鼓励母亲,因为家里很穷,母亲总是很痛苦。安托沙对家里这样关心,对母亲和父亲这样体贴,让我们非常感动,也使我一辈子都喜欢他。

我们就这样继续在莫斯科生活,在贫穷与困苦中煎熬。一直到1879年秋天,安东·巴甫洛维奇中学毕业,搬到我们这里来,我们才算有了出头之日。

——新的生活

三 新的生活

安托沙毕业考试一结束,我们就盼望他能马上到莫斯科来,可是他在塔甘罗格一直耽搁到秋天才动身。他整个夏天都在那里为得到塔甘罗格自治会的助学金奔波,这笔助学金只发给一名在当地出生而又考进大学的学生。助学金每月25卢布,这对生活在莫斯科困难时期的我们来说可关系重大呀。

哥哥鉴于经济上的考虑,还领来两个寄宿学生。他们是他的中学同学,也是进大学读书的:一个叫瓦西里·伊万诺维奇·泽姆布拉托夫,外号"玛卡尔",这个外号是安东·巴甫洛维奇给他取的①,另一个叫德米特里·季莫费耶维奇·萨维利耶夫。那时,我们住在格拉切夫卡街上的一所教会房子的地下室里。哥哥和他的同学一来,我们家就更拥挤不堪了。

哥哥搬到我们这里,家里顿时有了生气。那时,父亲终于在商人加甫利洛夫的会计部找到个差事,住在莫斯科河南岸市区工作的地方。大哥亚历山大继续单独生活。于是,安东·巴甫洛维奇竟不知不觉变成了一家之

---

① 因为瓦西里有一次在中学的希腊语课上,把一个希腊文单词Mákap(幸福的)重音读错了,读成Makáp。因此安东·巴甫洛维奇便给他取了这个外号。——原注

遥远的过去——我的哥哥契诃夫

主,成为家庭经济的供养人。尽管他平时喜欢幽默,爱开玩笑,然而他心地善良,懂事明理,这样,家里所有人都愿意听从他的意见,服从他的主张。父亲有时回家来,也注意到安托沙在家里的地位变了,自己以往的权威已经逐渐丧失。后来,当全家人又团聚,住在一起的时候,父亲也就默认了安东·巴甫洛维奇一家之主的地位,不再想主持家里的生活了。

不久,我们搬到一所更宽敞的新住宅里,这所住宅是萨维茨基的房子,也在格拉切夫卡街上,靠近喇叭广场。我们感到生活宽松多了。除了哥哥领来的两个寄宿大学生以外,我们家里又来了一个寄宿大学生,名字叫尼古拉·伊万诺维奇·科罗博夫。他们虽然给我们家增加不了什么特别的收入,然而多亏了他们,我们才住上一套较好的宅子,我们的伙食才得到改善。

四个乐观愉快的年轻大学生立刻给家庭生活带来了朝气。家里重新有了笑声与幽默,安东·巴甫洛维奇照例是最活跃的人物。

* * *

我并不认为,安东·巴甫洛维奇刊登在《蜻蜓》杂志上的第一篇作品《写给有学问的邻居的信》有多么重大的意义,而且当时谁又能够想到,这是将来伟大的俄国作家的"第一篇作品"呢!况且,在这之前我已经听说,哥哥不知在什么刊物上发表过他写的俏皮话、笑话和小故事了。现在我只记得,我们读这封"信"的时候,都笑了,同时也回想起安托沙早在塔甘罗格的时候,就给我们表演过这类即兴作品。自然,我哥哥能写这样的东西,并且能在杂志上发表,我当然感到很高兴。再说,稿费虽然不多,对家里却并非可有可无。这样,哥哥开始从事文学工作,挣钱养家,他在家里的威信也就更高了。

大约就在这个时期,发生过一件事情,是由我做一篇学生作文引起的。有一天,学校(当时我上四年级)让我们写一篇语文课的课外作文,题目是普希金的一句话:"彼得大帝、查理十二、高楚贝和伊斯克拉、马

——新的生活

赛蒲和玛丽雅死后的遗迹是什么？"

现在，我面前摆着我打草稿用的学生练习本，字写得歪歪扭扭，把每一页纸几乎全写满了。从这个练习本可以看出，我多么想写出一篇"有水平的"作文呀。

我那时不止一遍看过普希金那首著名的史诗《波尔塔瓦》，从儿童的角度，我喜欢它，并且能背诵其中许多诗句。可是，我十分伤心，这篇课外作文怎么也写不好。我写了好多遍，最后把它写成这样：

普希金在史诗《波尔塔瓦》里描写的故事，已经过去一百多年了，他写得真好。那时有个叫马赛蒲的，他厚颜无耻地出卖祖国，还有个叫高楚贝，由于马赛蒲的叛变，他无辜地遭受了苦难。还有伊斯克拉和玛丽雅。这就是波尔塔瓦，这就是彼得大帝战胜查理十二的纪念碑。在本节雷残留下长满青苔的三层石阶已经下陷：这里就是查理英勇反击土耳其人猛烈进攻的地方。大家忘记了马赛蒲。只有一座长久诅咒他的教堂能使人想起这个祖国的叛徒。两位受难者静静地长眠地下，只有一座荫蔽在教堂后面的坟墓象征着高楚贝和伊斯克拉。同时，谁也不去谈论玛丽雅，因为她为了马赛蒲而看不起父亲和母亲，然而一位乌克兰盲人歌手，却有时用他的歌声让年轻的活泼少女们回想起这个罪人。

我忐忑不安地把这篇作文拿给安托沙看，请他指教。从这个练习本上可以看出，他起先曾想加以修改，不过后来放弃了这个想法，在作文后面写下他的评语："不妥。退回。编辑加特楚克。"哥哥用平时开玩笑的方式，写上"编辑加特楚克"这个签名，这是借用莫斯科出版的《加特楚克报》和当时常见的《十字架历书》编辑的名字，我们家里就有这种历书。

这个评语惹得我难受极了，我又重新把作文写了两遍，可是我自己又把写的东西全部勾掉了，正像从这个保存下来的练习本上看到的一样。

我感到自己写不出来，差点儿掉下眼泪。作文要按时写完交上去。而且我们的语文老师挺严厉。所以，尽管我感到羞愧难言，我还是去找哥哥

遥远的过去——我的哥哥契诃夫

了:

"安托沙,帮帮我的忙吧……"

哥哥可怜我幼稚心灵的痛苦,"帮助"起我来,也就是说,他把本子翻过去一页,不愿看到我创作的艰苦记录……替我写了一篇作文,我斗胆说一句,里面仍然保留着我的"风格"。

下面就是这篇作文,它是用铅笔写的,是安东·巴甫洛维奇早期的笔迹,字写得又清楚又大,看来是为了让我容易誊写:

普希金在他美妙的史诗《波尔塔瓦》里所描写的那些重大事件,已经过去一百多年了。这些事件发生的地点都集中在波尔塔瓦周围,因此,史诗主人公们死后的遗迹,需要在波尔塔瓦附近来寻找。波尔塔瓦本身就是彼得大帝战胜查理十二的一座纪念碑。

在本节雷,可以看到三个陷入地下、长满青苔的石阶,这就是查理十二英勇反击土耳其人猛烈进攻的地方。马赛蒲因为是祖国的叛徒,臭名远扬。诅咒他的教堂多少年来都使人们唾弃这个叛徒。

向我们诉说伊斯克拉和高贝楚的,是他们的坟墓,它荫蔽在一座乌克兰教堂的围墙里面。玛丽雅出于虚荣心,舍弃了自己(高尚的)父母换来马赛蒲,谁也不记得她,谁也不想起她,只有一位乌克兰(流浪)歌手有时在歌颂古风的时候,才使年轻的活泼小羊①们回忆起这个罪人。

玛丽雅·格卢普佐娃

彼得大帝的那些伟大革新就是他的纪念碑,现在俄国仍然在利用他的革新成果。

刚才我看到,"高尚的"和"流浪"这两个词给勾掉了,我现在记不

---

① 此处契诃夫故意写错字,开玩笑。——译者注

——新的生活

得是谁勾掉的,不过未必是我,我恐怕不会抬起手来"修改"安托沙写的东西,因为他在我心里很有威望。可是,勾掉"玛丽雅·格卢普佐娃"签名的这条有力的铅笔道,毫无疑问是我画的,不过我并没有责怪哥哥的意思,因为他通常总爱开些愉快的玩笑。

我一丝不苟地把作文誊写到作文本上,交给了老师。现在我想不起来,我是不是一字不差地把哥哥开玩笑的"活泼小羊"(应该是"活泼少女")这句话也抄上去了,也不记得我的语文老师对此是什么态度了。那个誊清的作文本我没保存下来,因此我不知道老师对作文的整个评语是怎么写的,可是我清楚地记得,他给作文打的分数是"3+"。

当时我把得到的分数告诉安东·巴甫洛维奇,他没表示什么,也从来没有向任何人泄露过我们的秘密。此时此刻,我翻阅上学时用过的、已经发黄的练习本,想到儿时的"过错",心里还感到羞愧呢。唯一能够使我聊以自慰的是,我的同谋者是后来的俄国作家,而他替我写的这篇作文已经编入他的著作全集。

* * *

我与哥哥的关系越来越亲密了。我心里想什么都告诉他,丝毫不对他保密。他对我也同样坦率。在哥哥的影响下,我对待生活的态度清醒多了,学会用批判的眼光观察周围的事物。我在中学学习成绩不错,也说明了这一点。

哥哥的文学工作逐渐成为家庭生活的主要来源。我们开始摆脱了贫困,住上了真正的住宅。因此,安东·巴甫洛维奇不得不做大量的工作。他的工作能力简直惊人。他能做到既在大学听课,又在医院学习,同时还写他的短篇小说和小品文。

全家人都尽可能想方设法帮安东·巴甫洛维奇的忙。我跟母亲给他做衣服,预备他喜欢吃的可口饭菜。钱款上的事情,弟弟米哈伊尔帮他跑跑腿,到各编辑部去领取稿费。连我们的母亲也当起"信使"来,把安

遥远的过去——我的哥哥契诃夫

东·巴甫洛维奇当天所写的文章送到尼古拉耶夫车站，赶上夜里十二点开往彼得堡去的火车，为的是第二天早晨他的短篇小说就能到达彼得堡他经常投稿的报刊编辑部。

我的其他几个哥哥那时已经独立生活，住到别处，不过常来我们这里做客。最常来的是哥哥尼古拉·巴甫洛维奇。安东·巴甫洛维奇跟他关系很好，认为他有大画家的才干。而且共同的兴趣把他们联系在一起：他们经常同时为某一杂志和刊物工作。顺便说一句，当时很少有人知道，作家安托沙·契洪捷（那时哥哥的笔名）跟画家尼古拉·契诃夫是亲哥俩。尼古拉·巴甫洛维奇为安东·巴甫洛维奇的作品画过许多才华横溢的插图。除此以外，正如我已经说过的，尼古拉颇有音乐天分。他没有进过任何音乐学校，可是弹得一手好钢琴。我们家买钢琴以后，尼古拉·巴甫洛维奇每次回来，总是坐下来弹一会儿，安东·巴甫洛维奇很喜欢在这种时候写作。我们最喜欢尼古拉演奏的李斯特①的一支著名狂想曲（安东·巴甫洛维奇在短篇小说《我忘了！！》中提到过这支狂想曲）。

然而，这位有天分的大画家尼古拉·巴甫洛维奇生命结束得太早，而且令人惋惜。我记得，安东·巴甫洛维奇说过：

"哎，假如我有尼古拉的才干该多好……"

杂乱无章的名士派生活导致31岁的尼古拉患急性肺结核去世，他没有创作出什么宏伟的作品。

我的几个哥哥都很有才华，不过只有安东·巴甫洛维奇一个人的天赋得到了发展。

我已经提到过大哥亚历山大。他在大学完成了两个系的课程。他一生从事自然科学和文学，是个杰出的语言学家，有才能的新闻记者。但是，

---

① 弗朗兹·李斯特（1811—1886），匈牙利作曲家、钢琴家、指挥家。

——新的生活

他把精力耗费在琐事上,没有真正地在哪一方面取得出色的成就。

* * *

中学毕业后我想继续我的学业,进高等学校读书。莫斯科当时有一所弗·伊·格里耶教授创办的女子高等学院,我渴望到那里去上学。

安东·巴甫洛维奇又帮助我,替我缴纳学费。

那是1883年秋天的事。哥哥刚升入大学最高年级,而在文学界,他以擅长描写日常生活与社会题材的、富有幽默性和讽刺性的短篇小说崭露头角。

我兴致勃勃地开始在女子学院学习。讲课的人都是当时著名的教授,像克柳切夫斯基、洛巴京、丘普罗夫,等等。我结识了一些女子学院的学生,常把这些女朋友带到我们家来。那时我们都力求成为"进步的人"。我们读了许多历史、哲学和社会问题的书籍,其中还有马克思的著作。我们在一起讨论读过的东西,写摘录性的专题报告,然后聚在某个同学家里宣读。有时大家在我们家里聚会。这些聚会通常总以娱乐晚会结束,晚会上有跳舞、音乐、游戏,都是风华正茂的青年人喜爱的事情。我的女朋友们很喜欢在我家聚会,因为我们家里总是充满一种毫无拘束的欢乐气氛,这种气氛吸引了她们。当然,安东·巴甫洛维奇对她们有巨大的吸引力。他那时已经是个知名作家。他有魅力,平易近人、机智又活泼幽默,他的性格人品惹得我的女友们神魂颠倒。她们中许多人,比如尤诺舍娃、孔达索娃、埃弗罗斯等,多年来一直与他友好地往来。

1884年安东·巴甫洛维奇大学毕业,于是我们家的大门上挂起了一块小牌子,上面写着:"安·巴·契诃夫医师"。但是我们的生活并未因此而变样。哪个病人也不愿意让年轻的医生治病。安东·巴甫洛维奇开始在莫斯科附近的沃斯克列辛斯克和兹维尼戈罗德的医院里做医生。在莫斯科呢,来找哥哥看病的,大部分是熟人或者偶尔来到的病人。因此,文学创

遥远的过去——我的哥哥契诃夫

作依旧是他的主要工作,也是我们生活的基本经济来源。

1886年我从女子学院毕业了,得到中学教员的资格证书。就在这一年,我到柳·费·尔热夫斯卡雅私立女子中学任教,教历史和地理。从那时候起,我开始独立生活。

我认为,1886年是安东·巴甫洛维奇一生的转折点。从这一年起,他作为一个作家,声望开始迅速提高。这表现在我们家充满崭新内容的生活里。

——沃斯克列辛斯克和巴勃基诺

四 沃斯克列辛斯克和巴勃基诺

80年代初,我们家每年夏天都离开莫斯科去住别墅。那时,哥哥伊万·巴甫洛维奇已经是中学教员,住在距莫斯科不远的沃斯克列辛斯克城(即现在的伊斯特拉城)。他在那儿的学校附近有一所相当不错的宽敞住宅。我们常到他那里消夏。起初几年,安东·巴甫洛维奇因为在莫斯科忙于文学工作,没跟我们一起去。但在1883年他升入大学最高年级以后便跟我们一起离开莫斯科到外地去避暑了。

那时候,沃斯克列辛斯克是一座小城市。离城不远,有一座"新耶路撒冷"修道院。

小城郊区景色很美,有树林、牧场和一条名叫伊斯特拉的小河。那里美丽的景色,典型的俄国中部风光,使我终生难忘。安东·巴甫洛维奇从小酷爱大自然。他在南方的草原地区度过少年时代,这时俄国中部的自然风光又使他心旷神怡。这里的景色的确迷人,具有一种非同寻常的、独特的美。我们几乎每天都结伴到城郊的林地里去游玩,高高兴兴,有说有笑,也常去新耶路撒冷修道院,那里有许多古迹。安东·巴甫洛维奇非常喜欢钓鱼,他在伊斯特拉河边守着钓竿,一坐就是几个小时。

遥远的过去——我的哥哥契诃夫

离城不远有一所奇基诺地方自治会医院，主管这所医院的是一个十分可爱的人，也是一位出色的医生，名叫巴维尔·阿尔辛季耶维奇·阿尔汉格尔斯基，大学生和青年医生都喜欢到他那里去实习。1883年，安东·巴甫洛维奇作为实习大学生，曾在这所医院里工作过一段时间。1884年，他大学毕业之后，就在阿尔汉格尔斯基手下当医生。这年夏天，哥哥临时代替休假的医生，做兹维尼戈罗德城医院的主任医师和县医。正如安东·巴甫洛维奇自己所说，这段时期的工作给了他"大量的小说素材"。例如，在《外科手术》、《逃亡者》、《解剖》、《死尸》、《文官考试》等短篇小说里，他描写的都是在奇基诺和兹维尼戈罗德的所见所闻。

在沃斯克列辛斯克，我们认识了博·伊·玛耶夫斯基上校一家人。玛耶夫斯基是驻扎在该城的炮兵连的连长。这家人很可爱，与他们交往的人，除一些军官外，都是些知识分子。几乎过了20年，每当我读起安东·巴甫洛维奇的剧本《三姐妹》，还会想起沃斯克列辛斯克、炮兵连、炮兵军官，以及玛耶夫斯基家的整个气氛。沃斯克列辛斯克的生活在哥哥的记忆中一直留着深刻的印象，这在他以后的戏剧创作中起了很大作用。

顺便说说，在炮兵连军官中有一个中尉，名叫叶甫格拉弗·彼得罗维奇·叶戈罗夫。他同其他军官一样，也是玛耶夫斯基家中的常客，因此我经常在那儿碰见他，可是我们之间从未进行过什么严肃谈话。有一天，出人意料，我收到他一封信，他在信中极其郑重地向我求婚。我那时是个年轻姑娘，还从没想到过结婚的事情，所以感到莫名其妙，把这封信送给安东·巴甫洛维奇看，问他在这种情况下应如何答复。

哥哥看过信，安慰了我，并且说，他要亲自去处理这件事。他是如何处理这件事的，我不得而知，然而从此以后，我就再没有收到过叶戈罗夫的信，在玛耶夫斯基家我还经常跟他碰面，就像什么事也没有发生过一样。

后来，叶戈罗夫退伍，在下戈罗德省做地方长官。1892年，安东·巴

——沃斯克列辛斯克和巴勃基诺

甫洛维奇离开莫斯科,就是去找叶戈罗夫,并跟他一起积极参加了救济灾民的活动。

提到玛耶夫斯基家,需要补充一下,他家有三个孩子:两个女孩,叫安尼雅和索尼雅,一个男孩,叫阿辽沙。安东·巴甫洛维奇一向非常喜欢儿童,总是跟他们很要好。正如大家知道的,安东·巴甫洛维奇与玛耶夫斯基家孩子们的友谊,为他的短篇小说《孩子们》提供了生动的素材。

有一天,我们正在玛耶夫斯基家的院子里玩槌球,一辆华丽的三套四轮马车停在大门口,马车夫头戴饰有孔雀羽毛的帽子,坐在车座上。我看见马车里坐着一位漂亮太太,浑身上下服装雪白。起初,我很恼火,因为有人打扰了我们,破坏了我们纯朴而又无拘无束的气氛。接着,我忽然听见那位太太对哥哥伊万说:

"伊万·巴甫洛维奇,请您介绍我跟您的妹妹认识认识吧!"

原来,这位客人是附近巴勃基诺村一个庄园主的妻子,姓基谢廖娃。巴勃基诺离沃斯克列辛斯克有五俄里远。哥哥伊万不知怎么跟她的丈夫阿·谢·基谢廖夫认识了,被请去做他孩子们的家庭教师。这样,我们也就认识了基谢廖夫一家人,并且后来结下深厚的友谊。

阿列克谢·谢尔盖耶维奇·基谢廖夫是尼古拉一世时代著名外交家基谢廖夫伯爵的侄子。我们相识时,基谢廖夫家已经不再富有,只拥有一座巴勃基诺庄园,阿列克谢·谢尔盖耶维奇担任地方长官的职务。很快他就彻底破产,把风景秀美的庄园也卖出去抵了债。

玛丽雅·弗拉基米罗芙娜·基谢廖娃是莫斯科皇家剧院院长、在各方面都很有趣的弗·彼·别基切夫的女儿,又是俄国著名教育家和出版家尼·伊·诺维科夫的外孙女。她本人从事文学活动,为儿童写作。

总之,那是一个保留着古代俄国文化传统的出色家庭,安东·巴甫洛维奇后来与基谢廖夫一家结下牢固的友谊。

不久,我也跟玛丽雅·弗拉基米罗芙娜要好起来。她聪明,而且非常

遥远的过去——我的哥哥契诃夫

可爱。尽管她外表有一股贵族派头,然而她是一个很纯朴的女人。我返回莫斯科前不久,还到巴勃基诺住了几天。

当时,我那么喜欢到基谢廖夫家里去,甚至"背叛"了自己的家庭,丢下它不管,也不帮助料理家务了。我请求安东·巴甫洛维奇给张罗一下,以免家里人为此而生我的气。我在巴勃基诺收到他这样一封信:

"我们的亲妹妹!我要走了。我一定要安抚全家人。如果你认为住在那里比住在别处好,那你就住下去吧……"

* * *

第二年春天,我们又考虑到哪儿去避暑的问题。哥哥不愿再到沃斯克列辛斯克去,伊万·巴甫洛维奇也不在那里任教:他被解雇了,而且,他之所以被解雇,正是哥哥尼古拉·巴甫洛维奇造成的。这件事的经过是这样的。

在马克西莫夫卡村(离巴勃基诺不远)住着一个陶器匠,他的手艺高超,会做各种尺寸的瓦盆。他烧制的陶器十分精致,敲打时会发出清脆悦耳的声音。尼古拉·巴甫洛维奇有音乐才能,注意到这种现象。他和伊万·巴甫洛维奇买来许多不同型号的瓦盆,从最小的到最大的都有。他在瓦盆的底上钻一个小洞,用绳子穿起来,像排钟一样挂在沃斯克列辛斯克学校的院子里。尼古拉·巴甫洛维奇在塔甘罗格时就酷爱钟声,他回忆着那种钟声,用这些瓦盆"敲打"出优美动听的旋律,孩子们听了个个兴高采烈,可是,这却惹得学校督学、伪君子楚里科娃不满,说这种瓦盆钟声是一种亵渎行为,因此伊万·巴甫洛维奇被解雇了。

这就是安东·巴甫洛维奇从二月份起便开始在兹维尼戈罗德郊区寻找别墅的原因。这时候,基谢廖夫夫妇提出,让我们租用他们在巴勃基诺的厢房消夏。安东·巴甫洛维奇记得那些奇妙的地方,因此就同意了。

于是,1885年5月6日,我们到巴勃基诺消夏去了,那里的情况正如哥哥给列依金写信中提到的,租下的别墅里有"家具、蔬菜、牛奶等等"。

——沃斯克列辛斯克和巴勃基诺

我们如何到巴勃基诺去的,以及我们在那里看到了什么,安东·巴甫洛维奇在给暂时留在莫斯科的弟弟米哈伊尔的信中讲得很详细。

现在是早晨六点钟。家里人正在睡觉……周围异常安静……只有小鸟不时吱吱叫几声,不知什么东西抓挠着壁纸。我坐在自己房间的正方形窗户旁边写这封信。我一边写,一边不时地向窗外眺望。那异常温柔、赏心悦目的景色展现在我的眼前:一条小河,远处的树林,萨方季耶夫村,基谢廖夫家房屋的一角儿……为清楚起见,我逐条写出:

一、一路上我们简直吃尽了苦头。在车站上,我们雇了两个脸墨黑的车夫,一个叫安德列,一个叫巴诺赫捷依(?),并付给每个家伙三卢布……这两个脸墨黑的家伙一直慢慢腾腾地赶车,真是可恶之极。刚走到别布尔教堂,我们都饿得口水直流。到了叶列麦耶沃村,我们喂饱肚子。从叶列麦耶沃村到城里,我们竟走了近四个小时,道路糟透了。差不多一半的路我都是徒步走的。在靠近奇基诺的尼库林村时,我们过一条河,我坐车往前走(这时天已经黑了),差点儿没淹死,洗了个凉水澡。我们只好用船把母亲和玛丽雅渡过河去。你难以想象,一路上有多少刺耳的尖叫声、铁路上的吱吱声和女人们惊恐的说话声!走到基谢廖夫家的树林时,车夫把车辕上的一条皮带扯断了……我们只好又等着……就这样,我们好不容易才到达巴勃基诺,那时已经是夜里一点钟了……Sic!!①

二、别墅的门都没有上锁……我们自己走进去,没惊动主人,点上灯后,我们发现里面每样东西都出乎我们预料。房间很大,家具甚多……一切都很可爱、方便和舒适。甚至连火柴盒啦,烟灰缸啦,装烟卷用的匣子啦,洗脸盆啦,样样具备……老天爷,殷勤的主人把什么都想到了。这样的别墅,在莫斯科附近至少也得花500卢布租金。你来看看就知道了。我搬进去以后,整理好自己的箱子,就坐下来吃东西。我喝了些白酒,又喝

---

① 拉丁语,意为"是如此!是这样的!"。——译者注

遥远的过去——我的哥哥契诃夫

了些葡萄酒……你要知道，我望着窗外墨色的树木，望着小河，心里多么高兴啊……我听见夜莺唱得那么美，简直不敢相信我的耳朵了……我心里觉得我似乎还在莫斯科……睡觉睡得香极了……清晨，连别基切夫走到窗前吹喇叭，我都没听见……

三、早晨，我正在河边放捕鱼的篓子，听见有人喊："鳄鱼！"我抬头望去，看见列维坦在对岸叫……有人用马把他驮过河来……喝过咖啡，我跟他和猎人（一个很典型的猎人）伊万·加甫利洛夫去打猎。我们转悠了三个半小时，行程15俄里，只打着一只兔子。猎狗不太灵……

四、现在谈谈钓鱼的事。上钩的鱼很少。钓到的有棘鲈鱼和鲴鱼。不过逮住了一条大头鱥，只是太小，都不能用它煎着吃，还得放了它，让它再在鱼学校里受受训练。

五、用鱼钩捕到许多鱼。万尼亚①捕到一条大江鳕鱼。现在我们没把鱼钩放到水里，因为没有饵鱼……

六、我的捕鱼篓啊！原来运起来挺方便。把它们放在行李当中，又是拴在大车后面，所以一点儿也没弄坏……一只篓子放在河里，我用它抓到一条石斑鱼和一条极大的鲈鱼。这条鲈鱼真大哟，连基谢廖夫今天中午都要到我们这儿来吃鱼了。另一只篓子起初放在池塘里，可是在那儿一条鱼也没抓着。现在把它放在池塘旁边的水坑里（不然就是放在深水沟里）；昨天抓到一条鲈鱼，今天早晨我和巴巴金从篓子里掏出29条鲫鱼。怎么样？今天我们这儿有鱼汤、煎鱼、鱼冻吃了……你再带两三个捕鱼篓来吧……

七、玛丽雅·弗拉基米罗芙娜身体很好。她送给母亲一罐果子酱，总是殷勤得不得了。她给我提供一些法国杂志（旧的），上面有些趣闻……利益均沾嘛。基谢廖夫整天坐在我们这里。昨天吃馅饼时他喝了

---

①伊万的爱称。——译者注

——沃斯克列辛斯克和巴勃基诺

三大杯酒。别基切夫只吃馅饼却不喝酒……他只用祈求的眼光望着白酒瓶子。

八、现在我没喝酒,可葡萄酒已经喝完了。葡萄酒好喝极了,多亏尼古拉和伊万各带来几大瓶(他们跟我一样,装在箱子里带来的)。这里葡萄酒很难得。晚饭后在凉台上喝一小杯葡萄酒,世界上还有什么比这更让人称心如意的呀!你跟他们讲讲……

九、列维坦住在马克西莫夫卡。他差不多已经康复。他把所有的鱼都叫做鳄鱼,跟别基切夫很要好,别基切夫还给他取了个外号,叫他列维阿凡①。当"鳄鱼"不在的时候,别基切夫就会叹着气说:"列维阿凡不在,我真烦哪!"……

* * *

我记不清我在哪一年与伊萨克·伊里奇·列维坦认识的了,只记得大概是在80年代初,那时安东·巴甫洛维奇已经搬到了莫斯科。列维坦跟我哥哥尼古拉在绘画雕塑建筑学校一起读过书。有一个时期,他们同住在花园街上的旅馆里,青年穷学生通常都寄居在那里。

有一次,我顺路去看哥哥尼古拉。我正坐着说话,他的一个同学走进来,尼古拉介绍我们认识了。

"啊,契诃夫的妹妹已经成为一位少(小)姐啦!"哥哥的同学好像很惊奇地说,然后跟我打招呼。

这人就是伊·伊·列维坦。他说话时有几个字母发音非常不清楚,他发不出字母"р"的音,把字母"ш"说成"ф",例如,他总是管我叫"玛法"②。

列维坦与安东·巴甫洛维奇相识后,很快就成了好朋友,他经常到我们家来,成为跟我们家很亲近的人。列维坦深深地热爱俄国大自然,对

---

① 俄语левиафан的意思是"庞然大物",原为圣经中的巨兽名。——译者注
② 玛丽雅的爱称应是玛莎(Маша)。——译者注

遥远的过去——我的哥哥契诃夫

大自然的审美感十分敏锐，他以风景画家的天才，成功地颂扬了美丽的俄罗斯风光。安东·巴甫洛维奇作为文学巨匠，也深深热爱俄国大自然的优美。这种对大自然的共同热爱以及两人对彼此才华的敬重，使这两位伟大艺术家亲密无间，友谊日益深厚。

列维坦面部表情丰富，鼻子很大，两只眼睛懒洋洋的，脉脉含情，乌黑的头发又浓又密。我不敢说他长得漂亮，但是他受女人的赞美，他自己也十分多情，并且往往不易控制自己的感情。不过，他有时心情十分忧郁，甚至想自杀，要么上吊，要么朝自己开枪，然而这种情绪后来渐渐有所好转。

他和我们一起到巴勃基诺去不是偶然的。对于这件事，安东·巴甫洛维奇本人在从别墅写出的一封信里是这样描述的："画家列维坦（不是那个①，而是另一个——风景画家）和我住在一起……这个不幸的人情况很糟糕。开始犯一种精神病。我原想复活节时跟他一块儿到弗拉基米尔省去一趟，让他散散心（他也鼓励我去），我在约定出发的那天去找他，可是人们对我说，他到高加索去了……4月底，他不知从哪儿回来了，然而不是从高加索来……他想上吊……我就拉着他一起到别墅来了，现在我常跟他一起散步……他似乎觉得轻松了些……"

起初列维坦住在马克西莫夫卡村，后来由于安东·巴甫洛维奇的坚决要求，他搬到巴勃基诺我们这儿来，住在一间小厢房里。安东·巴甫洛维奇在这间小房门口挂上一个惹人发笑的牌子，上面写着："商人列维坦贷款处"。谁从房前走过，都忍不住要笑起来。

列维坦的忧郁症好转了。后来，他跟安东·巴甫洛维奇在巴勃基诺搞各种各样的把戏，让我们笑得东倒西歪！他们在这里表演过哑剧"贝都英人①契诃夫杀害伊斯兰教徒列维坦"：列维坦在草地上铺一块小地毯，

---

① 这里指的是伊·伊·列维坦的哥哥——画家阿多利弗·列维坦。——原注

——沃斯克列辛斯克和巴勃基诺

然后跪下去（准确地说是坐下去），一边叩头至地，一边向东方祈祷，这时，安东·巴甫洛维奇悄悄走到他身后，向他开枪（当然是放空枪喽），于是列维坦打着滚儿倒在地上……或者，他们对列维坦进行著名的审判，阿·谢·基谢廖夫充当法官，安东·巴甫洛维奇扮演检察官，而且，表演时他们俩都穿着绣金礼服（从基谢廖夫和别基切夫的衣柜里拿出来的）。这个"法院"开庭前，哥哥给建筑师弗·奥·舍赫捷尔（安东、列维坦和哥哥尼古拉的共同朋友）写信说："扔掉您的建筑学吧！我们非常需要您。是这么回事：我们（基谢廖夫、别基切夫和我）打算按照法律的所有规则，使用检察官和辩护人，审判商人列维坦的如下罪行：（1）逃避兵役；（2）私自酿酒（很明显，尼古拉经常在他那里喝酒，因为尼古拉再没有别的地方可去了）；（3）私营秘密贷款处；（4）品行不端，等等。请您准备好原告人的控诉书。"谁要能亲自听一听安东·巴甫洛维奇在这个"法庭"上俏皮机智的起诉词，那才妙呢！……尼古拉·巴甫洛维奇扮演一名因深受感动而流下眼泪的观众……在巴勃基诺，我们开了多少玩笑，享受了多少发自内心的欢笑啊，从那以后，我们的生活很少那么快活过。

我们在基谢廖夫家正房旁边的花园里度过的那些夜晚是多么美妙，多么富有诗意呀！您想象得出吗，夏天温馨的夜晚，高高的陡峭的河岸上有一座美丽的庄园，庄园里一条小河流过，河对岸覆盖着大片树林……夜晚寂静无声……从房子敞开的门窗里，飘送出贝多芬的奏鸣曲和肖邦的小夜曲……基谢廖夫一家人，我们全家人和列维坦，坐在那里，欣赏优美动听的钢琴曲，那是基谢廖夫家孩子们的家庭女教师伊丽莎白·阿列克谢耶芙娜·叶弗列莫娃演奏的。

"碰到龟（鬼）了，太耗（好）啦！……"列维坦说。

---

①游牧的阿拉伯人。——译者注

遥远的过去——我的哥哥契诃夫

有时,莫斯科大剧院过去的男高音主角演员弗拉基斯拉夫列夫到基谢廖夫家来做客,他唱歌,玛丽雅·弗拉基米罗芙娜·基谢廖娃本人也唱。巴勃基诺的这些音乐晚会,给我和我的兄弟们留下了不可磨灭的印象。

有时,我们不听音乐,举办一种文学晚会。弗·彼·别基切夫给我们讲述他做莫斯科皇家剧院院长时的故事,很有意思。

安东·巴甫洛维奇也有许多即兴表演。他讲述短篇小说的一些场面和情节,有时他就在晚会上创造出几乎十分完美的作品雏形。许多年以后,每当我阅读哥哥的新作品时,常常感到,我已经在哪儿看过或听过这篇小说了……它引起我回想,在我眼前终于又浮现出巴勃基诺夏天的图景,我们那许许多多的伙伴,各自随便找地方坐下,有的坐在台阶上,有的坐在栏杆上,聚精会神听安东·巴甫洛维奇讲述。我不知道,安东·巴甫洛维奇那时是否已经有札记簿,但是,有一点无疑是值得注意的,他能够将自己作品的题材长期保存,一直要等到它们完全"成熟"才使用。

安东·巴甫洛维奇在写给基谢廖夫家的许多信件中,都提到"造假钱的",并且向他问好,等等。这个"造假钱的"指的是基谢廖夫家一条滑稽可笑的狗,不知什么缘故,它总是皱着眉、歪着脑袋看人,因此哥哥给它取了那么个雅号。在巴勃基诺举行音乐和文学晚会的时候,"造假钱的"总爱跟我们待在一起,趴在台阶上。安东·巴甫洛维奇在写给玛·弗·基谢廖娃的一封信中,回忆过这些"夜晚在小台阶上的交谈……有玛·巴、造假钱的和列维坦在场"。

* * *

安东·巴甫洛维奇在巴勃基诺,每天都接诊病人。他的病人是附近的农民。

那个时期,乡村地区的医疗所极少,因此农民通常到住在附近的地主家去求医找药,认为地主是有文化的人,能够看病。玛丽雅·弗拉基米罗芙娜·基谢廖娃也和农民们建立了这种联系,她尽可能地给农民"治

——沃斯克列辛斯克和巴勃基诺

病"。好在基谢廖娃还是位很有素养、很有头脑的人，农民到这儿来看病的时候，她知道，她除了治一些最简单的、人所共知的病以外，从不治大病。

我们在巴勃基诺度夏的时候，基谢廖娃得知安东·巴甫洛维奇是医生，非常高兴。起初，她遇到来求医的农民看稍微重一些的病时，就邀请他去帮忙，后来，他们俩就一起接诊病人了，其实，准确地说，是三个人，因为我每次也非常积极参与，诚然，我最多不过是个"低级医务人员"：只管递东西，拿东西，或者扶着什么，等等。

可是，我在这样的接诊中也逐渐学会了看病，安东·巴甫洛维奇不在家时，我就自己给病人开药。记得有一次，由于自己疏忽大意出了错，我感到十分内疚。

有一天，来了一位年轻农民，他说肚子难受。我决定给他吃蓖麻油。可是，我拿错了药，让他喝下去的不是蓖麻油，而是樟脑油。事后我发现了自己的错误，于是害怕起来："现在该怎么办呢？"我一整天走来走去，不知所措，夜里也没睡好。就在第二天，那个农民又来了，好像安然无恙，这让我非常高兴，我急忙连声问道：

"怎么样？身体好吗？"

"啊，亲爱的，谢谢你！你昨天真是帮了我的大忙。这会儿又来麻烦你了……"

我高兴极了，可是同时又犯起愁来："那么，我今天该给他什么药呢？"而哥哥还没有回来……

* * *

有一天，我从巴勃基诺到树林里去，路上出乎意料地遇到列维坦。我们停住脚步，天南海北地聊起来，突然，列维坦"噗通"一声跪在我面前：向我求婚。

我记得，当时我一下窘住了，不知怎么感到很害羞，用两手捂住脸。

遥远的过去——我的哥哥契诃夫

"亲爱的玛法，你脸上的每一点都使我感到可亲可爱……"我听见列维坦说。

我什么话也说不出来，只好转身跑掉了。

我伤心地在自己房间里待了整整一天，头扎在枕头上哭。快到吃午饭的时候，列维坦像往常一样来了。我没有出去。安东·巴甫洛维奇问周围的人，为什么我不在。米哈伊尔由于暗中看到我在哭，就把这事告诉了他。于是安东·巴甫洛维奇从桌旁站起来，走进我屋里。

"你怎么痛哭流涕的？"

我对他讲了发生的事情，我坦白地对他说，我不知道现在该如何回答列维坦。哥哥是这样答复我的：

"你要是乐意，当然可以嫁给他，可是你要记住，他需要的是巴尔扎克小说里的主人公那种年龄的女人，而不是像你这样的人。"

我愧于向哥哥承认，不知道什么是"巴尔扎克小说里的主人公那种年龄的女人"，实际上我并不明白安东·巴甫洛维奇那句话的含义，然而我感觉到，他是在警告我。那时候，我对列维坦未作任何答复，他像个黑影似的在巴勃基诺又徘徊了一个来星期。我呢，哪儿也不去，整天待在家里。然而，所有巴勃基诺人不久都听说了这一"事件"。弗拉基米尔·彼得罗维奇·别基切夫时常来邀请我说：

"喂，玛莎，我们去散散步吧。"

他挽住我的一条手臂，非领我朝列维坦住的厢房方向走不可，我们走得离那里越近，我觉得他把我的胳膊肘夹得越紧，生怕我跑掉。

后来，像平时生活中所常有的情况一样，我克服了窘态，又开始与列维坦见面。我们整个"恋爱史"就到此终结了。但是，我一直是他生活中的好朋友。在绘画方面，他给予我很大帮助。的确，他后来不止一次对我说过：

"玛法，假如我哪一天有可能结婚的话，那么只能是跟您结婚……"

——沃斯克列辛斯克和巴勃基诺

甚至他在去世前不久，病情已经恶化，我去看望他，他还又一次说了这样的话。

但是列维坦命中注定不能结婚。他一生都是在恋爱和东奔西走中度过的。有一回，他因为恋爱搞得晕头转向，他所钟爱的人竟是一家母女两人，这害得他甚至开枪自杀。安东·巴甫洛维奇闻讯赶往出事的庄园，为列维坦医治枪伤，还在他那里住了大约一星期。但是，列维坦需要医治的与其说是枪伤，还不如说是他的精神忧郁症。

后来列维坦直言不讳地对我讲：

"龟（鬼）知道是怎么回事！您知道吗，玛法，她俩一个是母亲，一个是女儿……"

对此我回答说：

"您这是从莫泊桑的小说里学来的吧……"

列维坦还有过一次恋爱，对这件事人们已经谈论不少，也写过不少文章。安东·巴甫洛维奇的短篇小说《跳来跳去的女人》，在某种程度上就是根据他这次恋爱写的。我只补充一点，不管安东·巴甫洛维奇如何想方设法避免"有所指"，小说中的画家里亚包甫斯基与"跳来跳去的女人"戴莫娃之间的关系，以及小说的整个情节，在许多方面还会使人想起列维坦与女画家索·彼·库弗申尼科娃之间发生的事情，当然，决不能把列维坦与里亚包甫斯基划等号。这篇小说是使列维坦跟安东·巴甫洛维奇之间的友谊关系中断将近三年之久的唯一原因，直到1895年1月，我们的共同朋友塔季雅娜·利沃芙娜·谢普金娜-库佩尔尼克把列维坦带到梅里霍沃来，他们两人才重归于好。他与安东·巴甫洛维奇见面时，亲热而愉快。列维坦在我们家里待了一个晚上，住了一夜，第二天清晨才走，他给哥哥留下这样一张字条："……我又到契诃夫家这里来了，这使我有说不出的高兴。我又回到了曾经是宝贵的，而且实际上一直是宝贵的友谊之中。"一切都已经过去，我们家里又响起"鳄鱼"的可爱声音。

遥远的过去——我的哥哥契诃夫

列维坦情真意切地爱着安东·巴甫洛维奇。1897年，出乎大家意料之外，哥哥病倒了，当时列维坦给他写来一封信，心情十分焦急，建议两人一块到国外去治病，还问是否需要钱。"哎，为什么你病倒了，为什么这样不公平，成千上万游手好闲、卑鄙龌龊的人反倒没病没灾！真是荒谬！"他在这封信中写道。而且列维坦本人这时的身体状况也不大好。他有严重的心脏病。在这个时期，列维坦往梅里霍沃给我写过一封信，我将此信援引于下[①]：

我美丽的玛丽雅·巴甫洛芙娜！我曾给安东·巴甫洛维奇写过一封信，但未获回音，因此我想他可能不在乡下。他在哪里？最主要的是，他身体如何？前两天我有一个熟人在报上看到一条消息，说安东·巴甫洛维奇到敖德萨去了。这是真的吗？他是路过那里到什么地方去吗[②]？莫非有人劝他现在到南方去？亲爱的玛法，这一切请您写信谈谈吧。

安东·巴甫洛维奇写出一篇多么绝妙的作品——《农民》。这是一篇令人震惊的作品。他这篇小说艺术上异常严谨。我非常喜欢。

您最近在干什么，我亲爱的好姑娘？我很想见到您，可是病得这么重，我简直怕到您那儿去，再说天又炎热。在国外我的身体已有所好转，但毕竟虚弱得很，要是坐两个小时火车，然后再走10俄里那么糟糕的路，我实在力不从心。以后天气凉快一些，我也许会去您那里。我很少绘画，因为我画一会儿就感到累极了。可是，我的钱全花光了，今后无以为生！大概我已经唱完了我的歌吧。您家里人怎样，身体可好？请代为问候。无限忠于您的列维坦。

两年之后，1899年12月，列维坦到我们雅尔塔家里来过一次。那次，他的身体已经很差，我跟他在我们别墅附近的小山上散步时，还得递给他一根木棍，我在前面走，用木棍往山上拉他。

[①] 此信首次全文发表。——原注
[②] 这是报纸上的"讹传"。安东·巴甫洛维奇1897年夏季未去过敖德萨。——原注

——沃斯克列辛斯克和巴勃基诺

一年半以后，列维坦逝世，终年只有39岁。安东·巴甫洛维奇听到朋友早逝，心中十分悲痛，一直打算写一篇关于他的文章，然而始终未能如愿。

伊萨克·伊里奇·列维坦去世以后不久，他的哥哥阿多利弗·伊里奇转交给我列维坦的一张遗嘱的照片复制件，列维坦请求在他死后烧掉他的全部信件。阿·伊·列维坦按弟弟的意愿做了。这就是安东·巴甫洛维奇写给伊·伊·列维坦的信件没有留存下来的原因。

* * *

我因巴勃基诺想起列维坦，但是关于巴勃基诺本身，我还没有讲完。要是不谈一谈基谢廖夫家的孩子，不谈谈小姑娘萨莎和小男孩谢辽沙，那么有关巴勃基诺的回忆就是不完全的了。我已经说过，哥哥十分喜爱儿童。因此，他自然也不能不喜爱基谢廖夫家的孩子，不能不跟他们交上好朋友。

收入安东·巴甫洛维奇全集的一篇戏谑作品《胡说八道》，就是为基谢廖夫家的孩子们写的。

萨莎是一个活泼的小姑娘，十岁左右。安东·巴甫洛维奇开玩笑地管萨莎叫瓦西里萨，而她叫他瓦宪卡。列维坦曾经给她的画册里画了一张克里米亚的风景画，安东·巴甫洛维奇在画上题词："在您面前的是一株柏树，瓦西里萨。"

安东·巴甫洛维奇写诗不多，可是其中就有一首写萨莎的：

你像一颗明亮的小星
在可爱的巴勃基诺闪烁！
你的少年时代
即将踏着节拍流逝allegro[①]：

[①]意大利语，意为"快速地"。——译者注

遥远的过去——我的哥哥契诃夫

> 如同鲜嫩的樱桃吃完
> 只会剩下樱桃核,
> 也像无聊的宴席散尽
> 只会留下酒徒和芥末。

12年之后,安东·巴甫洛维奇收到萨莎写来的一封信,她已经准备出嫁了。哥哥写信对我说,"她的未婚夫,姓柳捷尔,在萨莎的信尾添了个附笔,签名时写的是世袭贵族。我简直不知道如何回信好了"。

安东·巴甫洛维奇与小姑娘瓦西里萨的愉快友情竟会是这种结局,没想到她后来成了"世袭贵族"的妻室……

她的弟弟,谢辽沙·基谢廖夫,开始上中学的时候,在莫斯科库德林花园街的我们家里住过一个时期。后来他在一家剧院里工作,与茨冈合唱团的一个女演员结了婚。

* * *

我从事绘画的起因也与巴勃基诺有关。事情的经过是这样的。那些年,我们有时冬天也到巴勃基诺的基谢廖夫家里去住一住,休息一下,然后返回莫斯科。有一年冬天,我们又来到巴勃基诺,我突然产生一种愿望,想把基谢廖夫家客厅窗外的景色画成油画。这是一幅以远处黑幽幽一片达拉甘诺夫树林为背景的冬季风景画。使我感到惊奇的是,草稿画得还不错。回到莫斯科以后,我把画稿拿给列维坦看。

"哎呀,玛法,好极啦,您也有绘画才能啊!"他说道。

我的处女作得到这样的夸奖,我真高兴极了,从此后,我便开始严肃地从事绘画了。

* * *

后来,我们在卢卡的林特瓦列夫家和梅里霍沃的自己家里,也都有过许多美好的时光,然而对巴勃基诺的回忆,却有它独特的意义。毫无

——沃斯克列辛斯克和巴勃基诺

疑问,巴勃基诺的生活对安东·巴甫洛维奇的创作,有很深的影响。安东·巴甫洛维奇后来在他的许多作品里,对俄罗斯中部的自然风光都有极为出色的描写,不用说,这是以巴勃基诺各处的景色为背景的。例如《巫婆》、《祸事》等许多短篇小说,都与巴勃基诺有直接关联。好像现在达拉甘诺夫树林附近,还保存着一个更房和一座波列夫辛教堂。以前我们经常在那里漫步,采蘑菇,夜里,守夜人就是在那里敲钟报时。安东·巴甫洛维奇的著名短篇小说《江鳕》,也取材于真人真事,基谢廖夫家盖浴棚的时候,确实发生过那么一件事。剧本《伊万诺夫》中的沙别尔斯基伯爵,能让人看出是弗·彼·别基切夫的写照,等等。

　　回忆起青年时代,一切似乎都显得美妙和富有诗意,而只有巴勃基诺夏日的诗情画意,给我留下终生不可磨灭的记忆。难怪我们从1885至1887年,连续三年都到那里去住。现在,每当我在雅尔塔纪念馆中从安东·巴甫洛维奇的书房走过,看到写字台后边的壁龛里挂着《伊斯特拉河》这幅奇美无比的画(这幅画是列维坦1885年在巴勃基诺画的),我的脑海里就会浮现出那些遥远的、可爱的景象。

遥远的过去——我的哥哥契诃夫

五 库德林花园街

1886年以前,我们在莫斯科经常搬家。随着家庭经济情况的好转,我们先后住过几个不错的住宅。但是,我们时常很不走运。比如,1885年秋天,我们在雅基曼卡街租下列别杰夫家里的一套住宅。过了一段时间才发现,住宅里潮湿得要命,一生起炉子,墙壁上就长霉。安东·巴甫洛维奇从那几年起就犯了咳嗽病(有时还咳血,但是我们那时并不知道),这样潮湿的住处对他的身体是有害的。我们在那里住了一个半月左右,就搬到对面的一所住宅里去,那是克利缅科夫的房子。

结果,在那里又出现新的问题。我们家楼上,是一个举行舞会、婚礼、葬后宴等活动的场所。因此,不论白天黑夜,我们都不得安宁。头顶上常常传来音乐声、跳舞人脚踏楼板的声音……哥哥在这种环境里写作,当然感到很不舒服。

这所房子有一间大厅,因此我们自己有时也举办晚会。我兄弟们的朋友和熟人常来参加晚会,还有我在女子学院的女友。每逢过圣诞节和复活节,我们家里就格外热闹。顺便提一下,复活节前夜,安东·巴甫洛维奇总喜欢结伴去逛莫斯科。通常我们先到莫斯科河的石桥上去听听钟声。那

————库德林花园街

钟声从宽阔的河面上传来,听上去,不知是怎么回事,特别悦耳,特别庄严。晨祷以前,城市上空一片寂静。突然,克里姆林宫伊凡大钟楼上的第一座沉重的钟敲响了,然后是第二座、第三座……于是这个大钟楼上所有的钟都响起来。此刻,其他教堂的钟也敲响了,千百个教堂敲响起著名的莫斯科复活节钟声。

我们在桥上站一会儿,然后往家走,通常我们都顺路到一些教堂里去听听祈祷和唱诗,看看教堂里的陈设,到各处转转。莫斯科的教堂多得不得了,我记得,有一次我们走进一座教堂,遇见一位熟识的画家(现在已记不清他的姓名)。安东·巴甫洛维奇跟他打过招呼,小声问他:

"请问,这是什么教堂?"

"鬼——鬼才知道!"画家侧过身,带着一本正经的神情回答。

他的回答太出人意外,太逗趣,安东·巴甫洛维奇和我们都忍不住扑哧一声笑起来。后来安东·巴甫洛维奇经常在家模仿教堂里这位画家的样子和他所说的话:"鬼才知道!"他总是模仿得活灵活现,逗得大家笑个不停。

复活节第一天,安东·巴甫洛维奇有时邀请我跟他一块儿到耶稣救世主教堂去参加晚祷,因为哥哥尼古拉和画家索罗金、普里亚尼什尼科夫曾在这座教堂大厅的敞廊画过壁画。祈祷式进行的时候,安东·巴甫洛维奇并不祈祷,只是纹丝不动地站着,聚精会神看人们怎样给总主教穿法衣,等等,他感兴趣的只是祈祷式的程序。

1886年春天,我们去巴勃基诺住别墅,就此离开了克利缅科夫家的住宅。我们在巴勃基诺住了一个夏天,秋天来临,我们又开始考虑租住新的住宅。8月初,我抱着这样的目的回了一趟莫斯科,在看过许多住宅之后,我选定了库德林花园街上亚科夫·阿列克谢耶维奇·科尔涅耶夫医生家的一所两层小楼(现在的门牌是六号)[①]。这套住宅,在当时(而且按

[①] 从1954年起,这所房子变为契诃夫纪念馆。——原注

遥远的过去——我的哥哥契诃夫

我们的收入情况）来说，价钱相当贵，一年的租金是650卢布，哥哥甚至满足不了主人一次付两个月租金的要求，然而这所两层小楼各个房间的安排都很舒适，它靠近市中心，而且在莫斯科一个上等地区，我一下子就看中了。安东·巴甫洛维奇在《花絮》杂志出版商尼·亚·列依金那里借了钱，我们就租下这套住宅。

我们搬进去，安置好，安东·巴甫洛维奇很喜欢。我们把住宅里的房间做了如下安排。楼下：一进住宅是门厅，门厅左边是安东·巴甫洛维奇的书房，书房里有两扇门，通向两个叫做望楼的房间（每个望楼向外突出，各有三个临街的窗户，因此安东·巴甫洛维奇开玩笑地称这所房子为"五斗橱"）。靠院子那边的望楼是弟弟米哈伊尔的寝室，另一间望楼是安东·巴甫洛维奇的寝室。门厅右边是厨房和供女仆用的两个房间。门厅中间有楼梯，通向楼上，楼梯下面是我们家的狗科尔包的窝。楼上：两个望楼（也就是米哈伊尔和安东的寝室上面）是我的房间，旁边（也就是安东·巴甫洛维奇的书房上面）是客厅，穿过客厅又有一个带望楼的房间，望楼正对院子，向外突出。这个房间的另一个门通向餐厅，餐厅旁边是母亲叶甫盖尼雅·亚科夫列芙娜的房间。那时父亲不跟我们一起住，只是每天到我们这里来一趟。他住在哥哥伊万·巴甫洛维奇那里，他的住处也在这条街上，离我们不远。住上这样宽敞而舒适的住宅，这在我们还是第一次。

我们在那里住了将近四年。我已经提到过，我认为1886年是安东·巴甫洛维奇一生的转折点。就是从那年起，我们住进科尔涅耶夫家的房子，并且开始了一种丰富多彩的新生活。在那里，哥哥头一次写出了一批长篇幅的作品（《草原》、《幸福》，第一部剧本《伊万诺夫》，等等）。格利果罗维奇、柯罗连科、柴可夫斯基、普列谢耶夫和许多其他的文学艺术家，都到我们家这所房子里来做过客，年轻作家契诃夫引起了他们的关注。

* * *

早在1886年3月，我们还住在雅基曼卡的时候，安东·巴甫洛维奇以

"契洪捷"的笔名发表小说，意外地收到俄国著名作家德米特里·瓦西里耶维奇·格利果罗维奇的一封信。这位65岁、德高望重的作家是第一个发现契诃夫的人，他在信中说，他确信，安东·巴甫洛维奇具有"远远高出新一代文学工作者"的"真正才能"，希望他认清并严肃对待自己的才能

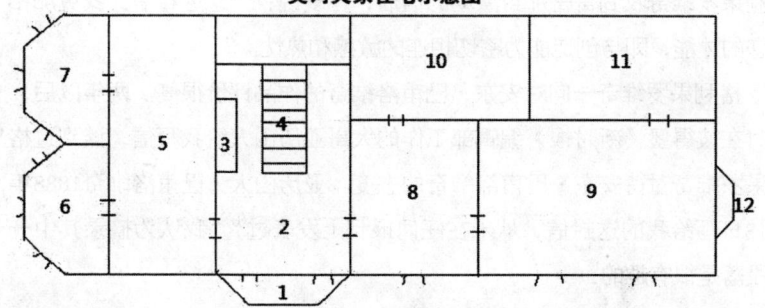

库德林花园街科尔涅耶夫宅中
契诃夫家住宅示意图

楼下：1.大门 2.前厅 3.存衣室 4.楼梯 5.安东·巴甫洛维奇的书房
6.米哈伊尔·巴甫洛维奇的房间 7.安东·巴甫洛维奇的寝室
8.-9.厨房 10.清洁女工的房间 11.厨娘的房间 12.后门

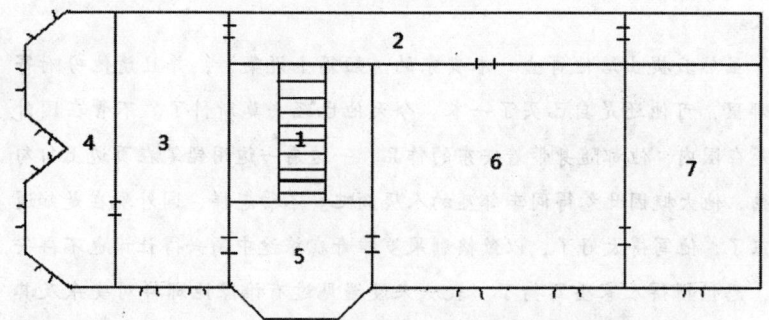

楼上：1.楼梯 2.走廊 3.客厅 4.玛丽雅·巴甫洛芙娜的房间
5.带望楼的房间 6.餐厅 7.母亲的房间

遥远的过去——我的哥哥契诃夫

和文学工作。这封信使哥哥非常激动。他给格利果罗维奇回信说:"您的信……像闪电那样震动了我。当时我激动得差点流下泪来,我觉得,您的信在我的心灵里留下了深刻的印记。"

过了几年,哥哥出类拔萃的才能崭露出来,已经成为著名作家,那时他已听到过许多对他作品的赞美之词,然而,那位德高望重的老作家的第一次评语,对26岁的安东·巴甫洛维奇来说,当然具有特别重大的意义。格利果罗维奇收到哥哥那封激动的信后,答复说:"您这封信让我更加相信您的才能,即与创造能力密切相连的敏感和热忱。"

格利果罗维奇一向对安东·巴甫洛维奇的作品评价很高。两年以后,当时在彼得堡《新时报》编辑部工作的大哥亚历山大给我写信,谈到过格利果罗维奇对待安东·巴甫洛维奇的态度。亚历山大·巴甫洛维奇1888年7月8日写给我的这封信,从未在任何报刊上发表过[①],我认为摘录其中一些段落是很有趣的:

昨天德·瓦·格利果罗维奇从尼斯回来,他热烈地亲了我一阵,就叫喊起来,说我们俄国缺少评论,对安东这样的"天才"评价很不够。国外对这种情况也没有引起足够的重视。他心中至今感到"不安",觉得心急如火。

虽然我提出给他寄去一本安东的《短篇小说集》,并且请他吩咐寄到哪里,可他还是自己买了一本。今天他已经去莫斯科了。不管在国外还是在国内,他都随身带着安东的作品,一边看一边用铅笔在页边上勾勾画画,他大概因此惹得同车邻座的人厌烦吧。不管怎样,国外现在是知道安东了,他写得太好了,以致格利果罗维奇在旅途中高兴得让谁也不得安宁,恐怕搅得人家要骂街了。我从来没遇见过有谁像他那样对安东及其作品推崇备至,看来,为了证明安东是天才,他准备堵住耳朵绝对不听

[①] 现在此信已发表,参看《文学问题》杂志,1960年第1期第100页。——原编者注

——库德林花园街

不同意见。在编辑部里，他无缘无故地责怪"居民"[1]，动不动就对他发脾气，好像有人欺负了安东似的。"居民"听来听去，最后得出结论："嗯，老头子疯了。哪个鬼欺负安东了呢？他完全失去自制力了……"他也跟我说过类似这样的话："我亲爱的契诃夫，您告诉您的弟弟说，把霞光比喻成蒙上一层薄薄炭灰的火红色木炭，这样的句子，要是屠格涅夫还活着，只有他才有幸写得出来。您弟弟写出了许多许多漂亮的句子。我素来把它们勾画出来。嘿，才能，嘿，巨大的力量！只可惜，他总是写小作品……"他还没有读过《草原》（即在谈话的时候）。大家都非常喜欢《灯光》。一切有见识的人都希望这篇佳作刊登在杂志的夏季一期里。假若拖到冬季，事情准会惹得人们不痛快。至少大家都这样认为。

有一次，德·瓦·格利果罗维奇来到莫斯科，晚上到库德林花园街我们家来做客。安东·巴甫洛维奇在楼下自己的书房里接待他。正巧那个时候，我的女友、兄弟和他们的同学聚在楼上我的房间里，笑声、喧闹声、音乐声和脚步声响成一片。我的女友达丽雅·米哈伊洛芙娜·穆欣娜-普希金娜（按安东·巴甫洛维奇给她取的外号，叫做"德丽什卡"）正给我们表演社会上各种男舞伴的姿态。

格利果罗维奇一边与哥哥谈话，一边不时斜着眼睛往上看，最后忍不住问道：

"喂，契诃夫，你们楼上在干什么？"

"是我妹妹的女朋友们来做客了，"安东·巴甫洛维奇回答。

"我们可以去看看她们吗？"

"当然可以！请吧。"

结果，我们正玩得高兴，突然看见一位文质彬彬的老人，在哥哥的陪同下走进我们房间来了。他蓄着银白色连鬓胡子，系着领带，领带打着一

---

[1] 亚历山大·亚历山德罗维奇·季亚科夫的笔名，他是《新时报》的记者和撰稿人。——原注

遥远的过去——我的哥哥契诃夫

个宽宽的花结。

"这是德米特里·瓦西里耶维奇·格利果罗维奇,"安东·巴甫洛维奇把他介绍给我们。

起初,我们有点拘束,不敢再大声喧哗了,可是没过一会儿就又活跃起来。看来,格利果罗维奇很喜欢我们这伙年轻人。他跟我们一块儿玩游戏,开玩笑。

后来,他一直记着在我们家里度过的那个夜晚。他在彼得堡曾对他的熟人讲过,说他在契诃夫家里看到了真正的"为所欲为"!

不久,安东·巴甫洛维奇出版了一本新的短篇小说集,总标题是《在昏暗中》,献给格利果罗维奇。安东·巴甫洛维奇以此对格利果罗维奇表示感谢,因为在他创作生涯的初期,格利果罗维奇给予了他友好的精神上的支持。顺便说一下,格利果罗维奇在收到献给他的那本小说集以后,从尼斯给哥哥写来一封十分有趣的信。这封信我在40多年前,收在《言论》集里发表过①,但是许多人并不知道。我在此摘录信中的几段:

我从《新时报》上很早就熟悉您的短篇小说,可是我又把它们重读了一遍,同时还习惯地用铅笔勾画、圈点,这些画了直线和圈点的地方,都是表示我认为毫无疑问具有奇异才能的段落。记得有一次,在卡基克斯过圣灵降临节,我们所有的人都到城外去了,我一直在数漂亮的女人,看一共有多少;过了十分钟,我便放弃了这件有趣的事,因为年轻漂亮的女人都没有单独行走,而是成群结队散步。她们一边走,还一边看您的短篇小说。

如果您以为我这是为了说漂亮话,那您就大错特错了。我不但过去无意奉承或者恭维您,现在我们有了这种关系,那样做就更卑鄙无耻了,再说,我有什么必要在您面前昧着良心呢?

---

① 莫斯科,1914年出版。——原注

——库德林花园街

《梦想》和《阿嘉菲雅》,只有真正的艺术家才写得出来,《梦想》中的三个人物和《阿嘉菲雅》中的两个人物都是寥寥几笔刻画成的,而且,也不必多费笔墨,因为那些人物已经栩栩如生,每人的外貌和性格都描写得很清楚了。每句话,每个动作,都使人感觉不到虚假,一切都真实,一切都理应如此。对自然景物和印象的描写也同样:寥寥几笔,就能使人觉得像亲眼看见一样。这种善于表达的技巧只有在屠格涅夫和托尔斯泰的作品里才能见到(在《安娜·卡列尼娜》中有这样的描写)。讲到乐声的和谐完整,始终保持着阴沉的调子,小说《祸事》是堪称典范的。读者读着头几页还不知道下面会出什么事,却不由自主地毛骨悚然,暗自预感到就要发生不吉利的事了。小说《不幸》、《薇罗琪卡》、《在家里》、《在路上》向我讲述我早已熟知的事情,也就是说,您的眼光巧妙地抓住了以极其细腻隐秘的方式表现出来的爱情这个主题。

所有这一切又迫使我向您提出请求,一个最真挚的请求,您那真正的罕见才能怂恿我提出这个请求:请您不要匆忙地仅仅写篇幅小的短篇小说,特别是不要只给报纸写。大量的读者,与其说是阅读,还不如说是走马观花地浏览,五百个读者之中,未必有一个能够在一大堆废物里识别出珍珠来。这类说教本来已经是评论界的事情,可是我们的评论现在只由布列宁来担当,而他却不干正事,喜欢写剧本,喜欢对那些微不足道的诗人发脾气,对一个署名为扎斯明诺夫的人的胡编乱造表示气愤。短小精悍的短篇小说起于屠格涅夫,但是他只把小说发表在《同时代人》上,当时《同时代人》对文艺评论家来说,就像歌唱界的鲁比尼[①]一样。那时我们休戚与共的好朋友,只要有哪个人写出相当好的东西,朋友们就为他能享有盛名而奔忙。现在却不同,像您这样的人,写出10到15篇短篇小说,或者写出同样数量引起普遍兴趣、刻画普通人物的篇章,难道还不是跟没有

[①] 俄国著名歌唱家德·巴·鲁比尼。——译者注

遥远的过去——我的哥哥契诃夫

一个样……根本问题在于作品的质量,也在于宗旨,而且主要在于宗旨。因为得出某个结论,表现某些人或某一地方的风格,阐明某种社会思想,展开一个心理或社会的主题,涉及某一社会症结等等,这样的目的和任务,是要在不知不觉中完成的,要是描写人物和自然景色时卖弄文笔,那么十印张纸也不够用。

……对,对,就像您说的那样,您把自己钉在桌子旁边,从容不迫、专心致志地从事写作吧。您就放开手自管写吧,我从看到您的处女作起就对您抱有信心,您会发现我是何等正确。我不知道,在我漫长的一生中,还有什么东西我没读过,我读书时总是很留心,总是力图猜透作家的手法,看他是怎样把东西写出来的;我的文学鉴赏力远远超过我的写作能力。您完全可以相信我。您既可以把我看做一个文学家,同时也可以看做一个不论您的才能有多大都诚心诚意热爱您的人。感谢您把书献给我。亲切地拥抱您。德·格利果罗维奇。①

德米特里·瓦西里耶维奇这封友好、诚挚的信,又给哥哥留下强烈的印象。安东·巴甫洛维奇在收到这封信的第二天,给弗拉基米尔·加拉克焦诺维奇·柯罗连科写了一封信,柯罗连科在这之前来过我们家,并与哥哥认识了。安东·巴甫洛维奇在信中写道:"昨天我收到格利果罗维奇老头儿的来信,我一时兴起,把这封信抄寄给您。由于多方面的原因,我把它看做像黄金那样宝贵,并且我怕读第二遍,免得失去最初的印象……从信中您也会得出结论,向我真心诚意指示正路的,不只您一人……"

* * *

1887年秋天的一个晚上,弗·加·柯罗连科到我们家里来了。当时,我打开大门,门外站着一个人,蓄着浓密的大胡子,我愣住了,弄不清这个来找哥哥的人是谁。直到安东·巴甫洛维奇从楼上走下来,亲热地迎

---

① 此信的翻译采用汝龙先生的译文。——译者注

——库德林花园街

接客人,叫出他的名字,这时我才知道这位来客原来是柯罗连科。柯罗连科这个名字,我们家里十分熟悉,第一,因为哥哥不止一次夸奖过他的短篇小说,第二,因为奥博连斯基写过一篇关于契诃夫和柯罗连科的大块文章,那篇文章刊登在《俄罗斯财富》杂志上(1886年12月)。

柯罗连科和安东·巴甫洛维奇在我们家餐厅里喝茶,畅谈文学。柯罗连科还讲述自己流放西伯利亚时的情况,讲得很有趣。他曾几次被驱逐出俄国中部地区。1881年,他因拒绝宣誓效忠新即位的沙皇亚历山大三世,又被流放雅库梯亚。他在被准许返回俄国的欧洲地区以后,从1885年起,在警察的监视之下,住在下诺夫戈罗德。从我和柯罗连科的接触中,他给我留下的印象极好,他聪明、坦率而又非常朴实。

柯罗连科也像格利果罗维奇那样,常常劝安东·巴甫洛维奇更认真地对待自己的才华,放弃写小东西,着手大部头的创作。他们之间产生了友谊,这种友谊从来未因任何事情而黯然失色。哥哥刚与柯罗连科相识,就马上给大哥亚历山大·巴甫洛维奇写信说,柯罗连科是一个"有才华和最出色的人","据我看来,他将来会有很大成就"。安东·巴甫洛维奇也曾给柯罗连科本人写信说:"……我特别高兴和您认识……第一,我极为珍视和热爱您的才华……第二,我认为,我和您要是在这个世界上还能活上10至15年,那么将来我与您是不可能没有共同之点的。"

他们后来确实有许多这种"共同之点"。1900年,他们一起当选为科学院荣誉文学院士。1902年,他们,而且只有他们,又一起辞掉科学院荣誉院士称号,以此抗议沙皇撤销选举阿·马·高尔基为科学院院士的决定。

弗·加·柯罗连科50岁生日那天,安东·巴甫洛维奇给他发了电报,称他为"亲爱的、敬爱的朋友,杰出的人",并且"非常感激"他。安东·巴甫洛维奇去世时,柯罗连科在日记中写道:"我对他的感情,可以毫不夸大地称为热爱……"

遥远的过去——我的哥哥契诃夫

安东·巴甫洛维奇与格利果罗维奇和柯罗连科在80年代的精神交往，对哥哥转折时期的创作发展过程，具有积极的意义。

* * *

彼得·伊里奇·柴可夫斯基的名字，在19世纪80年代末，不但音乐界尽人皆知，而且在俄国最广大的知识分子各阶层中也无人不晓。

在我们家里，柴可夫斯基的乐曲很受欢迎。安东·巴甫洛维奇熟悉和喜欢柴可夫斯基谱写的许多歌剧、抒情歌曲和乐曲。我记得有一次，他甚至试着用一个手指在大钢琴上弹出他记住的柴可夫斯基一首交响曲中的旋律！

安东·巴甫洛维奇在彼得堡首先认识了彼得·伊里奇的弟弟莫杰斯特·伊里奇·柴可夫斯基，莫杰斯特·伊里奇是一位剧作家和翻译家，为许多歌剧写过歌词，其中包括彼·伊·柴可夫斯基的一些歌剧的歌词，都出自他的手笔。有一次，安东·巴甫洛维奇在莫杰斯特·伊里奇那里吃早饭的时候，遇到了彼得·伊里奇。哥哥从彼得·伊里奇的谈话中知道，他读过哥哥的短篇小说。

1889年秋天，安东·巴甫洛维奇打算出版自己新的短篇小说集《闷闷不乐的人们》。1889年10月12日，他致信彼得·伊里奇，请求准许将这本书献给他。他写道，"这份献礼，第一，会给我带来很大的愉快，第二，能略略满足我每天想起您的那种深深的尊敬之情"。他在信尾补充道："要是您允许把书献给您，而且再给我寄来一张您的照片，那么我所得到的比我配得到的还要多……"

仅仅过了一天，在10月14日，完全出乎意料之外，柴可夫斯基亲自来到我们家，作为对哥哥那封信的答复！哥哥在楼下的书房里接待了他。彼得·伊里奇带来一张自己的小照片，上面的题词是："赠给安·巴·契诃夫。您的热烈的崇拜者彼·柴可夫斯基。89年10月14日。"不管我们搬家到什么地方，这张照片总是放在哥哥的书房里。直到现在，它还挂在雅尔塔纪念馆安东·巴甫洛维奇书房的墙上。

——库德林花园街

他们谈话的时候,我没有在场。但是我从哥哥那里知道,彼得·伊里奇提出让哥哥为他新构思的歌剧《贝拉》写歌词,莱蒙托夫的《贝拉》的情节想必是这个歌剧的基础吧。看来我弟弟米哈伊尔当时在场,他在回忆录中讲,柴可夫斯基在谈到音部安排时对哥哥说:

"贝拉——女高音,别丘林——男中音,马克西姆·马克西梅奇——男高音,卡兹比奇——男低音。

"不过,您听我说,安东·巴甫洛维奇,"柴可夫斯基说,"不要有唱进行曲的行列,坦率地说,我不喜欢进行曲。"

安东·巴甫洛维奇是如何看待柴可夫斯基这次来访的,可以从他第二天写给苏沃林的信做出判断:"昨天彼·柴可夫斯基到我这里来了,这让我心里美滋滋的:第一,他是个大人物,第二,我酷爱他的音乐,特别是《奥涅金》。我们打算写一个歌剧的歌词。"

柴可夫斯基在我们家吸过烟,他走时忘记把烟盒带走了。安东·巴甫洛维奇当天就把烟盒寄还给彼得·伊里奇,同时寄去一张自己的照片和一本短篇小说集,还附上这样一封信:

亲爱的彼得·伊里奇,您使我非常非常感动,我无限感激您。给您寄去一张照片和一本书,要是太阳属于我,我就连太阳也给您寄去。

您把烟盒忘在我这里。现在把它寄还给您。烟盒里的烟少了三支:一位大提琴家、一位长笛手和一位教育家每人吸了一支。

"大提琴家"和"长笛手"都是我们家的常客,我们的朋友玛·罗·谢玛什科和亚·伊·伊万年科,"教育家"指哥哥伊万·巴甫洛维奇。他们之所以吸这三支烟,主要不是因为他们自己没有烟,而是因为这烟是柴可夫斯基的!安东·巴甫洛维奇在寄给柴可夫斯基的那本书上,写下这样的题词:"赠彼得·伊里奇·柴可夫斯基。未来歌剧的歌词作者。"

不久,彼得·伊里奇给安东·巴甫洛维奇寄来一张音乐会入场券,

遥远的过去——我的哥哥契诃夫

拿着这张入场券,整个冬季都可以去贵族俱乐部(现在是联盟之家)圆柱大厅听交响音乐会。这些音乐会很有趣,那一年,都是作曲家亲自在音乐会上指挥演奏自己的作品。我一冬天就是使用柴可夫斯基寄来的这张入场券,愉快地到圆柱大厅去欣赏美妙的音乐会。有一天,在那里我还看到了彼·伊·柴可夫斯基。他坐在舞台旁边的圆柱子后面听音乐。我的座位离他很近,我整整一个晚上都目不转睛地望着柴可夫斯基,他个人的魅力竟如此巨大。

安东·巴甫洛维奇对柴可夫斯基的创作评价很高,这还可以从他写给莫杰斯特·伊里奇·柴可夫斯基的一封信看出来:"我愿意做一名光荣的卫兵,时刻守卫在彼得·伊里奇住所的门口,——我对他尊敬到了这种程度。若排座次,那么在俄罗斯艺术中,他如今占第二位,仅次于早已占据第一位的列夫·托尔斯泰。"

彼得·伊里奇也热烈称赞安东·巴甫洛维奇的创作,他在写给友人的一封信中,称安东·巴甫洛维奇是"我国文学未来的柱石"。他在答复安东·巴甫洛维奇本人献给他的短篇小说集时写道:"难道我不该真诚感激您献给我《闷闷不乐的人们》,并非常以此为骄傲吗!记得在您外出旅行的时候,我一直打算给您写一封长信,甚至企图说明,正是您的才能的哪些特性对我竟如此具有魅力和迷人。但是我一直不得闲,而主要的,是我力不从心。一个爱好音乐的人,要用文字来表达感情,真是太困难了,就像他对其他任何艺术现象有同样的感觉一样。"

安东·巴甫洛维奇和柴可夫斯基合作创作新歌剧的愿望并没能实现。因为安东·巴甫洛维奇不久就去萨哈林岛旅行,而彼得·伊里奇在1893年猝然去世。我们家对他的逝世感到极大的悲痛。

* * *

安东·巴甫洛维奇有一个很小的纪念册,裁口喷金,是苏沃林过去送给他的。现在这个纪念册陈列在雅尔塔契诃夫纪念馆里。纪念册中有一页，写着这样的题词：

我是这样与安东·巴甫洛维奇·契诃夫相识的：1882年我来到莫斯科，邀请莫斯科某作家为《花絮》撰稿。

我正和已故的巴尔明乘马车在特韦尔街上走，他指着路旁一个长头发年轻人对我说："你看，这是一个很有才华的青年作家，他姓契诃夫。"

我打听到契诃夫的住址，就找上门去和他相识，邀请他给《花絮》撰稿。

尼·列依金

1891年10月28日

《花絮》是1882年在彼得堡创刊的一种幽默杂志。它的编辑是尼古拉·亚历山德罗维奇·列依金。他是一位幽默作家，早先为《火星》、《同时代人》、《彼得堡报》等报刊撰稿。他虽然出身于店员，却能使自己的小杂志站稳了脚跟：他懂得哪些人是好的撰稿人，并且想方设法拉他们写稿，准时付给作者稿酬，每期杂志总是按时出版。

他那时确实到莫斯科我们一个不太雅观的住宅来过，向哥哥约稿。安东·巴甫洛维奇答应下来，并在列依金那里发表作品将近五年。这就是哥哥创作生涯中的所谓"花絮"时期。在这一时期，他与列依金本人的关系也很好。

列依金从彼得堡来到莫斯科时，几乎每次都到我们家里来。他也到我们在库德林花园街的家里来过，有时甚至在这里过夜。他身材不高，体格健壮，留着宽而浓的胡子，腿瘸，是个相当爱热闹的人，喜欢去莫斯科的酒馆喝酒作乐，并且总要带着安东·巴甫洛维奇一起去，这让我不太高兴。有一次，列依金邀请我和安东·巴甫洛维奇一起到彼得堡他家里去小住。1886年11月底，安东·巴甫洛维奇去彼得堡办事，把我也带去，作为对我的奖励，因为这一年我在高等女子学院毕业了，成绩不错。这样，70

遥远的过去——我的哥哥契诃夫

年前我头一次来到北方的首都。

彼得堡那长长的、笔直的宽阔街道，独特、优美的房屋建筑，秩序井然的市容，虽然一切都带着一种官僚气，却给我留下深刻的印象。我有生以来第一次看到涅瓦河那样宽阔的大河。涅瓦河上美丽壮观的桥梁，从街道下面穿过的不可胜数的水渠，广场上别具一格的纪念碑，这一切对我来说都不同寻常，永志难忘。不过，在我们莫斯科，当时一切都显得更舒适，更温暖，更朴素。当然，那时候也同历来的情况一样，两个城市各自都有坚定不移的热爱者，他们对这个或者那个首都的长处能够争论得无止无休。

* * *

小剧院的著名演员亚历山大·巴甫洛维奇·连斯基（他的真姓是维尔维齐奥季）经常到科尔涅耶夫的房子里来看我们。他说话很有风趣，是个严肃的、知识渊博的演员，在音乐会上，他能十分出色地朗诵安东·巴甫洛维奇的短篇小说。他到我们家里来，总是带着妻子丽季雅·尼古拉耶芙娜，他家里的人管她叫丽卡（因此我们后来把我的女友丽季雅·斯塔希耶芙娜·米津诺娃也叫做丽卡）。丽季雅·尼古拉耶芙娜·连斯卡雅是小剧院另一名演员和导演亚历山大·伊万诺维奇·苏姆巴托夫-尤仁的妻子玛丽雅·尼古拉耶芙娜的亲姐姐，还是弗拉基米尔·伊万诺维奇·涅米罗维奇-丹钦科的妻子叶卡捷琳娜·尼古拉耶芙娜的堂姐。引人注目的是，三位杰出的戏剧家，好像互相商量好似的，通过他们的妻子结成了亲戚。

连斯基夫妇是那时我们首先认识的两个朋友。在过大斋节期的时候，他们特别爱到我们家里来"赴白菜宴"。那时，根据教会的要求，大斋节期的时候剧院一律关门停演，演员们也就闲暇无事了。按照当时的传统，大斋节的第一个星期，人们通常都要斋戒，也就是要吃素食，主要的食物是酸白菜。我们的母亲，叶甫盖尼雅·亚科夫列芙娜，做的酸白菜很好吃，所以我们的朋友和熟人都愿意聚到我们家来"赴白菜宴"。

我们在女画家索菲雅·彼得罗芙娜·库弗申尼科娃家里，也常和连

——库德林花园街

斯基见面,他在那里宛如家人。他也从事绘画。我们的友谊持续了数年,直到安东·巴甫洛维奇的短篇小说《跳来跳去的女人》发表为止。众所周知,在这个短篇小说里,哥哥在戴莫娃(库弗申尼科娃)的常客中描写了一位"胖演员"。连斯基说在小说中看到了自己的形象,感到受了侮辱,后来差不多有八年不跟我们说话。1899年底,安东·巴甫洛维奇名望已经很高,有一次我在文学艺术小组俱乐部见到连斯基。他出人意料地走到我面前,当时的情况正如我后来在给哥哥的信中写的,他"长时间地抖动着我的手,请求我向你转达,他过去和现在一直爱你。你想,这哪能让我一点儿也不感动!那纯粹是一副演员的面孔。然而问题是,他是在绝交八年之后走过来的呀!"

常到库德林花园街我们家里来的,还有一位大演员——弗拉基米尔·尼古拉耶维奇·达维多夫,安东·巴甫洛维奇与他结为好友是在科尔什剧院上演《伊万诺夫》的时候。弗拉基米尔·尼古拉耶维奇是第一个演伊万诺夫这个角色的演员,他后来在哥哥写的《天鹅之歌(卡尔卡斯)》剧中演斯威特洛维多夫的角色。安东·巴甫洛维奇对达维多夫的演技评价很高。例如,他在《伊万诺夫》演出前,在一封信中写道:"伊万诺夫将由达维多夫扮演,我十分满意,他看了剧本很高兴,已经热情着手排练这个剧,他对我的伊万诺夫的理解,正是我所希望的那样。昨天我在他那里一直待到夜里三点钟,他确实是个艺术大师,我对这一点深信不疑。"

达维多夫在好长一段时间里经常到我们家来。有时,他在安东·巴甫洛维奇的书房里一直要坐到深夜,不是谈话,就是读某个剧本的某些片段。有一次,诗人亚·彼·波隆斯基寄来一封信,信中附有一首献给安东·巴甫洛维奇的诗《在门旁》,当时达维多夫也在场。他首先感情充沛地把这首诗朗诵给我们大家听。

第二年,弗·尼·达维多夫在科尔什剧院演完《伊万诺夫》之后,就搬到彼得堡去,开始在亚历山大剧院当演员。从那时候起,他与安东·巴

遥远的过去——我的哥哥契诃夫

甫洛维奇就很少见面了,安东·巴甫洛维奇到彼得堡去的时候,两人才得相见。有一次,哥哥到那里去时,跟达维多夫、斯沃博金、苏沃林一块儿照了一张相片。这张大照片一直挂在安东·巴甫洛维奇的书房里,直到现在还挂在雅尔塔纪念馆他的书房里。

在常到库德林花园街我们家里来的人中间,剧作家亚·尼·奥斯特罗夫斯基的弟弟彼得·尼古拉耶维奇·奥斯特罗夫斯基也是一个很有趣的人。他很聪明,用安东·巴甫洛维奇的话说,他有文学批评家的"灵敏嗅觉",他讲话意趣横生。顺便提一下,有一次,安东·巴甫洛维奇请求奥斯特罗夫斯基给他写信,评论他的中篇小说《草原》。安东·巴甫洛维奇很喜欢这篇评论,他一直劝彼得·尼古拉耶维奇不要将这篇评论秘而不宣,要他将此文与他的文学评论著作一起出版。

彼·尼·奥斯特罗夫斯基有时长时间地和哥哥坐在书房里谈话,这些谈话通常都涉及文学上的问题,有时也涉及政治问题。有一回,他们对社会主义的问题争论了很久,我当时不明白他们争论的焦点是什么。安东·巴甫洛维奇在一封信中,对彼·尼·奥斯特罗夫斯基的性格做了有趣的描述:"彼得·尼古拉耶维奇是个聪明人,是个好人;与他交谈令人愉快,可是要和他争论问题非常困难,就像和一个迷信招魂术的人争论一样困难。他在道德、政治等方面的观点,就像一团混乱的铁丝网;你什么也弄不清楚。你从这边看他,他是个唯物论者,可是你绕到另一边看他,他是个共济会员。这样的混乱只有在那些思考得多、却缺乏修养的人身上才最常见到,他们对于准确的定义不习惯,对于引导人们理解你所想和所说的事情的那些方法也不习惯。"

安东·巴甫洛维奇有时候开玩笑说,一位大作家的弟弟常到他那里去,那人也是"爱摆官架子的部长"的弟弟。事情是这样的,大戏剧家的另一个弟弟,米哈伊尔·尼古拉耶维奇·奥斯特罗夫斯基,在彼得堡任政府财政部长。据彼得·尼古拉耶维奇讲,这位部长与戏剧家哥哥有过这

——库德林花园街

伊·伊·列维坦
1887年

遥远的过去——我的哥哥契诃夫

样一些会见:亚历山大·尼古拉耶维奇从莫斯科到彼得堡某剧院来演戏,演出完毕,照当时的规矩,他要同演员们一起到一个饭馆里度过一夜。早晨,他回家的时候想起了弟弟,就吩咐车夫把马车赶到财政部去。于是出现这样的场面:部长弟弟正在签署文件,戏剧家哥哥坐在弟弟的桌子前边,对弟弟讲述他和演员们一起怎样纵酒作乐,如何到孤岛上去找茨冈合唱团。弟弟听着听着,说道:"萨沙,我看不出这有什么好!"亚历山大·尼古拉耶维奇沉默片刻,然后又开始讲下去。弟弟一直不停地签署文件,再次说道:"萨沙,你不要讲那个了,不要讲了!"

我们听着这些故事,想象在部长办公室里的情景,感到好笑。这些话后来变成我们家的流行用语,在适当的场合作为口头语使用。尤其是在安东·巴甫洛维奇的信件中,经常可以碰到这些语句,一些不了解内情的人有时都不懂其中的含义。安东·巴甫洛维奇在短篇小说《决斗》(1891年)中,也使用过一句这样的话。小说里的拉耶甫斯基回答萨莫依连科时就说过:"萨沙,我看不出这有什么好……"

* * *

我们的房东,亚科夫·阿列克谢耶维奇·科尔涅耶夫,是一位很好的医生,当时他作为莫斯科著名教授格·安·扎哈林的助手,在教授的大学门诊所里任主治医师。亚科夫·阿列克谢耶维奇生在顿河地区,出身于哥萨克。在他家里住着他的一个同乡,不知是他的亲戚,还是他的房客,名叫斯捷潘·阿列克谢耶维奇·彼得罗夫,是莫斯科大学历史语文系的学生。亚科夫·阿列克谢耶维奇本人性情孤僻,虽说我们和他的关系很密切,可是他几乎不到我们家里来。彼得罗夫呢,年龄和我相仿,跟我们认识以后,就成了我们家的常客,与安东·巴甫洛维奇很要好,常读他的作品,比较喜欢文学。他是一个朝气勃勃、乐观愉快的人,还是一个跳舞能手,我们家的即兴"舞会"要是没有他,一次也搞不起来。

——库德林花园街

有谁能够想到,这样一个人大学毕业后竟突然出家当了修道士!90年代初,当时我们已经不住科尔涅耶夫的房子,我们听说,斯捷潘·阿列克谢耶维奇当修道士以后,使用的名字是谢尔基神父。后来他做了修士大司祭,在俄国边远地区当主教。

在安东·巴甫洛维奇去世之前,谢尔基神父一直与他保持联系,写过许多信,并且他只要到雅尔塔来,就常来我们家做客。他为什么抛弃世俗生活去当神父,人们不得而知。某些传记论文集中说,似乎是谢尔基主教的生活,为安东·巴甫洛维奇提供了写短篇小说《主教》的素材。这是不正确的。谢尔基主教与安东·巴甫洛维奇的小说中的主教形象之间,毫无共同之处。

* * *

在格里耶高等女子学院,我认识了我的同学奥尔迦·彼得罗芙娜·孔达索娃,以后我跟她成为好朋友。她后来常到库德林花园街的我们家里来。这是一个俊俏的姑娘,一个很古怪的人。她颇为多情和狂热,听到安东·巴甫洛维奇说笑话,总是一边用拳头敲桌子,一边像孩子似地笑起来。她属于"无尾人"之列,就是说,她从来不穿当时流行的那种有裙骨的连衣裙,她讥称穿那种连衣裙的人为"肥臀大尾人"。她一贯穿一件白领黑色连衣裙,腰间系一条宽皮带。她富有同情心,说话诚实,我喜欢她,也尊重她。

奥尔迦·彼得罗芙娜很有才气,但是有点缺乏自知之明,大家常开她的玩笑。她是学天文学的,并且给勃列基辛教授做过一段时间的助手,因此安东·巴甫洛维奇就管她叫做"天文学家",她的英语很好,教过英语课。有一次她向我提出:

"玛鲁霞·巴甫洛芙娜,让我教您英语吧!"

她总是用"玛鲁霞·巴甫洛芙娜"这个名字来称呼我。

我跟她学英语,可是结果什么也没学成。而且说实在的,与其说她要

遥远的过去——我的哥哥契诃夫

教我英语,还不如说她需要一个常到我们家里来的借口。她对安东·巴甫洛维奇很有好感。

顺便说一下,当安东·巴甫罗维奇去萨哈林岛旅行的时候,她竟坐轮船沿伏尔加河送他。

孔达索娃是天才巨匠的崇拜者,她与那些著名人物,如沙里亚宾、画家科罗文等,关系都很密切。在绘画展览会开幕式上,在剧院首次上演戏剧时,总能碰见她。

安东·巴甫洛维奇写中篇小说《三年》的时候,以孔达索娃作为拉苏季娜的原型。

六 在卢卡

有一个时期,哥哥尼古拉·巴甫洛维奇住在尼基塔大街的梅德韦杰夫旅馆。这座旅馆在音乐学院对面,价钱很便宜,当时人们称它为"公寓"。莫斯科大学和音乐学院的穷学生,通常都在那里寄宿。他们过着清苦的学生生活。

在那里尼古拉·巴甫洛维奇结交了一些音乐学院的学生,其中有大提琴家玛·罗·谢玛什科,长笛演奏家亚·伊·伊万年科,男低音歌唱家瓦·萨·丘丘尼克,钢琴家尼·瓦·多尔戈夫,还有后来成名的作曲家Б.М.阿赞切夫斯基。我们还住在亚基曼卡街的时候,尼古拉有一回把他们带到我们家来。以后他们经常来做客,很快就成了我们的好朋友,还为我们举办过许多次音乐会。他们之中,谢玛什科和伊万年科,在一段很长的时间里,与我们的关系很密切,就像我们家的人一样。

玛里安·罗姆阿尔多维奇·谢玛什科是波兰族人,一位优秀的音乐家。安东·巴甫洛维奇有一次写信给柴可夫斯基,请他帮助为谢玛什科安排工作,信中谈了不少有关谢玛什科的情况。安东·巴甫洛维奇很喜欢"谢玛金奇卡",把他的名字和父称开玩笑地改成"玛尔麦拉德·福尔捷

遥远的过去——我的哥哥契诃夫

皮扬内奇"。亚历山大·伊格纳季耶维奇·伊万年科跟玛·罗·谢玛什科一样,也是孤身一人,与我们家的关系也十分密切。我们搬到雅尔塔去之前,不论住在哪里,他总要到我们家里来。伊万年科出生在乌克兰的一个小城镇里,离哈尔科夫省的苏梅城不远。

我们一连三年都在巴勃基诺的别墅度夏,后来安东·巴甫洛维奇想换换环境,丰富一下生活。我们全家人也愿意换个地方。他说,1888年夏天要在乌克兰租个别墅。亚·伊·伊万年科听说这件事之后,就劝安东·巴甫洛维奇到苏梅城去,租用一个姓林特瓦列夫的家的房子。这家有一座古老的庄园,庄园紧靠城边,在普肖尔河一个拐弯的地方,所以这个地方就叫做卢卡①。安东·巴甫洛维奇与林特瓦列夫家通信商定,租用他们家的厢房度夏,而且早在3月份就把定金送去了。

此后不久,4月下旬,已经是大学生的弟弟米哈伊尔正好要到故乡城市塔甘罗格和克里米亚去办事。安东·巴甫洛维奇就托他顺路到苏梅城林特瓦列夫家去看看新别墅,然后写信谈谈自己的印象。林特瓦列夫家的庄园,具有一种乡村朴素的美,可是米哈伊尔·巴甫洛维奇却看不上这个地方,主要是他在风景秀丽的巴勃基诺住过,对这座庄园的印象就更不好,他把自己的看法写信告诉了哥哥。

我们5月初来到卢卡,发现朴素的庄园很富有诗意,感到格外愉快。到达卢卡的第一天,安东·巴甫洛维奇马上就写信告诉我的哥哥伊万·巴甫洛维奇说:"我们已经到达。别墅美极了。米什卡②尽瞎说。这儿的环境优美可爱,厢房宽敞洁净,家具又多又舒适。房间漂亮,光线充足。主人看来很好客。池塘很大,大约有一俄里宽,从外表看就可以想得出,里面的鱼肯定多得不得了……相比之下,巴勃基诺就显得简直一钱不值了。单是那夜间的鸟叫虫鸣就能让人神魂颠倒!处处花香扑鼻,花园古色古

---

① 俄文лука的意思是"拐弯的地方"。——译者注
② 米哈伊尔的爱称。——译者注

香……"

我们住的厢房坐落在古老的花园里,其实,在这座庄园里,样样东西都是古老的:树木,林荫道,我们住的圆柱厢房,主人住的正房,家具,器皿,一切都古朴雅致……我们的房子正好在山脚下,登上山去,可以一连待上几个小时欣赏那些优美动人的景色,凝望普肖尔河上的风光,观看河中小岛的倒影,眺望河对岸的树林、草场以及周围连绵不断的美丽村庄。普肖尔河紧挨着庄园流过。我的兄弟们都认为,普肖尔河比莫斯科河还宽,还深。我们当时称主人为"东家",在"东家"居住的房子对面,有一个又大又深的池塘,一条土坝把池塘与河隔开。卢卡村离这里很近,就在沿河一带。我们在这个新地方所看到的一切,完全与巴勃基诺不同,一切都显得异常朴素和舒适,景色美得令人心醉神迷。

不久,我们就和房东一家人成了好朋友。这家人都很有趣,自由派情调十足,因此受到警察局的怀疑。为了把他们勾画出来,我借用安东·巴甫洛维奇写的一封信,因为他的描写最简练,最准确,同时也最富有艺术性,任何别的文字都无法与之相比。这封信是他1888年5月30日写给阿·谢·苏沃林的:

我住在普肖尔河畔一个旧贵族庄园的厢房里……河很宽,很深,水中小岛很多,鱼虾成群,两岸风景秀丽,处处绿树成荫……最主要的是这儿宽绰极了,我甚至觉得,我只花了一百卢布,就得到了在无边无际的田地里的居住权。这儿的大自然和生活完全是一套老派的章法,而按各报刊编辑们的看法,这样的章法早已经过时,而且被淘汰了。姑且不谈那日夜歌唱的夜莺,那远处传来的狗叫声,那荒芜的旧花园,那大门紧闭、住着漂亮女人、富有诗意而又郁闷的庄园;姑且不提那些老态龙钟、行将就木的农奴主的仆人,那些渴望着老派恋爱方式的少女;甚至离我住的地方不远,就有这样一个平庸的样板:一座磨坊,里面有一台16个轮子的水磨,住着磨坊工人和他的小女儿,她总是坐在窗前,似乎在期待着什么。依我

遥远的过去——我的哥哥契诃夫

看来,我现在耳闻目睹的一切,似乎早就从古代神话故事里熟悉了。我感到新奇的只有一种神秘的鸟,叫"水牛鸟",栖息在远处的芦苇丛里,昼夜鸣叫,那叫声有点儿像敲空木桶,也有点儿像关在圈里的母牛扯着嗓子叫……

我每天乘小船到磨坊去,晚上,跟哈里托年科工厂的一些钓鱼迷到岛上去钓鱼。我们的谈话常常很有趣味。三一节前夕,所有的钓鱼迷都要在岛上过夜,钓整整一夜鱼,我也不例外。其中有些人是很出色的。

房东一家十分可爱,非常好客,这家共有六口人,颇值得研究。老母亲是个饱经苦难的女人,心地很善良,身子虚胖,常读叔本华的著作,到教堂去听赞美诗;她仔细阅读每期的《欧洲通报》和《北方通报》,她知道的小说家有些我连做梦都没梦见过。她的厢房里以前住过画家玛科夫斯基,现在住着的又是一个年轻的文学工作者,她认为,这是一件很了不起的事情……

她的大女儿是个医生,是全家的骄傲。农民们称她为圣徒,而她也果然显得不同凡响。她的脑子里长了个肿瘤,致使她双目失明,患有癫痫病,经常头疼。她知道前边等待着她的是什么。可是谈到临近的死亡,她却很刚强,而且镇静得惊人。我给人看病,见到过不少快要死的人,看到那些人死期临近,却还在谈话、微笑或者哭泣,我总感到有点儿奇怪。现在,我面前的盲人坐在凉台上,谈笑风生,幽默打趣,或者倾听别人给她念我的《在昏暗中》,这时候,我开始觉得奇怪的,并不是女医生快要死了,倒是我们竟没感到自己也会死,还在写《在昏暗中》,好像我们永远也不会死似的。

二女儿是个老姑娘,也是医生。她文静,腼腆,无限善良,热爱一切人,就是相貌不美。对她来说,给病人看病倒简直是苦事,总怕看不准,这种心理发展到了变态的程度。我们俩给病人会诊老是意见不合:凡是我认为大有希望的时候,她看到的却是死亡,可是她开的药量轻,我总要加大一倍。不过要是死亡的迹象已经很明显，而且不可避免，那么我这位女医生就心里十分难过，不像个医生了……她做家务事很热心，对所有细小的事情都很在行。连马的习性她都懂。比如，要是有一匹拉边套的马不拉车，或者闹腾起来，她知道怎样制服，事后还要给车夫讲解一番。她很喜欢过一夫一妻的家庭生活，心里也渴望着，但是命运不肯成全她。每逢晚上，大家在高大的正房里奏乐和歌唱，她却在昏暗的林荫道上烦躁地匆匆走来走去，活像被关起来的野兽。我想，她一定从没做过害人的事，可是她，据我看来，过去从来没得到过一分钟的幸福，将来也永远得不到。

第三位小姐还很年轻，毕业于贝斯土热夫女子学院①。这姑娘长得像男人，身强力壮，骨骼粗大，像条鳊鱼，肌肉发达，脸色黝黑，嗓门很大……她大笑起来，一俄里之外都能听见。她的确是一位热情的乌克兰姑娘。她自己花钱在自家庄园里盖了一所小学，教乌克兰孩子们学习译成小俄罗斯文的克雷洛夫寓言……她也干家务，喜欢唱歌，爱哈哈大笑。她虽然读过马克思的《资本论》，却不拒绝最平常的爱情，可惜，她未必嫁得出去，因为她长得不美。

大儿子年轻，安静，聪明，谦虚，然而缺少才华。热爱劳动，并不是那种自命不凡的人，似乎满足于生活给予他的一切。他在大学只上到四年级就被学校开除了，这并不是他言过其实。他沉默寡言，喜好经营农务，热爱土地，跟当地的乌克兰人相处得很好。

二儿子也很年轻，对柴可夫斯基是天才这一点坚信不疑，对他崇拜得五体投地。他弹得一手好钢琴，并幻想过托尔斯泰式的生活。

以上就是这一家人的简况，我现在就生活在他们中间……

后来，我与林特瓦列夫家年岁最小的娜塔丽雅·米哈伊洛芙娜成为密友。我们曾经一起到克里米亚去过。娜塔丽雅·米哈伊洛芙娜不止一次到

---

①俄国彼得堡的一所女子高等学校，成立于1878年。——译者注

遥远的过去——我的哥哥契诃夫

莫斯科和梅里霍沃的我们家里来做客,后来到雅尔塔也来过很多次。她对安东·巴甫洛维奇颇有好感,甚至可以说非常爱慕。她深切地热爱乌克兰和乌克兰人民,并在自己创办的学校里,用乌克兰语给农民的子女上课,这在当时是被人瞧不起的。安东·巴甫洛维奇常到她学校去,兴致勃勃地听孩子们用乌克兰语朗诵克雷洛夫的寓言。

格奥尔基·米哈伊洛维奇·林特瓦列夫(家里人管他叫乔治)是个有才能的音乐家,他的钢琴演奏给了我们极大的愉快。过不久,玛·罗·谢玛什科和亚·伊·伊万年科也到我们这里来度假了,每到晚上我们便经常在正房里举行名副其实的音乐会。

安东·巴甫洛维奇在卢卡心情愉快极了。他整天喜笑颜开,朝气勃勃,依旧是各种各样笑话的发明家。他一辈子酷爱钓鱼,在卢卡,钓鱼也是他的主要休息方式。我们到达卢卡时,已经是夜里两点钟左右,可是第二天清晨,哥哥就举着钓竿坐在林特瓦列夫家池塘边上了。结果弄得走去洗澡的娜塔丽雅·米哈伊洛芙娜很难堪,也很纳闷。我们经常划简易的独木舟在河上游玩。我们通常爱划船到磨坊去,那里样样东西都充满诗意,让人联想到普希金的诗篇《鱼美人》,那里磨坊工人有一个漂亮的小女儿,安东·巴甫洛维奇管她叫"面粉"。总之,我们在卢卡的生活,虽然跟在巴勃基诺时不同,然而同样有趣和愉快。

很多人都到我们这里来做过客。安东·巴甫洛维奇那时已经很有名望,结识了许多有趣的人,都是些文学家和演员。1887年12月,安东·巴甫洛维奇在彼得堡认识了当时的著名诗人阿列克谢·尼古拉耶维奇·普列谢耶夫。我们刚刚决定到卢卡去,安东·巴甫洛维奇就邀请普列谢耶夫到我们那里去小住几日。普列谢耶夫接受了邀请,而且在5月下半月果真来了。这对我们来说可是一件大事。那天夜里,是我和林特瓦列夫家的人一块儿到火车站去接他的。

阿·尼·普列谢耶夫年轻时积极参加过彼得拉舍夫空想社会主义者的

——在卢卡

革命小组。1849年，他24岁时被捕，然后被流放到奥连堡战斗营当列兵，直到1858年才获大赦，准许住在首都。我们认识普列谢耶夫的时候，他已经63岁了。他那时住在彼得堡，在《北方通报》杂志编辑部工作，主管文学部。

早在40年代，普列谢耶夫写过一首诗《前进，朋友们，不要恐惧与彷徨，去英勇地建立功勋吧》，当时广为传诵，以后也很受欢迎。林特瓦列夫一家人自由派思想很浓，因而对普列谢耶夫极为欢迎，热情招待，百般照顾。安东·巴甫洛维奇在当时的一封信里谈到过普列谢耶夫，他这样写道："他在这儿跟在彼得堡一样，也就是说，他是一个大家顶礼膜拜的神像，这尊神像古老，跟其他创造奇迹的神的像供在一起。他人很好，极为热情，极为诚恳，另外，据我看，他像一个容器，里面盛满了传统、有趣的回忆和有益的经验之谈。"

白天，安东·巴甫洛维奇和普列谢耶夫经常去散步，到树林里去走走，在村子里转转，划船游玩。而夜幕刚一降临，林特瓦列夫家的人就把所有的人都叫到自己家去。他们让普列谢耶夫坐在屋中央的一张旧沙发上，其余的人围在他身旁。通常是格奥尔基·米哈伊洛维奇弹钢琴，普列谢耶夫在音乐声中讲述自己生活中的有趣故事。我们还经常请他朗诵自己的诗作，那首有名的诗《前进，不要恐惧与彷徨》在必然朗诵作品之列。这首诗他朗诵得非常好，眼中闪着青年人那样的光彩，惹得所有听众都激动不已。

他在卢卡住了大约三个星期。他很喜欢我们这里，他说，他感到像在自己家里一样。当普列谢耶夫离去的时候，我和林特瓦列夫家的人一起坐火车一直把他送到沃罗日勃车站。

普列谢耶夫在我们这里住时，习惯于每天早晨就坐下来工作和写诗。顺便提一下，他在我们这里写了一首献给安东·巴甫洛维奇的诗。诗文如下：

这鲜花盛开的地方，

遥远的过去——我的哥哥契诃夫

是我躲避闷热首都的烦扰和忙乱
得以休憩的宁静角落,
这个任凭命运摆布的人
一旦返回首都,
我将永远对这儿怀念多多。
只要一想起这里,
我就会觉得神清气爽,
因为这个家庭殷勤好客,
我在这里得到的问候
格外友好亲热,
这里既没有上流社会那无聊的迂腐,
也没有伴随空虚生活的庸俗闲话,
更没有纸牌和赌博;
这里的时光在劳动中度过,
即使愚昧无知的人
也会对它报以热烈的爱,
珍视这种造福于祖国的纯洁无私的劳作……
我不止一次幻想着
再次来到这舒适的小房里,
每天夜晚的钢琴曲动人心魄,
我那已经飞逝的青春,
它的悲哀与欢乐,
它那往昔的激情,
又会在疲倦的心灵中复活!……
谢谢你们,亲爱的朋友,
谢谢你们亲切温柔的问候,

我感到那问候温暖如火!
谢谢你们!
假若今后我再也不能和你们相见,
那也请你们不要忘记我,
因为在我们友好的交谈中
我说过的吉利话有许多许多。
1886年6月6日于卢卡庄园

普列谢耶夫是最早发现年轻的安东·巴甫洛维奇卓越才能的老作家之一。当初哥哥把中篇小说《草原》的手稿寄到《北方通报》编辑部,第一次在大型杂志上发表作品,普列谢耶夫看完这部小说,就给他寄来一封信,对《草原》评价很高:"……我一口气把它读完。一读起来,就根本放不下手……它是那样绝妙,那样诗意盎然。这是一部令人迷恋的作品,我敢说您前程远大,前途无量。"

安东·巴甫洛维奇与普列谢耶夫在卢卡见面之后,一直保持友好往来。普列谢耶夫死前不几年,遇到了一件悲喜剧性的事情。他本来一生贫穷,依靠自己微薄的文学收入过活。可是90年代初,他意外地从一个去世的亲戚那里得到一笔价值百万的遗产。于是他到巴黎去,过起阔绰的生活来了。安东·巴甫洛维奇甚至还开玩笑地说过:

"他要是一高兴没准会送给我们一打椅子呢!"

可是普列谢耶夫的美日子没有过多久。又冒出了死者的一位近亲跟他争夺那笔遗产,结果普列谢耶夫又变回以前的穷诗人了。

* * *

有一次,我们在林特瓦列夫家遇到他们的亲戚斯玛金一家人,他们是从波尔塔瓦省来的。这家人有两个兄弟和一个妹妹,两兄弟一个叫亚历山大·伊万诺维奇,一个叫谢尔盖·伊万诺维奇,妹妹叫叶莲娜·伊万诺芙

遥远的过去——我的哥哥契诃夫

娜。他们是著名十二月党人穆拉维耶夫–阿波斯托尔的亲戚,一直住在巴库莫夫卡庄园,离米尔戈罗德县的索罗琴齐不远。

斯玛金兄弟俩非常活泼愉快、和蔼可亲,我们很快就成了好朋友(我们和他们的妹妹认识晚些)。斯玛金一家人离开林特瓦列夫家时,盛情邀请我们到他们家去做客。安东·巴甫洛维奇答应一定去。他喜欢乌克兰,喜欢乌克兰勤劳而又乐观愉快的人民,喜欢乌克兰景色瑰丽的大自然。他极想更全面地了解人民的生活,了解农民的风俗习惯和生活状况。而斯玛金一家人又正好住在乌克兰的内地,住在我们从果戈理不朽著作中才能见到的那种著名地方。

我们雇了四匹马,林特瓦列夫家提供一辆祖传的大马车,照安东·巴甫洛维奇开玩笑的说法,这辆马车是"林特瓦列夫家从伊万·费多雷奇·什庞卡的姑母那里得到的遗产"。6月中旬,安东·巴甫洛维奇、娜塔丽雅·米哈伊洛芙娜·林特瓦列娃、她的堂妹瓦塔·伊万诺芙娜和我,一行四人坐这辆马车到斯玛金家去了。

我们在乌克兰坐马车行程近400俄里。究竟是什么更使我们感到愉快呢?是旅行本身,还是旅途中的美景?这很难说,不过更确切地说,两者兼而有之。

当时正值夏季,天气好极了,田野上开始割草,一路上奇妙的风光和景色不断变换,一处更比一处美。我们走过一个个生疏的乌克兰大村庄,那些村庄几乎连绵十俄里。

"我们沿途看见的婚礼是那样新奇,在寂静的夜晚听到的音乐是那么美妙,新鲜的干草味儿那么浓!为了看看温暖的夜空,看看倒映在小河和水洼里的懒散而郁闷的晚霞,为了得到这种愉快,就是把灵魂交给魔鬼也成……"这是哥哥在给阿·尼·普列谢耶夫写信时说的。下面他这样描绘我们到达斯玛金田庄的情景:

我们到达斯玛金家时已是夜间。他们为了欢迎我们,弄得鼻青脸肿。

谢尔盖·斯玛金听出是我们的声音,赶紧跑出屋子,朝大门奔去,黑暗中一下子绊在一条板凳上,摔了个大马趴。亚历山大也跑出门来,由于天黑,砰的一声,他的头重重地撞在一棵老果子树上。他额头上的那个大红包过了三四天还没下去。瓦塔也擦伤了脸。他们的欢迎如此真挚而又兴高采烈,惹得我们不由自主地哈哈大笑起来,以后每天晚上都会响起这样的笑声。

……斯玛金家的庄园大而富,然而古老,荒芜,死气沉沉,活像陈年的蜘蛛网。房子的地基下沉,门都关不上,炉子上的瓷砖鼓胀起来,形成一个个三角形的洞,樱桃树和李子树的嫩芽从地板缝里钻出来。夜莺在我睡觉的那个房间的窗户与护窗板之间筑了巢,我亲眼看见光秃秃的小夜莺破壳而出……威风凛凛的鹅生活在谷仓上面。养蜂场里住着一位老大爷,他还记得远古时代和埃及的克列奥巴特拉的事情。一切都陈旧而腐朽,然而更富有诗意,更忧郁,更优美。

我不记得斯玛金家的地板缝里长出过"樱桃树和李子树的嫩芽",这是哥哥说的玩笑话,他素来如此,不过他的这些话却真实地表达出整个斯玛金庄园里无处不在的那种优美而富有诗意的古老风味。而且不知什么缘故,这座庄园总让人不由自主地回忆起那遥远的过去,回忆起十二月党人,正像人们所说的,它与十二月党人的活动紧密相连。

我们在斯玛金家住了五天,经过这段时间的相处,我们的关系更加密切了。于是斯玛金兄弟俩常到我们莫斯科的家里来,后来还到梅里霍沃去过。那时我与亚历山大·伊万诺维奇见面相当频繁,和他成了好朋友,我们两人之间建立起亲密的友谊,这种关系继续了好几年。因此,当亚·伊·斯玛金向我求婚的时候,我一点儿也不感到突然。亚历山大·伊万诺维奇是个美男子,很有风趣,我喜欢他,虽然现在很难说,我那时是否爱他,但是我考虑过是否嫁给他。我好长时间没有给他答复,对家里人也没提起过他求婚的事。可是有一天,我还是决定先跟安东·巴甫洛维奇

遥远的过去——我的哥哥契诃夫

商量一下。我来到他的书房,说道:

"听我说,安托沙,我决定要结婚了……"

哥哥当然明白我要嫁给谁,可是他什么话也没有说。后来我感觉到,虽然哥哥一直沉默着,这个消息却让他不大愉快。再者,实际上他又能说什么呢?我明白,如果我到另一个人家去,到自己的新家去,他不会承认他将感到痛苦……他永远不会说出"不"这个字……

我从哥哥的书房出来,心慌意乱,束手无策,在自己屋里哭了半天,不知如何是好。

几天过去了,安东·巴甫洛维奇对我的坦白依旧没有回答,然而他不怎么开玩笑了,也尽量不来找我。我想了许多许多。终于,凭着对哥哥的热爱,凭着对他的依恋之情,我对问题做出了决断。我不能让哥哥不愉快,不能让他失去我一直千方百计为他创造的写作环境。我告诉斯玛金,我拒绝他的求婚。这给他带来很大的痛苦。他寄给我一封措辞严厉的谴责信……

看来,安东·巴甫洛维奇当时并没有猜透我怀有何种复杂的心情。大约20年以后,我整理出版哥哥的书信遗产,见到一些他写给苏沃林的信。看了那些信,我才知道,安东·巴甫洛维奇当时给苏沃林写信是怎么谈到我的:"妹妹没有出嫁,然而看来还在书信中谈恋爱。我真不明白。她这一次又拒绝了求婚,这实在是个猜不透的谜。她是唯一真心不愿意出嫁的姑娘……"我看了这封信,心里感到欣慰,因为哥哥当时并没有猜透我真实的心情。

这件事已经过去40多年,我和亚·伊·斯玛金两人都已经白发苍苍的时候,我收到他一封信,他在信中亲切地回忆起我们年轻时代体验过的爱情。可是他始终不知道我拒绝他求婚的真实原因……

* * *

1889年初春,我们的哥哥尼古拉·巴甫洛维奇得了重病。起初他患腹伤寒，继而续发了肺炎，又转为肺结核。尼古拉·巴甫洛维奇当时住在离大红门不远的瞭望台街。安东·巴甫洛维奇得知二哥生病的消息后，便和一位熟识的医生尼·尼·奥博隆斯基一起给他诊察病情，他知道尼古拉·巴甫洛维奇的病情十分严重，就把他接到我们库德林花园街的家里来。

　　我记得有一天晚上，安东·巴甫洛维奇莫名其妙地要我跟他到圣母林荫路去散散步，我感到有些诧异。散步的时候，他对我说："我看，尼古拉的病情很严重。本来需要立刻把他送到克里米亚去，可是我没有钱。只能把他送到苏梅的林特瓦列夫家去，而且越快越好。"

　　我在前面已经谈过，我们家的人都很喜欢尼古拉·巴甫洛维奇。所以听到这个情况，我心情很沉重。我看出安东·巴甫洛维奇也很难过。作为一个医生，他可能已经意识到二哥的病没法治了。就在那些日子里，在给叶·米·林特瓦列娃的信中，他写道："我有一个患病的哥哥，已经感到很痛苦了；而在患病的哥哥身旁做医生，就更加感到痛苦。"

　　于是我们决定，由安东·巴甫洛维奇、母亲和我们家的厨娘一起把尼古拉·巴甫洛维奇尽快送到卢卡去，我等学年结束，脱开中学里的工作以后再去。

　　4月下半月，他们到苏梅去了。不久，我收到安东·巴甫洛维奇用幽默口气写来的明信片，好像是母亲口授的。这封信我从未发表过，因为我认为发表它不太"恰当"，安东·巴甫洛维奇在信中不过是开了个玩笑，我却怕有伤母亲的体面。现在我将这封信首次援引如下：

　　莫斯科，库德林花园街，科尔涅耶夫宅

　　玛丽雅·巴甫洛芙娜·契诃娃：

　　（邮戳日期：莫斯科1889年4月30日）

　　你把我的绸衣服挂到存衣室去（为了不让耗子咬），把厨房的毛巾拿来，克拉索夫斯卡娅忘记带了。打扫房间的女工找得到。给尼古拉耶夫

遥远的过去——我的哥哥契诃夫

捎来装着铅笔的编织小提包(在母亲房间里)[①]和安东寝室窗台上的相片《安娜·伊万诺芙娜面前的丑角》。捎来我的窗帘。一定要把工厂造的长袜子和半工厂造的纸和六号、七号针捎来。

请你在板棚里或者姨母那里随便找一个绷画布用的小框子。带来做样子用。尼·契·[②]

因为爱你的母亲,你的叶甫盖尼雅·契诃娃,不识字,她的文学家儿子代写。

到姨母那里拿一个小框子来,好给木匠当样子定做。

我们的母亲确实不大喜欢自己写信,这张明信片是她请哥哥代写的。克拉索夫斯卡娅就是我们家的厨娘玛丽尤什卡。安东·巴甫洛维奇这样开玩笑地称呼她,是因为她长得很像莫斯科科尔什剧院的老演员克拉索夫斯卡娅。

信中提到的铅笔和绷画布的小框子,是尼古拉·巴甫洛维奇要的,他打算在卢卡搞绘画。

我来到卢卡,看到哥哥尼古拉的病情还是没好转,而且更加消瘦了。他咳嗽得厉害,很折磨人,后来他只能坐着睡觉了。安东·巴甫洛维奇给他治病,护理他,千方百计满足他所有病态的任性要求,但是要治好哥哥的病已经不可能。正如安东·巴甫洛维奇本人在一封信中所说的,情况明摆着:"就看痛苦折磨能延续多久。而绝不会有这样的结果:某一天他恢复健康。"自然,我们全家人的心情都很愁闷。

诚然,时常有客人来访,也稍稍转移了一下我们的忧思。

* * *

当阿·谢·苏沃林来到我们这里的时候,林特瓦列夫家的人对他表示出强烈的敌视态度,与他们接待普列谢耶夫时的亲热态度形成鲜明的对

[①]此括号里的话是尼古拉·巴甫洛维奇所写。——原注
[②]这两句话也是尼古拉·巴甫洛维奇所写。——原注

比。林特瓦列夫一家特别厌恶苏沃林出版的《新时报》和该报所奉行的反动政策。那几天,他们不但不邀请我们去他们家,连他们自己也不在庄园里露面,以示抗议。他们把门窗紧闭,就好像人已经离开了庄园。

苏沃林在我们这里只住了几天,他在苏梅旅馆也订了房间。安东·巴甫洛维奇由于他的来访感到很高兴。他们一起乘小船到磨坊那边钓鱼,海阔天空地谈论文学艺术。尽管他们年龄不同(苏沃林比安东·巴甫洛维奇大26岁),信仰各异,彼此却成了莫逆之交。

过去有许多人对安东·巴甫洛维奇与苏沃林的友谊感到奇怪,直到现在也有不少人觉得难以理解。至今我时常收到一些人的来信,要求我解释,为什么像安东·巴甫洛维奇这样进步的人,竟会与反动分子苏沃林那样友好。他们总是提出这样的问题:难道当时契诃夫没有察觉苏沃林的反动活动吗?

这一切可不那么简单。安·巴·契诃夫和阿·谢·苏沃林之间的关系是复杂的,而且随着时间的流逝,这种关系发生了根本性的变化。

苏沃林在凭借自己的报纸发财之前,生活是很苦的。他的祖先,跟我们的祖先一样,也是普普通通的农民。苏沃林也像安东·巴甫洛维奇一样,天资赋予他巨大的智慧和才能。起初他在一所县中学做教员,月薪14卢布67戈比。那时他便开始写新闻报道和小说了。后来他搬到莫斯科居住,生活依旧贫穷。

在莫斯科,苏沃林开始在《祖国纪事》和《同时代人》杂志上发表文章。他与阿·尼·普列谢耶夫相识后,普列谢耶夫给了他很多帮助。例如,有一次苏沃林要坐火车去彼得堡取稿费,普列谢耶夫便安排他乘邮政车,来回都不用花钱。另一次,苏沃林到彼得堡去找工作,正如他自己在日记中写的,"阿·尼·普列谢耶夫把自己的大衣给我,让我路上穿,后来我还给了他。我那时连一件能在冬天乘坐不生火的三等车厢的暖和大衣都没有。"

遥远的过去——我的哥哥契诃夫

那时苏沃林的新闻报道工作带有自由派特点。他以"陌生人"的笔名撰写的才华横溢的小品文,很受广大读者的欢迎。他由于那些文章,还曾受到过追查。苏沃林在《日记》中写道:"尽管我在《俄岁斯言论》上发表的小文章微不足道,却引起了人们的注意。我之所以这样说的根据是,萨尔蒂科夫、齐热夫斯基和普列谢耶夫打算合办一个杂志的时候,竟也邀请我去协商了……"

1876年,苏沃林买下特鲁勃尼科夫的《新时报》,从此便开始发迹,而且主要是靠广告收入致富的,而广告里渗透着家里一个女仆的辛劳,因此人们说,苏沃林靠"厨娘的钱"积累了财富。然而,苏沃林却利用自己的报纸,渐渐开始卑躬屈节地适应政府统治集团的需要,抛弃了自己以往的原则,成为反动派的得力帮凶。那些需要掌握一份有影响的报纸的人,竭力树立他的地位,提供钱财,扩大影响。例如,苏沃林获得了政府租给他的在铁路沿线建立售书亭的书报贸易权,这也使他牟取了巨额利润。

苏沃林沉醉于最高政府官员为他创造的"荣誉"、财富和声望之中,作为一名自由派的新闻记者,他身败名裂了,成为他曾打算献身的事业的叛徒。他是一个聪明人,对这一点他心知肚明。当他意识到自己丑恶地堕落了,看到自己干下种种龌龊行为不能自拔的时候,他就不但欺骗自己,也欺骗起别人来。读读苏沃林日记中那些不是为了发表的言辞,你就会在字里行间看到另外一个苏沃林。他挖苦沙皇,讥笑政府部长,嘲讽达官显贵,记载了反动阵营生活中那些见不得人的罪恶事实。可是,他在绰号为"您有什么吩咐?"的报纸上,却还是昧着良心对上层统治集团的政策表示拥护,卑鄙下流地继续充当反动黑暗势力的忠实帮凶。

安东·巴甫洛维奇还是在1885年底去彼得堡时跟苏沃林认识的。他从1886年起,开始在《新时报》上发表小说。苏沃林还开始出版哥哥的文集。苏沃林的智慧和出类拔萃的才能给哥哥留下深刻的印象。在文学艺术方面,苏沃林的见解使安东·巴甫洛维奇很感兴趣(顺便说说,苏沃林对戏剧很入迷,后来他在彼得堡还建立了一个私人剧院)。安东·巴甫洛维奇对我们家里的人不止一次地说过,他觉得跟苏沃林聊天格外有趣。1888年夏天,哥哥从卢卡到苏沃林家去了一趟,他住在费奥多西亚,哥哥从那里写信来说:"我们一整天都在谈话……我们已经解决了所有的问题,并且拟定了很多新的、谁也不曾涉及到的题目……跟苏沃林在一起要想不说话,就好比坐在巴尔金饭店①里不喝酒一样困难。苏沃林实在是聪颖的化身。这是一位了不起的人。在艺术上,他就像狩猎田鹬时的塞特猎犬一样,也就是说,他凭着魔鬼般的嗅觉工作,而且一向感情炽烈。他是一个不太高明的理论家,没有学过科学,许多东西都不熟悉,他一切都靠自学,展现出他那真正白璧无瑕的纯洁与完美和具有独创性的见解。由于理论贫乏,他不得不发展自身所特有的丰富天资,不得不将本能发展成为巨大的智慧。跟他谈话令人愉快。只要你懂得他谈话的方式,理解他特有的真诚——而这正是大多数好聊天的人所缺乏的,那么即使和他闲谈也近乎是一种享受……"

安东·巴甫洛维奇就是这样看待当时的苏沃林的,可见,他并没有去深思苏沃林利用自己的报纸给社会带来的危害。甚至当有人向安东·巴甫洛维奇指出,他没有必要在《新时报》这样的反动报纸上发表作品,那时他还提出不同意见,他说,读者看"我的五百行无害的东西,总比让他们去读另外五百行有害的小品文"更有益。

然而,他逐渐明白这种论点是错误的,最后他认识到,他的信念与这份报纸所表明的信念是水火不相容的。1893年初,安东·巴甫洛维奇给大哥亚历山大写信说,他的信念"与居民②之流相距7375俄里"。他于1893年与《新时报》断绝了关系,停止在该报发表作品。可是对苏沃林本人,他却仍然很友好,把苏沃林与报纸看做两码事。这是安东·巴甫洛维奇的

---

① 当时彼得堡一个有名的饭店。——原注
② 《新时报》编辑、激烈的反动分子亚·亚·季亚科夫的笔名。——原注

遥远的过去——我的哥哥契诃夫

第二个错误：他认为作为报纸编辑兼出版者的苏沃林跟平常的苏沃林可以分开。可是没过多久，安东·巴甫洛维奇很快就认清了苏沃林，对他的态度也越来越冷淡。法国著名的德雷福斯大冤案发生以后，他们的关系彻底破裂。当时苏沃林和《新时报》的表现，用安东·巴甫洛维奇的话来说，是那么"卑鄙"，使得他断绝了与苏沃林本人的私人来往。他认清了苏沃林的虚伪和口是心非。苏沃林那些动听的谈话和书信，曾经使安东·巴甫洛维奇看不清他的伪善面目。1901年我们的弟弟米哈伊尔突然决定到《新时报》去工作，安东·巴甫洛维奇劝阻了他，并在信中告诫他："目前《新时报》声名狼藉……苏沃林虚伪，非常虚伪，特别是在所谓开诚相见的时刻。也就是说，他可能嘴上说得诚恳，可是谁也不能担保，过半个钟头他的所作所为不是恰恰相反。"

在将近十年的时间里，安东·巴甫洛维奇对待苏沃林的态度就是这样变化的。诚然，他们之间的通信来往和次数不多的会见，一直继续到1903年，可是这种接触不再带有友好的色彩，与以前的情况截然不同。

在安东·巴甫洛维奇的书信遗产中，他写给苏沃林的信最有趣，内容最丰富。这些信包含了安东·巴甫洛维奇的许多见解，阐明了他的世界观、道德原则，以及他对文学艺术的态度，对许多俄罗斯和外国作家的评价，等等。哥哥逝世后不久，我出版他的书信六卷集第一卷时，苏沃林根据我的要求，把安东·巴甫洛维奇在他们相识期间所写的全部信件转交给我。安东·巴甫洛维奇的书信遗产出版最后一卷时，共发表他写给苏沃林的信件333封。

苏沃林把哥哥的信件转交给我时，请求把他写给安东·巴甫洛维奇的全部信件退还给他。他大概害怕，这些信件不定什么时候也会成为公开的东西，这对他的处境并不是件愉快的事。我不得不满足他的请求，把信件还给了他。因此，这些信件的内容就无从知晓了。

苏沃林比安东·巴甫洛维奇多活了八年，死于1912年。

———在卢卡

* * *

阿·谢·苏沃林走了以后，彼得堡亚历山大剧院的演员巴维尔·玛特维耶维奇·斯沃博金到我们这里来做客。

安东·巴甫洛维奇1889年1月到彼得堡去看亚历山大剧院首次公演自己的剧本《伊万诺夫》，结识了斯沃博金，他在剧中扮演沙别尔斯基的角色。演出之后不久，他们便建立了书信联系。那年2月底，斯沃博金来到莫斯科，到库德林花园街我们家里来做客。我那时才认识他。斯沃博金是个有才气的演员，人很风趣，快活而聪明，有时也搞文学创作，写过一些诗和随笔。安东·巴甫洛维奇和斯沃博金很快就成了好朋友。在这年早春时节，哥哥就一再邀请斯沃博金夏天到我们在卢卡的别墅来小住数日。

斯沃博金于5月底来到我们这里，很快就成了自己人，给我们的生活带来一股朝气。我们从幼年时代起就熟悉的各种各样的玩笑、愉快的即兴表演，又跟着他一起重现。例如，有一次，我到河边去，看见安东·巴甫洛维奇和斯沃博金正站在紧靠水边的地方一块儿钓虾。然而，斯沃博金身上却穿着一尘不染的燕尾服和浆硬了的衬衣，头上还戴了一顶大礼帽。我们钓虾的办法是：在长长的钓竿梢上拴一根钓丝，再把一小块肉拴在钓丝上，然后把肉沉到河底。虾嗅到肉味，便跑来用螯抓肉。过一会儿，把钓竿抬起来，虾也就被拉到水面。这时候，另外一个人要用捕虾网从水面下把虾抄起来，不然，它们一离开水面，便会松开肉，又跑回河里去。

还有一次，他们一大帮人到最近的一个镇子阿赫蒂尔卡去（我留在家里没有去），住在那儿的旅馆里。斯沃博金装扮成一个伯爵，安东·巴甫洛维奇当做他的仆从。他们俩表演得惟妙惟肖，就连旅馆的老板和仆人，也为有这么一位"尊贵"客人光临而感到异常得意。仆人恭恭敬敬地向"仆从"询问有关他"老爷"的事，安东·巴甫洛维奇不动声色地讲起来，他临时编出"伯爵"生活中的许多故事……

不知我们家里的哪个人开玩笑地把斯沃博金的名字——巴维尔·玛特

遥远的过去——我的哥哥契诃夫

维耶维奇,按照法国人的习惯进行了修改,叫他"波尔·马蒂亚斯"。于是我们家里的人就称呼他这个名字,以后他本人在写信的时候也常常这样署名。

有一天,林特瓦列夫家的女主人,亚历山德拉·瓦西里耶芙娜老太太,要让她家的人去干一件什么事情,于是大声问道:

"谁闲着呢?……谁有空?……"

这时斯沃博金突然出现在窗口,回答说:

"我是斯沃博金!"①

搞这样的文字游戏,斯沃博金可是个能手,只要他和安东·巴甫洛维奇一块儿说起俏皮话来,大伙儿就得笑破肚皮。

* * *

6月上半月大哥亚历山大·巴甫洛维奇到我们这里来了。安东·巴甫洛维奇利用亚历山大替他守护病人的机会,打算稍微休息一下,出去散散心。他约斯沃博金和林特瓦列夫家的人到波尔塔瓦省的斯玛金家里去。哥哥尼古拉的病情还是老样子,看不出有什么临近悲惨死亡的危险征兆。但是,死亡却完全出乎意料地突然来临了。

哥哥走后的第二天,尼古拉·巴甫洛维奇不知怎么突然变得特别虚弱,他没有让我们察觉,就安安静静地去世了。我们立即给在斯玛金家的安东·巴甫洛维奇拍了电报。关于旅行以及返回的情况,安东·巴甫洛维奇后来在给阿·尼·普列谢耶夫的信中写道:

可怜的画家死了。他在卢卡像蜡一样化了,对我来说,那些日子没有哪一分钟能让我摆脱惨祸即将来临的感觉。我说不出,他哪一天会死,可是我清楚,他很快就要死。结局的经过是这样的。斯沃博金住在我这儿。我大哥来了,能替我看护病人,我想利用这个机会休息一下,到外地去

---

① 俄文中"空闲"一词与斯沃博金名字的发音基本一样,因此斯沃博金故意开玩笑。——译者注

——在卢卡

四五天,换换空气;我说服了斯沃博金和林特瓦列夫家的人,让他们跟我一起到波尔塔瓦省的斯玛金家去。老天爷似乎要惩罚我离开职守,一路上都刮着冷风,天色又是那么阴沉,我们简直像走进了冻土地带。半路上还下起了雨。我们到达斯玛金家时已是夜间,浑身又湿又冷,钻进冰凉的被子,伴着淅淅沥沥的寒雨声入睡。第二天早晨,天气仍旧像我们在沃洛格达时那样可恶:那泥泞的道路、灰色的天空、树上的水珠,我一辈子也忘不了。我说忘不了,因为一大早就从米尔戈罗德来了一个身材矮小、相貌丑陋的庄稼汉,送来一封湿漉漉的电报:"科利亚①逝世"。您可以想象得出,我当时是什么心情。我只得坐马车奔回车站,然后坐火车赶路,几个车站让我总共等了八个钟头……在罗姆内车站,我一直从晚上七点等到夜里两点,烦闷之极,只能到街上去溜达。我还记得,坐在花园里,天色昏暗,冷风嗖嗖,而离我不远的褐色墙壁外面,一些演员却正在排演一出传奇剧。

我到家后,看到了悲伤。我们家还没有死过人,现在不得不在自己家里第一次看见棺材。

我们把尼古拉·巴甫洛维奇埋葬在卢卡的乡村墓地。他的坟墓之所以能一直保存到现在,是由于苏联人民的关心,他们对与怀念俄罗斯伟大作家安·巴·契诃夫和他亲人有关的一切都倍加爱护。

尼古拉死后,安东·巴甫洛维奇的心情十分压抑。办完丧事两个星期左右,他想到哪儿去休息一下,我们极力表示赞成。我们7月初就送他走了。哥哥起初打算到国外去,可是走到敖德萨又改变了主意,到雅尔塔去了,在那儿住了将近一个月。

他8月返回卢卡,经过休养,减轻了苦痛。9月初,我们返回莫斯科。

我永远不会忘记,在回家的路上,安东·巴甫洛维奇在火车上如何折

---

①尼古拉的爱称。——译者注

遥远的过去——我的哥哥契诃夫

磨我。事情是这样的。一位教授跟我们坐在同一车厢里,他就是斯托罗仁科。当我在弗·伊·格里耶高等女子学院上学的时候,他给我上过课,还考过我。我把这些告诉了哥哥,求他尽量不要胡闹。可他却故意开各种各样的玩笑,弄得我担惊受怕。有时他突然无缘无故地大声讲起话来,说他给一位伯爵夫人当过厨师,怎样在厨房里做各种各样的菜,"老爷太太"如何夸奖他,对他怎么好。跟我们同行的大提琴家玛·罗·谢玛什科也为哥哥帮腔,他装作是一个侍仆,仿佛也在哪位"老爷"家当差似的。他们互相讲着自己"差事"中一些不同寻常的故事。

我坐在那里,不知如何是好,竭力装作不认识他们,是自己一人跟母亲坐火车。可是安东·巴甫洛维奇根本不让我安静。他从箱子里掏出一瓶白酒,便和谢玛什科一起喝起来。而且,他每次喝酒之前,总要把脸转向母亲,朝她点点头,祝愿她能在莫斯科找到一个好住处。

我可以断定,安东·巴甫洛维奇要是致力于舞台艺术,一定能成为一个杰出的演员。

顺便还要谈一谈谢玛什科。那个时期,他简直跟我们形影不离。不管我们到哪儿去住别墅,他都要跟我们一块儿去。在卢卡,林特瓦列夫家的人开玩笑说:"狗老是紧跟在老爷爷屁股后面。"他来的时候,总带着大提琴。每天晚上他和格·米·林特瓦列夫一起给我们演奏美妙的音乐,此外,每天早晨还要拉练习曲,每个严肃的器乐家都必须这样做。碰到这种时候,安东·巴甫洛维奇就开玩笑说,"谢玛舍奇卡老是在他半截身子的妻子身上拉锯"。大哥亚历山大·巴甫洛维奇在卢卡我们的别墅里住了几天,甚至还为谢玛什科写了一首即兴诗:

野外一片沼泽,
一棵高大的莠草露出水面,
四周的脏水臭气熏天,

——在卢卡

玛里安·谢玛什科伫立在水间。
他背着一只手,
松树和云杉在身后吵闹不闲,
他懂得忧愁和苦闷
全是大提琴招来的祸患……

他写信告诉安东·巴甫洛维奇说,这是对谢玛什科的"报复,因为他练琴惹得我厌恶极了,连虾听见那琴声,都要'深藏若虚',不来吃肉了"。

不过这些都是玩笑话,可爱的"玛尔麦拉德·福尔捷皮扬内奇"许多年来一直是我们家忠实的好朋友。

第二年夏天,我们仍然在卢卡的林特瓦列夫家度过,可是只缺安东·巴甫洛维奇。他那时已经到萨哈林岛旅行去了。

遥远的过去——我的哥哥契诃夫

七 萨哈林岛之行

安东·巴甫洛维奇早在初冬就常谈起要到萨哈林岛去旅行。因此到第二年春天,当他又提起要进行这样一次远途旅行时,我们一点儿也没感到突然。

他一步一步地为旅行做准备,查阅有关萨哈林岛的书籍,搜集资料,想方设法打听岛上的情况,以备未来之需。他研究西伯利亚和萨哈林岛的气候与自然条件,研究以前旅行家的著作,研究各种统计资料等等。要寻找有关萨哈林岛的旧图书资料不大容易,因此他把这件事委托给了我。于是,我除了在中学教课以外,把所有的空余时间都用来跑鲁缅采夫博物馆的公共图书馆(即现在的苏联国家列宁图书馆),扎在图书目录和书堆里,摘录哥哥所需要的各种材料。有时,我也把一些书带回家,让哥哥亲自仔细研读。总之,他从学术方面为萨哈林岛之行做了非常细致的准备。以后才知道,他出发前,在莫斯科就开始写《萨哈林岛》一书的开篇一章了。

除有关西伯利亚和萨哈林岛的书籍外,哥哥还研究了刑法方面的资料。弟弟米哈伊尔·巴甫洛维奇当时正好准备大学法律系的毕业考试。安东·巴甫洛维奇把他所有的关于刑法、诉讼程序和监狱管理方面的教材全看了一遍。

哥哥到底为什么要千里迢迢，进行这次艰难的旅行呢？

这是因为，安东·巴甫洛维奇素来闲不住，非常想到新地方旅行。他总想到遥远的地方去，见识、观察他还不熟悉的新事物。这种要获得新印象的渴望，显然是文学家本能的需要，也是他创作灵感的需要。

对一个善于思考的严肃作家来说，西伯利亚和萨哈林岛是真正的宝库，可以获得不同寻常的新印象。当时，俄国人对西伯利亚、远东和萨哈林岛的情况了解甚少。一般人都认为：西伯利亚辽阔无边，荒无人烟，土地肥沃，冬季地冻天寒；那里是革命者和沙皇政府认为政治上危险的人的流放地。人们对十二月党人，以及尼古拉一世迫使他们在西伯利亚流放中遭受的苦难，都还记忆犹新。

而萨哈林岛在那个时代可是个让人毛骨悚然的字眼，无论哪个真正有点人道主义精神的俄国人，对它都不能不感到羞愧和战栗。

萨哈林岛的苦役是专制制度的直接产物。用大小船只运到那里去的人都是被判为苦役的罪犯，其中不但有杀人、抢劫的刑事犯，也有政治犯。刑事犯是当时社会制度的牺牲品，而政治犯是反对沙皇统治、为人民争取自由的战士。他们在那里坐牢，在矿场、矿井里干活，简直连牛马都不如。他们服满刑期后就居住在岛上，许多人一辈子也别想逃走。萨哈林岛上的情况究竟怎么样，秩序如何，俄国实际上很少有人了解，只知道那里有骇人听闻的暴政。

亲眼看看那里的一切，研究岛上苦役流放犯的生活与习俗，然后写成书，一直是安东·巴甫洛维奇的夙愿。他还说过，这本书不但要有文学价值，而且要有学术价值。

哥哥觉得我在图书馆里为他弄到的书和摘抄的东西还远远不够。于是，他就趁冬天去彼得堡的机会，亲自在那儿翻寻书籍，摘录所需要的资料。他在那儿竟把1852年以来30多年的《海事汇编》全都浏览了一遍！

遥远的过去——我的哥哥契诃夫

安东·巴甫洛维奇在那个时期的一封信里写道:"从过去和现在我所读过的书里可以看到,我们让成百万人在监狱里遭受折磨,而且这种折磨是轻率的、缺乏理智的、野蛮的;我们给他们戴上镣铐,驱赶他们在冰天雪地里跋涉几万俄里,让他们染上梅毒、腐化堕落,犯罪人数日益增加。我们还把一切责任都推到红鼻子的狱吏身上……可是罪过不光是狱吏的,也是我们大家的,然而我们对此却毫不关心,毫无兴趣。"

上面这些话是安东·巴甫洛维奇在写给苏沃林的信中说的,因为在此之前,苏沃林给他来过一封信,谈到他准备去萨哈林岛的事:"谁也不需要萨哈林岛,谁也不对萨哈林岛感兴趣。" 针对这句话,安东·巴甫洛维奇还在信中做了这样的答复:"除非将来有这样一个社会,它不把成千上万的人流放到那里去,也不为此耗费几百万巨资,也许这样的社会才不需要萨哈林岛,才不对萨哈林岛感兴趣。"

当大家知道安东·巴甫洛维奇打算到萨哈林岛去的时候,许多人都感到难以理解:作家契诃夫为什么要到"苦役犯人"那里去? 有些人则干脆管这叫做狂妄行为。例如,巴·玛·斯沃博金当时就从彼得堡给哥哥来信说:"一位文学家不久前跟我谈到您,说您非要去研究苦役犯人不可,这是多么离奇古怪的胡思乱想! 仿佛世界上除了萨哈林岛就没有任何值得研究的东西了!"斯沃博金还以自己的名义为安东·巴甫洛维奇写下送别的话:"上帝保佑,上帝保佑,Antoine! 祝您一路平安! 您才华横溢,血气方刚,去取得您能够取得的一切吧!"

总之,很少有人能够理解安东·巴甫洛维奇此行具有怎样重要的意义。

* * *

哥哥定于4月中旬启程,那时卡玛河就要开河解冻了。离他出发的日期越近,我心里就越烦躁不安。哥哥看出这一点,临行前一星期,给苏沃林写信说:"我还没走,妹妹却已经开始感到苦闷了……我准备打发她到克里米亚去两个星期。"

安东·巴甫洛维奇选择的旅行路线是这样的：乘火车从莫斯科到雅罗斯拉夫尔，从雅罗斯拉夫尔坐轮船到彼尔姆，再从彼尔姆乘火车经叶卡捷琳堡到秋明。从秋明到托木斯克这段路，他本想坐轮船，可是西伯利亚的河流开河晚，结果从秋明一直到伊尔库茨克（准确些说是到贝加尔湖），就只好坐马车了。然后，他乘江轮渡过贝加尔湖，穿过东西伯利亚和远东，最后换乘海船横越鞑靼海峡。后来的事实证明，从秋明到伊尔库茨克的一段路显然是最艰难的。当时还没有横贯西伯利亚的铁路，这段四千多俄里的漫长路程，只好依靠马车了！……

我们家所有的人都为安东·巴甫洛维奇的旅行忙碌着。我和母亲为他置办内衣外装，预备食品。弟弟米哈伊尔给他买了一只大箱子，没想到后来安东·巴甫洛维奇却只能乘坐"四轮马车"，那箱子简直成了大累赘。

安东·巴甫洛维奇到萨哈林岛的费用完全自理。任何人也没有在物质上资助他。他只从苏沃林那里借了一千卢布。正像他在信中说的，他打算在旅途中给报社写有关西伯利亚的特写，"做工偿还"。而且，安东·巴甫洛维奇此行连官方的证件也没有。不错，他在彼得堡曾拜访过监狱管理局局长加尔金-弗拉斯基，请求准许他到萨哈林岛去，并协助他与萨哈林岛方面接洽。这位局长跟哥哥单独谈话时，答应写一封必要的信给萨哈林岛当局，然而他根本没有履行诺言。安东·巴甫洛维奇到达萨哈林岛以后写信来说："不论是加尔金……还是其他的神仙，我都请求他们帮忙，可是他们没有给我任何帮助，我真是太蠢了；我只得自担费用，自负其责。"

后来，那些善于造谣中伤的人散布流言蜚语，说安东·巴甫洛维奇到萨哈林岛的费用似乎是由《新时报》编辑部支付的。这是对哥哥的侮辱。我记得很清楚，他对诸如此类的滥言非常气愤。跟苏沃林借的钱，哥哥的确是以"做工偿还"的。他写了许多极为有趣的见闻和游记，苏沃林把它们刊登在他的报纸上。安东·巴甫洛维奇随身带着的那张《新时报》的记

遥远的过去——我的哥哥契诃夫

者证,是他在萨哈林岛的唯一官方证件,证明他了解苦役生活是出于文学的目的。

起初我们打算全家人都去给哥哥送行,一直送到特罗伊察-谢尔基耶夫大修道院车站(现在的扎戈尔斯克城)。可是因为我和母亲,像俗话说的,总爱抹眼泪儿,大家决定,让我们在莫斯科火车站上哭个够,就不坐火车送了,免得在大修道院车站再哭一场。

安东·巴甫洛维奇走的时候,许多人都到雅罗斯拉夫尔火车站送行。除我们家的人以外,还有列维坦、谢玛什科、伊万年科、孔达索娃、米津诺娃、库弗申尼科夫夫妇等人。火车开动之前,库弗申尼科夫医生郑重地送给安东·巴甫洛维奇一瓶白兰地酒,并且嘱咐说,只有到了大洋岸边才能打开酒(哥哥果然没有爽约)。哥哥伊万·巴甫洛维奇、库弗申尼科夫夫妇、列维坦和孔达索娃一直把安东·巴甫洛维奇送到特罗伊察-谢尔基耶夫大修道院车站。

安东·巴甫洛维奇的第一封信,是在雅罗斯拉夫尔到尼日尼的途中,从伏尔加河的轮船上写来的。我们看了这封信,出乎意料地得知,孔达索娃一直陪他乘轮船,不知她要把他"送"到何处,这实在是孔达索娃一向的作风。哥哥写道:"孔达索娃跟我一起坐轮船。她到哪儿去,去干什么,我不知道。我每次问她,她都说一些非常模棱两可的话,说什么有一个人约她在基涅什玛附近的山谷里见面,说完她就不停地大笑,还跺脚或者用胳膊肘把身旁的东西碰得砰砰响……船过了基涅什玛,又过了山谷,可是她仍然不下船。有她陪着,我当然很高兴。"

我们不断收到安东·巴甫洛维奇在旅途中写来的极为有趣的信,其中有他在西伯利亚以及远东写的游记,有他在这些地区观察到的风土人情。他从叶卡捷琳堡(哥哥在那儿恰好遇到一个远房亲戚——我母亲的叔伯侄儿西蒙诺夫)、托木斯克、克拉斯诺雅尔斯克和伊尔库茨克写回来的信最详尽,最有意思。哥哥在托木斯克写的信里,绘声绘色地描写他坐马车

——萨哈林岛之行

旅行的情景：道路漫长，处处是积水和泥泞；在风雨交加的天气里，他如何坐船渡过西伯利亚那飘着浮冰的河流；还谈到他坐的四轮马车与一辆三套马车相撞，事故发生后，他仍然活着，并且安然无恙，真是侥幸；另外还描述了坐小船在狂风巨浪中渡过河水四溢的托姆河的情形，当时哥哥想道："要是小船翻了，我就先脱掉短皮袄和皮大衣……接着脱掉毡靴……然后再……"

安东·巴甫洛维奇从托木斯克开始乘坐自己花130卢布买的轻便马车，把那只累赘的大箱子（米哈伊尔·巴甫洛维奇在莫斯科买的）也换成了"一个皮家伙，可以很方便地放在马车座子底下"。过了托木斯克，道路很难走，哥哥的新马车在克拉斯诺雅尔斯克附近坏了两次，不得不停下来修理。

安东·巴甫洛维奇从安加拉河岸、贝加尔湖畔，后来从阿穆尔河[①]的轮船上，都寄回了非常出色的信件。看到西伯利亚的自然风光，安东·巴甫洛维奇欣喜异常。"可惜列维坦这个家伙没跟我一起来，"他在一封信中写道，"……右边是森林，一直伸展到山头，左边也是森林，一直绵延到贝加尔湖畔。多美的峡谷，多漂亮的峭壁呀！贝加尔湖色调柔和，温暖……我在后贝加尔湖看到了我想看的一切：既有高加索式的风光，又有普肖尔河谷那样的景色，更有兹维尼戈罗德县和顿河一带那样的美景。你白天像是在高加索疾驶，夜间却像奔驰在顿河草原上，可是第二天早晨，你从睡梦中醒来，眼前又仿佛是波尔塔瓦省的景色了，如同整整走过了一千俄里。"他在另一封信中写道："一到贝加尔湖，西伯利亚就有了诗意。"

安东·巴甫洛维奇对生活在阿穆尔河一带的人民给予十分热情的评价。"阿穆尔河是非常有趣的地方。这儿简直美妙极了。这里的生活充满

---

①在中国境内称黑龙江。——译者注

遥远的过去——我的哥哥契诃夫

生气,住在欧洲的人根本无法理解,"他在另一封信中写道,"……这里的人不怕大声讲话。这儿没有人可逮捕,也无处可流放……这里的人更有独立自主精神,更有清醒的头脑……"

* * *

安东·巴甫洛维奇走后不久,我们便到苏梅城的林特瓦列夫家去避暑了。这已经是我们第三次在那里度夏了,只是安东·巴甫洛维奇没有去。我们把科尔涅耶夫家的住宅退掉了,因为夏天根本没人住,再说哥哥要到12月份才回来,那套住宅的房租又是那么贵。

仲夏,我跟娜塔丽雅·米哈伊洛芙娜·林特瓦列娃到克里米亚去了,这是我第一次到那里去旅行。安东·巴甫洛维奇在他动身之前就把我这次的旅费给了我。

我认为,克里米亚南岸无与伦比的秀丽风光,无论过去或现在,都会给每个初次到那里去的人留下难以忘怀的印象。即:当你第一次看见洒满阳光的大海,看见与海岸相连的绿色山峦,看见花木繁茂的园林的时候……当你第一次潜身大海,尝到海水微微发咸的味道,在水中畅游的时候……当你第一次看到南方的夜景,看到背衬天宇、轮廓清晰的松柏,听到知了连续不断的叫声划破夜空的时候……

所有这些最初的印象我都一一感受到了。虽然从那时候算起已经过去65年了,可是我还清清楚楚地记得,当时我买了一张邮政马车的头等票,座位在前面,从辛菲罗波尔到雅尔塔,一路上我几乎是怀着孩子般的喜悦心情欣赏映入眼帘的一切。这段路很长,一般坐马车得走一整天,有时还要多。

我在雅尔塔住了两个多星期。所有的地方我都去过,克里米亚南岸的名胜古迹我一处也没有落下。顺便说说,我在雅尔塔认识了一位非常年轻的姑娘,她身材特别矮小,嗓子却是地地道道的女低音。她就是克·伊·玛穆娜伯爵小姐。后来我把她介绍给我们家里的人,她便时常到

——萨哈林岛之行

契诃夫一家住在库德林花园街科尔涅耶夫宅时的合影（从左至右）：
第一排：米哈伊尔·巴甫洛维奇（弟弟），安东·巴甫洛维奇；
第二排：科尔涅耶夫之女，丽卡·米津诺娃，玛丽雅·巴甫洛芙娜，叶甫盖尼雅·
　　　　亚科夫列芙娜（母亲），科尔涅耶夫之子；
第三排：亚·伊·伊万年科，伊万·巴甫洛维奇（玛丽雅的哥哥），巴维尔·
　　　　叶戈罗维奇（父亲）
　　　　1888——1889年

遥远的过去——我的哥哥契诃夫

莫斯科我们家里来做客了,以后还到梅里霍沃去过。弟弟米哈伊尔对她一见钟情,有一段时间,她仿佛成了他的未婚妻。安东·巴甫洛维奇还开玩笑地挖苦他,说他正"步步高升"。可是后来,米哈伊尔·巴甫洛维奇不知怎么搞的,老是推迟婚期,结果有人又向玛穆娜求婚,她就嫁给了别人。对这种背信弃义的行为,米哈伊尔·巴甫洛维奇感到很气愤,恨透了她。之后,凡是能使他回忆起矮小的玛穆娜伯爵小姐的那些小物件,他统统销毁或者扔掉了。

* * *

安东·巴甫洛维奇在萨哈林岛没给我们写过信,只在返回前一天,才寄了一封信。他给我哥哥伊万·巴甫洛维奇还拍过一封事务性的电报,让他给萨哈林岛寄小学教科书和地方自治会中学的教学大纲等等。看到萨哈林岛儿童的状况,安东·巴甫洛维奇心里特别难过。那里的学校很少,没有教科书,学校图书馆破败不堪。安东·巴甫洛维奇对苦役犯和流放犯的子弟很关心,在岛上以及返回莫斯科后,他都千方百计地帮助他们。他组织过征集教科书和教学参考材料的活动,受他的委托,我曾不止一次把书籍邮件包好,寄往萨哈林岛。

众所周知,安东·巴甫洛维奇在萨哈林岛做了大量的工作。光是对岛上全体居民进行普查一事就花费他多少劳动呀!在那里,他亲自填写了近万张统计卡片,为此他要到每家农舍去,走访所有政治苦役犯和移民流放犯。后来他说过,在萨哈林岛,除死刑以外,什么都见过了。他后来创作的《萨哈林岛》一书,虽然在沙皇时代经过书刊检查,但还是揭示了岛上流放苦役犯居民水深火热的艰难处境。连监狱部门的最高人士也不得不重视这本书。然而,流放犯与苦役犯的境况并没有得到根本的改善,这是有目共睹的。

安东·巴甫洛维奇从萨哈林岛返回,走的是另外一条路线,没有经过西伯利亚。他坐轮船从海上绕过亚洲到达敖德萨。他曾在香港、新加坡、

——萨哈林岛之行

锡兰岛以及其他南方港埠逗留。他对归途的旅行十分满意。

刚一入秋,我们就从别墅返回莫斯科,在小德米特罗夫卡街菲尔甘格家租下一套住宅。那是院子深处一所独立的小楼。安东·巴甫洛维奇12月8日完成萨哈林岛之行后直接来到这里。他带回许多有趣的东西和纪念品,还从锡兰岛带回三只叫做獴的小动物。我们不久就发现,其中一只像棕榈猫。它性情粗野,每天大部分时间都待在书橱底下。安东·巴甫洛维奇曾在一封信中开玩笑说:"獴已经有名字了。一只叫小坏蛋,这个雅号是水手们给它取的,他们喜欢它;另一只有一对十分狡猾欺诈的眼睛,名叫维克托·克雷洛夫[1];第三只是雌的,不合群儿,胆小而且总是闷闷不乐,老待在悬壶洗手器下面,名叫奥穆托娃[2]。"

后来我们只剩下一只獴。这小动物好玩极了。我们很快就把它养熟了。它一举一动都俨然是家里真正的主人,而且好奇心大得出奇。它查遍每一条裂缝,在桌子底下钻来钻去,那里摆着的所有东西都要一一过目,有时翻弄书本,有时往墨水瓶里张望,甚至小爪子蘸上点墨水,弄得到处都是爪子印。獴还有一个爱翻人衣袋的小毛病,这虽然滑稽可笑,却可能惹得别人不高兴。您想象一下这样的情景吧:一位客人来了,坐在椅子上,一只像大猫似的小动物蹦上他膝头,接着把他上衣的口袋翻过来,里面的每一样东西它都喜欢……

它会把女人梳好的头发弄得乱七八糟,把所有的发针和梳子都拔下来。如果獴在壁纸上发现一条小裂口或者一个窟窿,那么就非得立刻把它撕得更大不可,瞧瞧那里究竟有什么东西。獴在它们的故乡好吃毒蛇。夏天我们住在鲍基莫沃村的别墅时,小动物让我们领略了它的这种本领。有一天,一条大蛇从花园的青草里爬出来。米哈伊尔·巴甫洛维奇跑回屋,

---

[1]一个多产而没有才气的剧作家,安东·巴甫洛维奇不喜欢他的剧本。——原注
[2]科尔什剧院女演员叶·维·奥穆托娃,在安东·巴甫洛维奇的《伊万诺夫》一剧中扮演过萨拉的角色。——原注

遥远的过去——我的哥哥契诃夫

把獴抱来。起初它像个小刺猬似的缩成一团,盯着蛇看了好半天,然后猛扑过去,咬住了蛇头。

獴喜欢跟人在一起,只剩它独自一个的时候,它也会掉眼泪呢。一有人走进屋,它就会跳起来,像狗一样吠叫。夜里,它非要睡在某个人的床上不可,而且像猫那样打呼噜。

尽管我们都喜爱这个小动物,可是还得跟它分手,因为它闹出的麻烦事太多了。房间里总是一塌糊涂,所有的东西都乱七八糟,花圃里的花几乎每天都会被拔出来不少,碗碟给打碎许多,凡是捆着和包着的东西都被翻腾出来弄散。獴的好奇心真是永无止境啊。因此,我们决定把它送给莫斯科动物园,那里恰好没有这种小动物。我亲自把可爱的小獴送到动物园,交给了管理员。后来,我闲暇无事的时候,还到动物园去看过它。只要你低下头,跟它聊天,它一定又把你头发上的梳子和发针拔下来,把整个发型弄乱……

* * *

安东·巴甫洛维奇在莫斯科住了一个月,就去彼得堡了,打算在那里写作。他住在苏沃林家里。可是他在那儿没有多少时间动笔,整日忙于谈话,不是跟苏沃林本人交谈,就是接待不计其数的来访者,谈论萨哈林岛的情况。哥哥从那里写过一封信,信中说:"我一整天,从上午十一点到第二天凌晨四点,都不得闲;我的房间像是一个值班室,熟人和来访诸君一个接一个到这儿来值班。我不住嘴地说话。我还得出门访友,真不知道这种状况何时才能结束。人们对我的萨哈林岛之行评价之高,我根本没有想到:连五等和四等文官都常登门拜望我。大家都希望我把书写出来,并且预言它会获得重大成功,可是哪儿有时间写呀!"

哥哥在彼得堡拜访过著名进步司法家阿·费·科尼,后来他们一直保持着友好关系。他向科尼讲了许多萨哈林岛苦役生活中骇人听闻的事件以及少年儿童的惨状。他和科尼打算去拜访纳雷什金娜宫廷夫人,因为她从事过保护流放苦役犯及其家属的慈善活动。但是这次拜访未能实现，安东·巴甫洛维奇决定将拜访推迟到关于萨哈林岛的书问世的时候再进行。

关于萨哈林岛的书写得很慢。因为有时安东·巴甫洛维奇要到某些地方去，有时他又遇到一些刻不容缓的事情，如进行救济饥民的社会活动等等，不过影响这本书脱稿的主要原因，大概是他经常手头十分拮据。创作一本大部头的书需要很长时间，可是过日子得用钱呀！安东·巴甫洛维奇不得不经常转到写篇幅不大的作品上，这些作品的稿费可以很快到手。只要查阅一下哥哥从萨哈林岛回来到完成《萨哈林岛》这本书为止，在这段时间里还写了多少其他作品，那么这本书拖延出版的原因也就一目了然了。《萨哈林岛》写于1891至1894年。这期间，哥哥还写了近20部作品，其中有一些篇幅较长、也较重要的短篇小说，如《决斗》、《第六病室》、《跳来跳去的女人》、《黑修士》、《匿名氏故事》，等等。

1893年，《萨哈林岛》开始在《俄罗斯思想》杂志上连载。头几章刊登在杂志的10月号上（如果不算《萨哈林岛上的逃亡者》的话，这一章收在1892年《俄罗斯新闻》为赞助饥民而出版的集子里），后几章刊登在1894年7月号上。1895年，《萨哈林岛》一书由《俄罗斯思想》杂志出版了单行本。

安东·巴甫洛维奇力图唤起俄国社会关注萨哈林岛流放苦役犯的处境，而且他也达到了自己的目的。这本书的社会意义无疑是巨大的。当哥哥在1902年读到《神的世界》杂志上的一段话时，连我也感到自豪和高兴："即使契诃夫先生除这本书之外再没有写过任何别的作品，他的名字也将永远载入俄国文学的史册，在俄国流放史上也将永远被人们所怀念。"[1]

---

[1]《神的世界》杂志，1902年第9期——原注

遥远的过去——我的哥哥契诃夫

八　鲍基莫沃的夏天

　　1891年3月中旬，安东·巴甫洛维奇前往彼得堡，准备跟苏沃林一块儿到国外去。哥哥做出这个决定，使我感到有些惊奇。要知道，他的漫长的萨哈林岛之行，才刚刚过去三个月呀！在这期间，他到过彼得堡，还在那儿住了三个星期。实际上，他还没得到很好的休息，现在却又要出国……这点他自己也很清楚，并且写信给玛·弗·基谢廖娃开玩笑说："圣经上说：他都没有来得及叫一声，狗熊就扑到他身上了。我也是这样：都没有来得及叫一声，一种奇妙的力量又把我引向了神秘的远方。"他总是这样渴望获得新的感受，所以每逢这种时候我便对他说：

　　"你真是个坐不住的人，安托沙！"

　　这是哥哥在西欧的第一次国外旅行。他路过维也纳，然后在意大利进行了长途旅行。他去过威尼斯，那里给他留下深刻的印象。他游历了佛罗伦萨、罗马和那不勒斯。在归途中，他曾在尼斯和巴黎逗留。

　　安东·巴甫洛维奇对意大利的秀丽风光，优美的古代建筑，不朽的绘画和雕塑作品，都给予了相当高的评价。他赞赏意大利人民的音乐才能，称赞法国人是"非常优秀的人民"，可是他也怀着沉重的心情给我们写信谈到那"充满洋蓟、棕榈、酸橙香味的卑鄙龌龊的生活",谈到"烤肉卷的奢华",这种生活给他留下一种"豪华的厕所"的印象。哥哥回来后对我们讲,他是多么想吃俄国的普通菜汤和荞麦粥……应该说,经过国外旅行,安东·巴甫洛维奇更加热爱祖国和俄罗斯故乡的一切。比如,他从巴黎来信说,"俄国画家比法国画家严肃得多"。他也从意大利来信说:"国外的火车和铁路秩序比俄国的差。我们的火车比较舒适,人也和气些。"安东·巴甫洛维奇到国外旅行,从来不在异乡久留,怀念祖国的情思很快就会把他拉回俄国。

安东·巴甫洛维奇不在家的时候,我们在图拉省阿列克辛城附近租下了一所别墅。事情经过是这样的,安东·巴甫洛维奇还在萨哈林岛的时候,弟弟米哈伊尔在阿列克辛城找到工作,并且搬到那里去住。那是位于奥卡河畔的一个很小的城镇。河对岸,离火车站不远,有三四所不大的木头盖的别墅,连围墙都没有。房子离河较远,一般来说,住在那儿没有多大乐趣,特别是因为我们住过卢卡和巴勃基诺那样的别墅,就更觉得这地方没意思了。米哈伊尔受哥哥委托在阿列克辛郊区寻找别墅,可他找不到更好的,于是租下了一所这样的小房子。

安东·巴甫洛维奇从国外回来以后,我们全家马上就搬到别墅去了。这别墅最主要的一个缺点是狭窄。我们家人口不少,四个小房间都住满了,再说还难免有客人来呢!"里面够窄的,外边倒挺宽敞,"安东·巴甫洛维奇开玩笑说。

我们在这所别墅里住的时间不长。

丽卡和列维坦到阿列克辛城我们这里来玩,途中在轮船上认识了当地一个地主叶·德·贝利姆-科洛索夫斯基。这个人从他们的言谈话语中得知,作家契诃夫住在离鲍基莫沃村他的庄园不远的别墅里。于是,有一天他忽然给我们派来两辆三套马车,邀请我们去访问他。我们坐马车去了。那是一座无人照管的大庄园,里面有一幢两层的大楼房,两间或者三间厢房,还

遥远的过去——我的哥哥契诃夫

有一个景色很美的古老花园,花园里有林荫路和池塘。贝利姆-科洛索夫斯基看到安东·巴甫洛维奇喜欢这座庄园,就建议他放弃阿列克辛附近的小别墅,租用自己那幢大楼房。安东·巴甫洛维奇非常喜欢这座庄园,以及里面的花园和整个消夏的环境。尽管这两处的别墅租金都很贵(阿列克辛附近的别墅90卢布,新别墅160卢布),他还是决定搬到鲍基莫沃村去。

安东·巴甫洛维奇对这所别墅富有诗意的环境颇为满意。他在写给苏沃林的信中是这样描述的:"多么自由自在呀!豪华的大楼里楼上整整一层都归我支配。房间很大;其中两间跟您的大厅一样宽敞,甚至还要大些;一间有圆柱;还有供乐师坐的环廊。安置家具的时候,我们由于不习惯在大房间里走动,搞得疲惫不堪。花园很美;有池塘、带磨坊的小河、小船,所有这些简直让人心醉神迷……这里的鲫鱼很爱上钩。昨天我把一切忧愁都抛到了脑后:我一会儿坐在池塘边钓鲫鱼,一会儿在废弃了的磨坊旁边钓鲈鱼……我盼着您来。您要快点来才行,不然夜莺就要停止歌唱,丁香花也快谢了。"

苏沃林接受安东·巴甫洛维奇的邀请,到我们这儿来过两次,可是每次都只住了几天。我的女友娜·米·林特瓦列娃也到鲍基莫沃村我们这里做过客。后来我也到苏梅她家去过,不过没住几天,因为安东·巴甫洛维奇催我赶快回来。他写信给娜达丽雅·米哈伊洛芙娜,让她"用一根长杆子"把我赶回家来,"因为缺了玛莎不成"。他用开玩笑的方式给我写信说:"……你不在,我们紧张的家务完全失控了。没什么东西可吃,苍蝇多得讨厌极了……獴打碎了果酱罐,等等,等等。"

除我们一家人以外,在鲍基莫沃还有其他避暑的人。我们楼下,住着著名画家亚历山大·亚历山德罗维奇·基谢廖夫一家人。他们有几个活泼的小孩,都是半大的小姑娘,我们管她们叫"小基谢廖娃"。孩子们素来喜欢安东·巴甫洛维奇,这些小姑娘同样也跟他很要好。她们跟他一块儿散步,有时也到我们家里来玩。她们最出众的一点是,常常自己把安东·巴甫洛维奇的短篇小说改编成戏,在家里演出。关于她们演戏的事我后面再讲。

在一间厢房里,还住着一位在莫斯科大学教课的年轻学者、动物学家弗·亚·瓦格涅尔,他后来成为教授。他的妻子和姑母跟他住在一起。他通常从早到晚坐在花园的树底下研究蜘蛛。哥哥常善意地开他的玩笑,给他取了个外号,叫他"小蜘蛛",还开玩笑说,等他研究完蜘蛛,一定要去研究研究"在他姑母身上逮住的"跳蚤!安东·巴甫洛维奇经常晚上到瓦格涅尔那里坐坐,他们的谈话很严肃,甚至争论自然科学以及哲学方面的问题。在鲍基莫沃居住时期,安东·巴甫洛维奇写出了中篇小说《决斗》。哥哥在塑造小说中动物学家冯·柯连的形象时,为刻划柯连的性格,采用了他与弗·亚·瓦格涅尔争论中的许多思想和论点。

安东·巴甫洛维奇在报刊上发表的一篇有关保护科学、反对招摇撞骗的重要文章,是跟弗·亚·瓦格涅尔分不开的。这篇文章与俄国伟大的革命学者、莫斯科大学教授克·阿·基米里亚泽夫的活动有直接关系。因为1891年克·阿·基米里亚泽夫出版了一本小册子,书名是《科学上的丑剧》。他在书中谴责以著名教授阿·彼·波格丹诺夫为首的莫斯科动物园管理处,说他们在动物园里建立的"植物试验站"实际上是一种招摇撞骗的机构,跟科学毫不相干。他写道:"如果动物园管理处胆敢公开把自己的破烂玩意儿称为'植物试验站',那么内行的植物学家在道义上就有责任对公众说明:请你们不要相信,这是一场卑鄙的丑剧,这场可悲的丑剧只能证明他们对科学和公众极不尊重。"

弗·亚·瓦格涅尔跟安东·巴甫洛维奇讲过动物园里的丑闻,并且给他看了一些综合材料,揭露了这个动物园里的"大科学家们"的伪科学活动。安东·巴甫洛维奇就是以这个材料为基础,在鲍基莫沃村写出了文章《魔术家》。他把文章寄给苏沃林,以便在《新时报》上发表。哥哥在附言中写道:"问题在于,在我们莫斯科以及全俄国总有波格丹诺夫这样的动物学家和举足轻重的大人物,他们把一切都抓在自己手里,从动物学一

遥远的过去——我的哥哥契诃夫

直到俄国报刊。这种大人物可以不受制裁地为所欲为。于是基米里亚泽夫就得出师征讨了……

"……我寄上这篇短文,作为对他的小册子的补充。基米里亚泽夫在跟招摇撞骗的植物学作战,而我想说的是,动物学顶得住植物学。您得把文章读完;您不应当站在植物学家或者动物学家的立场上,为的是懂得我们由于无知而认为崇高的东西其实是何等低劣……

"……我在文章中只签上一个字母Ц,没有署上我的名,这样做基于以下考虑:第一,这篇短文不是我一个人写的,第二,作者应该隐姓埋名,因为波格丹诺夫知道,瓦格涅尔跟契诃夫住在一块儿,而瓦格涅尔还得进行博士论文答辩,等等。否则由于我的罪过,他们会毫无理由地把瓦格涅尔的论文驳回。"

安东·巴甫洛维奇在他的文章中指责动物园管理处,说它的全部活动和重新开张的植物试验站以及动物实验室,"是对科学和公众不尊重的可悲样板"。《魔术家》就像基米里亚泽夫的小册子一样,引起很大轰动。有趣的是,克·阿·基米里亚泽夫本人却很长时间都不知道《魔术家》的作者是契诃夫。后来过了很久,有一次安东·巴甫洛维奇在《俄罗斯思想》杂志编辑部遇见克·阿·基米里亚泽夫,他才知道,当时是谁跟他共同反对科学上的招摇撞骗行为。这件事是基米里亚泽夫写信告诉我的。1914年,安东·巴甫洛维奇逝世10周年前夕,莫斯科作家出版社(我是这个出版社的成员)出版关于安东·巴甫洛维奇的回忆录和资料集《言论》。《魔术家》也收进这个集子里。1916年我把一本写有我的赠书题字的《言论》集子寄给克·阿·基米里亚泽夫,我收到了他这样一封有趣的回信[①]:"敬爱的玛丽雅·巴甫洛芙娜!您给我寄来您那让人难以忘怀的哥

[①] 此信的原件被我在革命时遗失于莫斯科。此处引用的是保存在克·阿·基米里亚泽夫档案中的信件草稿复制件,草稿发现者为伊·瓦·费多罗夫。他将此信首次发表在《科学与生活》杂志1944年第9期上。——原注

哥写的、对我来说最有趣的文章,对此我向您深表谢意。多年来我总觉得这篇文章是个谜,直到安东·巴甫洛维奇在《俄罗斯思想》杂志编辑部跟我见面时,才亲自把谜底揭开。但是,即使在他去世之后,我依然认为,自己无权把内情向任何人泄露,因为那次谈话没有第三者在场。现在报刊披露了此事,我无论如何也要把它的详细情况在报刊上讲出来。另外,顺便说一下,波格丹诺夫教授的科学活动的最后成果是,把我赶出了彼得科学院,并且关闭了该科学院。

"这就是我们俄国教育秘史中小小的一页……"

* * *

我们在鲍基莫沃的生活颇为丰富多彩。安东·巴甫洛维奇跟往常一样,在文学创作之余,喜欢钓鱼,喜欢到树林里去散步和采蘑菇。与此同时,他几乎没有一天不接诊病人:人们有时把病人送到他这里来,有时叫他出诊。

我们的房东叶·德·贝利姆-科洛索夫斯基最初极力显得威严和"宗(聪)明"(安东·巴甫洛维奇的玩笑话),可是事实证明,他既朴实又富同情心。他穿着俄罗斯式腰部带褶的外衣,持自由派观点,自称是"社会主义者"。他家的人管他叫盖盖,我们在家里开玩笑时也这样称呼他。为了让所有在他家避暑的人彼此熟悉些,有一天他组织了野餐。可是这次野餐的结局可不太圆满。当时已经是夜里三点钟了,安东·巴甫洛维奇和贝利姆-科洛索夫斯基坐四轮马车出去游逛。正走着,马突然不知怎么受惊了,狂奔乱跑起来,把他们全从车上摔下来。马车也撞坏了。哥哥鼻子撞到地上,只好鼻青脸肿地走回家。

基谢廖夫家的几个小女孩爱在花园里举行家庭演出,这对我们也是一种饶有兴味的娱乐。她们虽然都是八到十二岁的孩子,可是很有本事,能把安东·巴甫洛维奇短短的小说改编成戏演出来,扮演成年男女的角色,特别有趣。例如,有一次她们演出了安东·巴甫洛维奇的短篇小说《萎靡

遥远的过去——我的哥哥契诃夫

不振的人》。克扣女家庭教师钱的老爷由十岁的索尼娅扮演,而她是个胆小、害羞的孩子,女家庭教师由八岁的娜佳扮演,她是一个很活泼的小姑娘。结果,俩人的表情演得正相反:女家庭教师坐在那儿,丝毫没有萎靡不振的样子,而欺负她的主人却愁眉苦脸。

看这些戏的时候,安东·巴甫洛维奇总是笑得那么开心。戏演完,通常还有更活跃的项目,有时甚至在花园里搞火炬游行。

仲夏的一个夜晚,她们开了一个大庆祝会。小路灯照耀着两旁的菩提林荫路,她们在路灯下演戏,然后又跳舞,做游戏。正在这时,安东·巴甫洛维奇忽然不知去向,过了一会儿才回来,头上戴着一个大旧钟的套子。他在套子顶上搭一条毛毯,怪模怪样地在孩子们中间跑来跑去,发出唔呶唔呶的声音,"小基谢廖娃"们都高兴得欢蹦乱跳。哥哥一向乐观风趣,喜欢用出人意料的方法让她们又惊又喜。

有一次,"小基谢廖娃"们愉快地结束演出之后,安东·巴甫洛维奇写了一篇诙谐的评论。所有在鲍基莫沃村避暑的人看后,莫不捧腹大笑。时过近四分之一世纪之后,在出版安东·巴甫洛维奇的书信全集时,我把这篇评论编入了第3卷(莫斯科,1913年版),这篇文章才首次发表。现在我把安东·巴甫洛维奇这篇幽默的评论援引于下:

昨天舞台艺术爱好者在鲍基莫沃村演戏了。这一意义重大的事件正好发生在我们友好国家的强大海军在喀琅施塔德逗留之际,真是巧极了。因此,年轻的演员们无意中从精神上加强了两个友好亲善民族之间的同情和联合。Vive la France! Vive la Russie! [①]

演出是为纪念德高望重的动物学家弗·亚·瓦格涅尔而举行。我们本来不该谈论动物学这门科学的意义。可是,各位读者知道,臭虫、跳蚤、蚊子、苍蝇历来是人类的祸害和文明的敌人,到目前为止,只能用古罗马

[①] 法语,意为"法国万岁!俄国万岁!"——原注

——鲍基莫沃的夏天

厨房里使用的除虫粉等物来除灭，然而上述所有昆虫现在都烦闷得要死，这种烦闷常常起因于我们德高望重的动物学家们的著作。

舞台上的演出有几场可与《钦差大臣》媲美。此外，还有以下一些生动的场面：1. 印度人穿着赫列斯塔科夫（《钦差大臣》剧中的骗子）的裤子；2. 茨冈人跑到希腊王侯那里大吃大喝；3. 希腊王侯在茨冈人的游牧群里钻来钻去；4. 一位天才把澡堂里的树枝笤帚戴在果天托特人和西班牙女人的头上。表演出神入化，真挚而严谨，人人看了都觉得赏心悦目。基谢廖夫的体型非常标致，十分适于登台演戏（其实亚·亚·基谢廖夫是一个身材矮小、其貌不扬的男人！），一举手一投足都显露出他具有喜剧演员的卓越才华。他是一个喜剧演员，这丝毫不容怀疑。可是，当他侧身对着观众的时候，又会使人感到，他的表演和服装有一种令人震撼的、浓厚的悲剧意味。基谢廖娃第一女士一登台就博得全场观众的瞩目和赞叹，她从各个方面都显示出是一位出类拔萃的演员。她之所以能成为一名优秀的演员，一是因为她有一套良好的歌唱技巧，毫无疑问，她能把这些技巧运用自如；二是因为她有表演才能，这才能来自艰苦磨练、广博的舞台知识和演出实践。她每演完一场戏，人们就向她热烈鼓掌，给她献上花环和花束，那些花环和花束都是观众从幕后演员先生们那里要来的，因为他们早就筹办好了庆祝会所必需的物品。基谢廖娃第二女士扮演米什卡这一艰巨的角色，在她的表演中，我们没有发现萨拉·别尔纳尔（法国女演员）和杜泽（意大利女演员）身上存在的那些我们非常讨厌的缺点；这位初登舞台的女演员戴着帽子走进房间，人家递给她一封信，她却不接，以那种近乎目空一切的情调和特色展示出她独特的才能，就连玛·尼·叶尔莫洛娃（俄国女演员）也望尘莫及。至于瓦格涅尔夫人的表演嘛，那可是博得了满堂喝彩；她对舞台规则有罕见的知识，所以，她那滑稽的表演充满夸张，令人感到轻松、愉快、优美、绝妙，而且吐字清晰悦耳，这简直是集一切才华之大成（弗·亚·瓦格涅尔的妻子玛丽雅·阿波罗诺芙娜是

遥远的过去——我的哥哥契诃夫

一个普通、娴静而又有点古怪的年轻女人,与基谢廖夫家的大女孩维拉很要好);她每次上场下场都要惹得观众大笑不止。在那些动人的场面中,首屈一指的演员要算是基谢廖娃第三女士(娜佳)了,她脸上总是兴高采烈,演员和观众都目不转睛地瞧着她,就像欣赏五颜六色的焰火一样。

非常遗憾的是,阿麦纳伊萨·埃拉斯托芙娜没有参加演出。

("阿麦纳伊萨·埃拉斯托芙娜"是贝利姆-科洛索夫斯基庄园里的女管家,这个女人生着一头淡黄色的头发,眼睛斜视,而且不学无术,还相当凶恶。其实她原名叫阿尼玛伊萨·奥列斯托芙娜,可是安东·巴甫洛维奇总管她叫阿麦纳伊萨·埃拉斯托芙娜,或者,像他说的,"为了简便起见",叫她谢米拉米达和缪尔-伊-麦里利萨,有时还叫她乌西里萨。他肯定地说,她对自己的主人怀有好感,而且很爱吃醋!安东·巴甫洛维奇住在鲍基莫沃村时所写的信中,不止一次提到过她。)

* * *

我整个夏天都在绘画,非常入迷,画得很多、很认真。我的房间里挂满了绘画草稿。有一次,亚·亚·基谢廖夫到我房间里来,看了我的作品后,夸奖一番,并且说:

"你若真有此志向,准能成为画家!"

现在,事情已经过去60多年,我可以说,志向嘛,我也许是有的,可是我没能彻底献身于绘画。另外的道路和目标摆在我的面前,它们与哥哥的生活和工作紧密相连。

我们在鲍基莫沃村的别墅一直住到9月初,返回莫斯科以后,仍然住在小德米特罗夫卡街上菲尔甘格家的那套住宅里。

九　寻找庄园

"如果我是医生,就需要病人和医院;如果我是文学工作者,就需要生活在人民中间,而不是在小德米特罗夫卡,跟一个獴生活在一块儿。我需要哪怕一点点的社会生活和政治生活,哪怕很少的一点点也好,而这里的生活与世隔绝,没有大自然,没有人,没有祖国,也没有健康和食欲,这不是生活……"安东·巴甫洛维奇从鲍基莫沃村返回莫斯科以后一个半月左右,在一封信中曾这样写道。哥哥时常提起要在乌克兰买一座田庄,为的是搬去长住。

那年初冬的一天,他把我叫到他的房间里,说:

"听我说,玛莎,你能不能到巴库莫夫卡村的斯玛金家去一趟,看看那儿的待售田庄?"

"可是你知道我在中学里有课呀!我只能在圣诞节假期的时候去,"我回答他说。

于是我们商定,学生们一放节日假,我就到乌克兰去。这次谈话之前,亚·伊·斯玛金曾到我们家来做客,答应在索罗琴齐他家附近一带帮我们物色田庄。

遥远的过去——我的哥哥契诃夫

为了买田庄，住进自己的庄园，就得精打细算，从物质上进行准备。安东·巴甫洛维奇无论怎样拼命工作，我们也只能住在莫斯科，而且钱的问题总使他不得安宁。他本人在一封信里谈到过这一点："啊，自由啊，自由！如果我一年的花销不超过两千卢布，只要在庄园里能做到这一点，那么我就完全不必考虑任何收支问题了。那时候我就将一心工作和读书，读书……"

此外，他的健康状况也令人焦虑。安东·巴甫洛维奇一直咳嗽，有时候还咯血。当时，不论他自己，还是我们，都不知道他咳嗽和咯血的真正起因。但是，作为医生的哥哥感到，为有利于健康，他必须从首都搬到农村去生活。"如果我今年不能搬到外省去住，"哥哥给亚·伊·斯玛金写信说，"如果买田庄的事由于某种原因不能如愿，那我就会成为摧残自己健康的大凶手。我觉得，我像一个旧柜橱似的干裂了。如果下个季节我仍然住在莫斯科，尽写些粗制滥造的文章，那么吉利亚罗夫斯基就要编出一首美妙的诗，祝贺我住进那种既不能坐，又不能站，也不能打喷嚏，除了躺着，什么也不能干的田庄里去了。我必须离开莫斯科。"

总之，1891年底，安东·巴甫洛维奇郑重其事地提出了购买田庄的问题。12月22日我启程了，先到卢卡的林特瓦列夫家，然后去巴库莫夫卡的斯玛金家。我离家以后，安东·巴甫洛维奇于12月26日到了彼得堡苏沃林家。

亚·伊·斯玛金打算让我看三座田庄。一座在索罗琴齐。这是一座不大的庄园，地处村中风景优美的区域。可是，房子本身却让我很讨厌，墙壁歪斜，窗子很小，而且窗扇打不开，窗框的位置又高。房子很狭窄，有几个房间里还没有地板。总之，要把它整修一新，既需要时间，又需要额外花钱。因而我没有看中它。我在小索罗琴齐又看了一座田庄，可是马上觉得不合适，因为它处在一个低洼、多沼泽的地方。我想找一所夏天能够用来做别墅的房子,然而一无所获。

我看中了亚增科的田庄,条件也合适,只是价钱昂贵,田庄里有很多土地(53俄亩[①]),没有房屋,需要建造。我正想写信跟哥哥商量,亚增科又改变主意不想卖了。因此,我的乌克兰之行无果而终。我于1月初回到莫斯科,疲惫不堪,快快不乐。安东·巴甫洛维奇也几乎与我同时从彼得堡返回。

* * *

1891年夏粮歉收,俄国中部许多省份开始闹饥荒。下戈罗德和沃龙涅什等省饥荒特别厉害。不但人忍饥挨饿,连牲畜也没有东西吃,农民只好以极低的价格卖掉他们的马匹。这样,第二年就有可能再发生饥荒,因为农民已经无力耕种了。

安东·巴甫洛维奇热心参加救济饥民的工作。他跟我们的一个老熟人叶·彼·叶戈罗夫(前面已经提到过这个人)写信联系,叶戈罗夫那时在下戈罗德省的一个县里任地方官。安东·巴甫洛维奇组织募捐,征集签名捐助,把募捐来的钱寄给叶戈罗夫。叶戈罗夫用这些钱买下农民的马匹,喂养一冬,等到第二年春天再无偿地交还给原主。这样,就保住了第二年的收成。

1892年1月,安东·巴甫洛维奇刚从彼得堡回来,就亲自到下戈罗德省叶戈罗夫那里去了一趟。他冒着严寒和暴风雪坐雪橇到那里的一个乡村去过,马在半路上迷了路,他们差点儿没找着地方。后来哥哥患了重感冒,回家后给我们讲了他当时的心情。

安东·巴甫洛维奇和叶戈罗夫除购储马匹之外,还在一些村子为饥民建立免费食堂,尽力帮助农民。哥哥会见农民,详细了解他们的情况,想方设法给他们以热情的帮助。他写信说:"下戈罗德省的人

[①]1俄亩=2400平方俄丈或1.09公顷。——译者注

遥远的过去——我的哥哥契诃夫

民真好。农民像辕马那样魁梧健壮,个个都是好样的,人人都能被写成商人卡拉什尼科夫。真是富有智慧的人民啊。"

安东·巴甫洛维奇在家里住了十天,又到沃龙涅什省的灾区去了。他在省城沃龙涅什,在赫列诺沃姆和鲍勃罗沃村了解救济饥民的办法。他是跟阿·谢·苏沃林一起去的,因为苏沃林出生在那个省,很想到故乡走走。安东·巴甫洛维奇曾在给我的信里,用讽刺的口吻谈到苏沃林,说他在解决为饥民建立食堂的实际问题时表现得很幼稚。

* * *

购买田庄的事,在索罗琴齐受挫之后,并未搁置起来。我们经常注意广告,熟人和朋友也帮我们寻找。在那之前不久,安东·巴甫洛维奇认识了乌克兰著名女演员玛·康·赞科维茨卡娅。她对安东·巴甫洛维奇颇有好感,也在离她自己庄园不远的契尔尼戈夫省为我们寻找田庄,但是也毫无结果。

一天,我们在报纸上看到一则出卖庄园的消息,那庄园在谢尔普霍夫县,离洛巴辛火车站不远。庄园的主人是画家尼·巴·索罗赫京。我们先跟他通信联系,然后,根据安东·巴甫洛维奇的请求,我和弟弟米哈伊尔于1892年1月底亲自到那里去了一趟,查看庄园并商谈购买庄园的条件。正值隆冬季节,我们坐雪橇走了13俄里,才到达索罗赫京庄园所在的梅里霍沃村。

庄园完全在农村,面积非常可观,有213俄亩,其中100多亩是树林。我们喜欢那儿的房子:相当宽敞,也不显得破旧,铁皮包顶,凉台面向花园。诚然,房子里面很脏,壁纸又旧又破,还有臭虫、蟑螂等可爱之物。可是,这些东西都可以消除或者修缮。

花园里有果树,还有一条林荫路,路旁栽的都是菩提树,离房子不远有一个不大的池塘。那里的杂用房屋、板棚和仓库都是新盖的。

总之，尽管因为冰天雪地，我们没有再到庄园周围好好看看，我跟米哈伊尔却爱上了这座庄园。回到家里，我们向安东·巴甫洛维奇"报告"说，我们认为那座庄园很合适，值得买下来。购买的条件也还算过得去：售价13000卢布，其中4000卢布要付现金，5000卢布是画家的抵押贷款，我们只需付贷款的利息，其余的4000卢布，画家要等到我们得到银行的抵押贷款以后才能拿到。说实话，在以后的许多年里，安东·巴甫洛维奇一直被这笔相当巨大的银行债务缠绕着。

安东·巴甫洛维奇并没有到梅里霍沃亲自看看，就同意了我和米哈伊尔的"报告"，并且在2月2日找公证人签订了家务契约，把定钱交给了索罗赫京。直到所有的手续办妥，哥哥借苏沃林的钱也偿清之后，他才第一次到庄园去看了看。一个星期之后，我们就搬进了庄园。搬家之前，我把房子里面全部修饰一新：各房间都糊上新壁纸，所有的东西都洗干擦净，还修好了地板。我们把厨房腾出来，改为母亲的房间。另外在离房子不远的地方，用买来的新框架盖了两间厨房（一间有厨灶，另一间有俄罗斯式火炉），并且挨着马厩和庄园为厨娘、女仆和工人盖了几间卧室。哥哥查看庄园时情绪好极了，看来，他也爱上了这个地方。

1892年3月5日，我们在莫斯科的生活宣告结束，开始了在梅里霍沃的新生活。这天，我们离开了小德米特罗夫卡街菲尔甘格家的住宅，全家人搬进了属于自己的庄园，那里有树林、田地、花园、马匹、母牛和鸡群。

遥远的过去——我的哥哥契诃夫

十 梅里霍沃

我们家搬到梅里霍沃以后,安东·巴甫洛维奇的心情特别好,特别愉快。尽管周围一片积雪,他刚到那里就到各处走了一遭,不仅观赏了花园和树林,还结识了附近的农民。最初农民对我们有点敬而远之。看得出来,安东·巴甫洛维奇由于有生以来第一次有了自己的房子、土地、花园和树林,有点喜出望外,满心地欢喜。

离房子几步远有个不大的池塘。为了让池塘到夏天能有更多的水,安东·巴甫洛维奇每天到室外四五次,把积雪铲到池塘里。他出来,铲一会儿雪,然后回书房去工作。可是,过一个钟头左右,你看,他又手拿铁锹在池塘边上忙碌了。

春天很快就到了,这里的春天跟莫斯科截然不同。安东·巴甫洛维奇给苏沃林写信谈到过他那时的心情:"……野外的景色瑰丽迷人,那么富有诗意,使人耳目一新,因而也就抵偿了我们生活上有种种不便的缺憾。每天都有意想不到的事情发生,一件比一件有意思。椋鸟飞来了,潺潺流水处处可见,积雪消融的地方草开始返青。时间充裕极了,似乎每一天都过不完。住在这儿,就如同住在澳洲的世外桃源。假如你不可惜过去的时

——梅里霍沃

光，也不期待未来，就会产生一种平静、悠闲、超凡脱俗的感觉。由此可见，从远处观察，人显得很美好，这也是自然的，因为我们来到农村，躲避的不是人，而是自己的虚荣心，这种虚荣心在城里人的圈子里往往过分的强烈而荒谬。我眼望春天，心中渴望世界上能出现一个天堂。总之，对我来说时间总是那样美好，以致我自己都有些迷惑，怀疑这是不是真的。我常常想起我欠下的债，这笔债说不定什么时候就会把我从自己购置的澳洲赶出去呢。"

在梅里霍沃，我们的生活习惯明显地改变了，早睡早起，午饭按农村习惯，在正午吃。安东·巴甫洛维奇每天早晨五点钟起床，晚上十点钟睡觉。这一时期，我们为了修缮庄园，干活很多，累得要命，有时晚上八点钟就躺下睡了，而且还睡得特别死。例如一天夜里，离我们家不远的地主库夫申尼科娃的庄园着火了，虽然当时人喊马叫，乱哄哄的，教堂里还一直敲着钟，可是我们竟什么也没听见。第二天早晨，安东·巴甫洛维奇往窗外一看，感到莫名其妙，因为库夫申尼科娃家的房子没有了。

"你来看，玛莎，真是怪事，库夫申尼科娃家的房子跑到哪儿去了？"哥哥把我叫到窗前。

我看了半天，也不明白是怎么回事。原来，一夜工夫那房子给烧得一干二净，我们只顾酣睡，竟然谁也没听见，谁也没看见。

我们家里最好的一个房间给安东·巴甫洛维奇作了书房，那是拐角上的一个大房间，有一扇宽大的窗户，面积有一般窗子的三倍大。书房的门通向客厅，客厅里摆着一架老式大钢琴，是我们连同房子一起买下来的。客厅的一扇门通我的房间，另一扇门通凉台，还有一扇门通穿堂。穿堂里装着非常漂亮的意大利式窗户，上面的玻璃五颜六色，后来我们给这个穿堂取名为"普希金室"。有一次亚·伊·斯玛金送给我一幅用石印法翻印的画家基普连斯基的作品——亚·谢·普希金的著名肖像画。因为安东·巴甫洛维奇喜欢这幅画，我就把它挂在穿堂里了。从那时候起，这个

遥远的过去——我的哥哥契诃夫

房间就成了我们家的"普希金室"。从穿堂可以走到门厅,往相反的方向可以走进过道。沿过道的房间是这样安排的:第一间是安东·巴甫洛维奇的寝室,接着是父亲的房间,然后是餐厅,母亲的房间在最里边。过道尽头有一扇门,通向后门的门厅,菜饭从厨房经过后门送进来。除哥哥的书房和客厅以外,所有的房间都不大,不过很方便,很舒适。

春天来临,冰雪消融,我们紧张劳动的时节也来到了,要耕地,播种,整理果园和修缮房屋。应该说,我们庄园的前主人、画家索罗赫京,对庄园里的事物不怎么感兴趣,结果土地全荒芜了。我们家每人都有自己的活儿干。安东·巴甫洛维奇管理果园。果园里有苹果树、李子树、樱桃树,还有许多树莓、醋栗和茶藨子。安东·巴甫洛维奇整天在果园里给果树整枝,栽种新的树木。他甚至用树籽育苗,有一次我就是按照他的要求

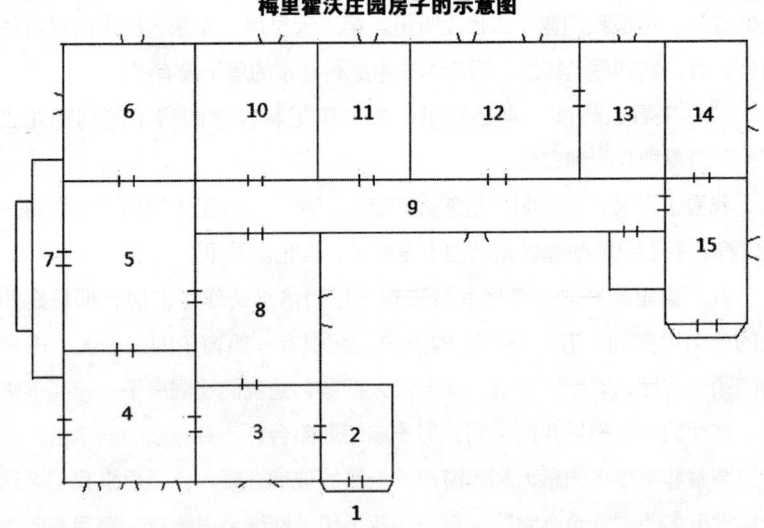

梅里霍沃庄园房子的示意图

1.正门 2.门厅 3.外室 4.安东·巴甫洛维奇的书房 5.客厅 6.玛丽雅的房间
7.凉台 8."普希金室" 9.过道 10.安东·巴甫洛维奇的寝室 11.父亲的房间
12.餐厅 13.母亲的房间 14.仓库 15.后门的门厅

从莫斯科给他带回云杉、果松、阔叶松和橡树的种子。他还培植了玫瑰，因为他很喜欢这种花。我负责菜园和果园里的花圃，还要跟米哈伊尔·巴甫洛维奇共同料理田间事务。米哈伊尔不跟我们住在一起，依旧住在阿列克辛，在那里继续供职，不过三天两头到我们这里来，帮助管理田里的工作。我们的土地很多，种植的作物也名目繁多，有黑麦、小麦、紫苜蓿、燕麦、豌豆、荞麦，后来还种了亚麻（直到现在我还保存着一条在梅里霍沃用自家种的亚麻织的手巾）。父亲已经退职，整日住在家里。他也有不少事情可干。他整天在果园里忙碌，修理小路，铺垫新路，每天早晨都认真地往小路上撒黄沙土。将近夏天的时候，一些朋友和熟人开始到我们家里来做客了，这时的梅里霍沃跟我们从以前的主人那里接过来时相比，已经变得让人不敢认了。

哥哥很喜欢这种富有创造性的生活。安东·巴甫洛维奇最乐意干的事情就是栽培、种植、建设和创造。他住在梅里霍沃的头一年曾给大哥亚历山大写信说："既然我们的祖先一直住在农村，那么他们的子孙后代住在城市就不能不受到惩罚。实际上，我们从童年时代起就没有安身之处，这是多么不幸啊。"

迁居梅里霍沃以后，我并没有放弃在尔热夫斯卡雅中学的教学工作。我在莫斯科租有一个房间。这样我实际上是两地居住。不过每逢没课的日子，我都千方百计跑回家来。我每星期五晚上一定回家，住到下一个星期一早晨。不用说，圣诞节、复活节和暑假的假期我都在梅里霍沃度过。

从那一年开始，我们第一次不需要到别处去另找别墅消夏了。我们住在自己的庄园里，周围有树林和田野，这种农村生活比以往我们度过的任何"别墅"生活都美。

安东·巴甫洛维奇素来喜欢河流、湖泊和池塘。他爱游泳、划船、钓鱼。我已经说过，夏天休息的时候，他最爱干的事就是钓鱼。梅里霍沃小小的池塘满足不了他的兴趣。他在那里钓过鱼，都是些很小的鲫鱼，可是

遥远的过去——我的哥哥契诃夫

钓上来以后，他立刻又把它们放回池塘里去。梅里霍沃附近有一条河，不过有点远，离我们家三俄里左右，因此，安东·巴甫洛维奇在梅里霍沃的头一年夏天就决定再挖一个大池塘。我们雇了些工人，整整挖了一夏天和一秋天。这个池塘的造价在当时来讲真不便宜，一共花了150卢布。

第二年春天，池塘里灌满了水，将近两米深，也许还要深些。安东·巴甫洛维奇在池塘边栽上了小树，往池塘里放了几次鱼苗。鱼苗都是从莫斯科运来的（在喇叭广场有一个专卖小狗、小猫、小鸟和鱼苗的市场）。

那是第二年或者第三年吧，有一次，池塘里的水灌到了岸边，安东·巴甫洛维奇发现，水里漂着一个用火漆封口的瓶子。他费了半天劲，用一根长杆子把瓶子弄到岸边，捡起来拆开封口一看，瓶子里有一封信，信是用各种文字写的，其中包括希腊文和拉丁文。信中说，一艘满载货物的轮船在驶往海外的时候，在这个池塘里遇难沉没了……

这封信写得巧妙、滑稽，而且用了好几种外文，让人一下就能猜出，它是出自具有惊人才能的语言学家——大哥亚历山大的手笔。不久前，他曾到梅里霍沃来做客。谁看见他这封逗趣的信，都忍不住要痛快地笑一阵。

* * *

梅里霍沃庄园里原有几条家犬，现在也归我们所有了，其中一条叫沙利克，一条叫阿拉普卡；还有两条杂种小狗，我们给它们取了外号，一条叫缪尔，一条叫麦里利兹（这两个外号是根据莫斯科一家商店的两位老板的姓取的，那商店在大剧院附近的彼得罗夫卡街）。可是安东·巴甫洛维奇很想养几条纯种狗。以前我们在彼得堡的列依金家做客时，安东·巴甫洛维奇就喜欢上他家的达克斯狗阿佩尔和罗古尔卡了，哥哥跟列依金定好要抱它们的一条小狗，后来还几次写信给列依金说，要让"阿佩尔的儿子"务必长得像它的父母。可是，当时这项订货毫无消息。一直到1893年春天，两条达克斯小狗才从彼得堡送到莫斯科我的住宅。等到我回梅里霍沃的时候，就把它们带来了。这两条小狗很快就习惯了这里的生活，并且开始工作。是这么回事：就在把它们带回来的第二天早晨，我们发现，放在外室里的胶皮套鞋都不翼而飞了。原来，小狗在夜里把套鞋全叼到各个房间里去了!……

这是两条纯种的达克斯狗，腿又短又歪，身子挺长，小嘴脸显得滑稽可笑，耳朵很大，几乎拖到地上。我给它们取了名字：母的叫希娜，公的叫勃罗姆。等到它们长大一些，高了一点儿，安东·巴甫洛维奇又给它们的名字后面加上了父称：一条叫希娜·玛尔科芙娜，一条叫勃罗姆·伊萨耶维奇。希娜的毛是褐色的，勃罗姆的毛是黑色的。

安东·巴甫洛维奇非常喜爱这两条性情温和的小狗，经常跟它们谈话，特别有意思。往往他一走到凉台，坐到台阶上，希娜和勃罗姆马上就跑到他身边来。哥哥抓住希娜的两个长耳朵，翻过来，再把耳朵尖按在它的"下巴"底下。结果，希娜布满皱纹的小嘴脸现出一副滑稽可笑的样子，活像一个系着头巾的老太婆……然后，安东·巴甫洛维奇开始跟"受难者"希娜谈话。他让它相信它有病，并且劝它"到医院去治疗"。

"您啊，在那儿呢，就会觉得轻松多了啊——啊……"

从此以后，这句话似乎成了我们家的口头禅，我们经常用这句话在适当的场合开玩笑。

又有一次，希娜怀孕了，肚子几乎拖到地上，安东·巴甫洛维奇突然指着它的小短爪子，神情严肃而又不容置疑地说道，这种纯种狗是由普通的家犬跟鳄鱼交配生出来的！年轻幼稚的塔涅奇卡·谢普金娜-库佩尔尼克特别相信这样的"至理名言"。对类似的话她一向信以为真，因为这是从安东·巴甫洛维奇嘴里说出来的呀！

有一回，那条勃罗姆狗对家里一条普通小母狗亲热起来，于是安东·巴甫洛维奇跟勃罗姆进行了一次"严肃的谈话"，责备它怎么能这样"爱上麦里利兹小姐"，让自己的夫人希娜遭受痛苦呢！安东·巴甫洛维奇对这些极为可爱的小狗怀有一种戏谑的柔情，使我至今难忘。顺便说一下，

遥远的过去——我的哥哥契诃夫

如果这些狗受到处罚，它们总是很清楚为什么，而且还真能掉下眼泪呢！

过了几年，尼·亚·列依金又送给安东·巴甫洛维奇两条非常好的纯种狗，也是一雌一雄。狗毛是白色的，毛茸茸的，耳朵直立着，既优雅又漂亮。它们跟我们在一块儿的时候很温和，可是一到院子里就凶了，从不放任何外人进来。我们管小母狗叫别尔卡，管小公狗叫南辛。不过安东·巴甫洛维奇总是管南辛叫茹利克。后来南辛患病死了。不久小别尔卡也离开了这个世界。看来它们患的是同一种病。当时安东·巴甫洛维奇不在家（他在雅尔塔），我只好伤心地把这件事写信告诉他。

在我们就要离开梅里霍沃搬到雅尔塔去长期居住的前夕，哥哥最喜爱的小狗希娜又死了。它是让我们的一条家犬咬伤后死的。当时那条家犬有小狗，很凶。因此，列依金送给我们的几条狗都没养住，带到雅尔塔去的只有勃罗姆孤零零一个。

应该说，安东·巴甫洛维奇一向喜爱动物。顺便讲一件事，安东·巴甫洛维奇的著名短篇小说《卡希坦卡》里，有一只猫叫做费多尔·季莫费伊奇，这是我们家养的那只猫的名字。安东·巴甫洛维奇上大学的时候，我们住在一套新调换的住宅里。有一次他从冷冰冰的厕所里捡回一只偶然跑到那里去的小猫。它长大一点以后，安东·巴甫洛维奇就管它叫费多尔·季莫费伊奇。后来，它长得又威风又漂亮。安东·巴甫洛维奇每天从学校回来都很疲倦，吃完午饭就躺在沙发上休息，但还要把猫放在他的肚子上，一边抚摸，一边说：

"谁想得到，从厕所里竟会走出这么一个天才呀！……"

后来，安东·巴甫洛维奇在其他场合曾经引用过这句话。每当他想说一件意外发生的愉快事情，就用这句话来开玩笑。在他的书信里，有时也能见到这句话。

* * *

如果说安东·巴甫洛维奇以前主要是在夏天才行医的话，那么在梅里霍沃，他一年到头都要忙于医务工作。我在前面已经说过，在沙皇俄国，农民的医疗条件极差。所以，梅里霍沃以及周围其他村里的农民一听说梅里霍沃庄园的新主人是个医生，就纷纷到我们家里来找安东·巴甫洛维奇看病。诚然，他们起初有些胆怯，可是当得知梅里霍沃的医师对谁也不拒绝，都给治病，甚至还给一些成药，而且全不收费时，周围许多村镇的病人就都来找他了。

我们梅里霍沃的家成了地地道道的医院候诊室，或者像现在人们说的，是个门诊部。安东·巴甫洛维奇规定上午接诊。所以，每天天刚蒙蒙亮，病人就坐在我们家院子里候诊了。有许多人是坐马车从别的村子来的。安东·巴甫洛维奇看病时给病人挂号登记，从挂号记录可以看出，有的病人住在离梅里霍沃20到25俄里远的村子里呢！

安东·巴甫洛维奇通常在我们家后门的门厅旁边接诊病人。我呢，如同他的医助，打打下手：帮助裹伤，协助做一些简单的外科手术。我还按哥哥开的药方给农民拿药。为此我们家里专门做了一个药箱，挂在正门门厅的墙上。

安东·巴甫洛维奇除在庄园里接诊外，还常常到农民家里给重病人看病，甚至还要到其他村子去出诊。有时候深更半夜人们把他从床上叫起来，不是去接生，就是去看必须急救的病人。

我们住在梅里霍沃的第一年夏天，谢尔普霍夫县受到了霍乱的威胁。安东·巴甫洛维奇担负起地方自治会防疫医师的责任。他负责的地区包括25个村子和一个男修道院——达维多夫修道院，此外，克柳科沃村和乌格柳莫沃村的两个地方自治会工厂的门诊部也归他管。

1892年的整个夏天和秋天，安东·巴甫洛维奇几乎没有从事文学工作，只在他所管的医疗区里奔忙。他给人治病，建立医院，盖防治霍乱的专用病舍，还给农民讲解预防霍乱的措施。安东·巴甫洛维奇是很多委员会的成员，也是谢尔普霍夫县防疫委员会的委员，因此他经常出席各种会

遥远的过去——我的哥哥契诃夫

议,到学校和工厂视察,等等。他工作极其繁忙。正如他自己在一封信中所写的:"我被派作县地方自治会防霍乱医生(没有薪金)。我的事情多得不得了。我要到各个村子和工厂去……25个村子都交给了我,可是一个助手也没有。"

安东·巴甫洛维奇除履行医生的直接责任以外,还得走访地主、商人和工厂主,请求他们为修建防霍乱设施、医院和病舍捐款。这是一件费力不讨好的苦差事。为了央求大财主们给人民的公共事业掏出一点钱来,哥哥有时竟不得不忍着各种屈辱。有些邻居虽然很富有,却拒绝捐款。他们并不理解,安东·巴甫洛维奇向他们提出请求,是因为他所从事的事业具有社会意义和全民意义。例如,有个修士大司祭,还是修道院院长,就拒绝为建立医疗站提供房屋。可是这些房屋腾出来不为别的,正是为住在修道院旅馆里的人万一患霍乱病时使用的。那个修道院院长却大言不惭地说,旅馆里那些人很富,他们自己会为安东·巴甫洛维奇掏钱的!这样的人让哥哥极为恼怒,他气愤地回答他们说,他是一个财主,不需要捐助!……

由于各种社会团体采取了措施,霍乱病在谢尔普霍夫县才没有蔓延。我们那个地区没有一个人患霍乱病。临近的地区,距梅里霍沃30俄里的地方,竟有16人患霍乱病,不过结果还算圆满,死人的事只发生了四起。

10月15日,梅里霍沃霍乱医疗区撤销。谢尔普霍夫县防疫委员会在随后的一次会议上作出决议:"兹因安·契诃夫医生无私而卓有成效地参与扑灭威胁谢尔普霍夫县霍乱病之斗争,谨向他表示感谢。"

尽管哥哥履行医生职责累得疲惫不堪,他对自己的工作还是满意的。他一直热爱医务工作,虽然有时也发过牢骚,因为有时病人搞得他很难受,尤其是夜里,常有人来告急,把他叫去,有时天气恶劣,道路泥泞,他还得到附近村子出诊,弄得他精疲力竭。

第二年夏天,霍乱病再次流行,安东·巴甫洛维奇就又成为地区医

——梅里霍沃

生,他开玩笑说,他又去"揪霍乱的尾巴"。这一次霍乱病流行的地区离梅里霍沃很近,因此安东·巴甫洛维奇时刻提防着,一天也没有离开过梅里霍沃,正如他所说的,"霍乱上的职务"甚至都不允许他到莫斯科去办事。直到深秋时节,霍乱病的恐慌平息下去,哥哥负责的防疫区才又撤销。

我们在梅里霍沃生活的整个时期,安东·巴甫洛维奇始终没有中断过医务工作,后来他得了重病才被迫停止行医。安东·巴甫洛维奇付出的辛勤劳动,受到了农民的崇敬与爱戴。他们非常尊重"自己的"医师,以至对我们全家人也都很友好,常常给予我们各种各样的关照。每逢大的节日,他们必定来向我们表示祝贺。安东·巴甫洛维奇曾在一封信中写道:"梅里霍沃的农夫和农妇常来祝贺。这儿的人民很热情。"

* * *

安东·巴甫洛维奇还为农民办了一件大事,就是在乡村里建造学校。由于这件事,农民非常尊敬他。

生活在当今时代的人,尤其是青年,很难想象革命前俄国的农村小学是多么可怜和简陋。现在苏联没有哪个村庄没有小学,几乎到处都有七年制中学,在区①的大村庄里,还有十年制中学,按老话说就是古典中学。可是,那时候,也就是我现在所回忆的19世纪末期,连只配备一名农村教师的最普通的小学,也不是每个乡都有。很多村子农民的孩子,不得不走多少俄里路,到附近有小学的村子去上学。当时在农村谁要想上中学,或者哪怕是上初级中学,都让人觉得是异想天开。再说,梅里霍沃附近乡村里的那些小学更是可怜,上课用的小木房丑陋不堪。学校里的用品、教科书十分匮乏,连一些起码的设备也没有。教员的薪金微乎其微,要是有家眷,生活就更加艰难。我在这里援引一段安东·巴甫洛维奇对克柳科沃村小学的描述,这段描述摘自他给谢尔普霍夫县防疫委员会写的关于梅里霍

---

①俄国行政单位——译者注

遥远的过去——我的哥哥契诃夫

沃医疗区医务工作的报告:

> 在医疗区里,我必须照管的小学只有一所,它在克柳科沃村。我郑重地向委员会报告这所学校的悲惨状况。那里房间狭窄,顶棚低矮,教室中间的火炉既碍事又寒碜,桌椅破旧不堪;衣架无处可摆,只好放在教室里,衣衫褴褛的守门人睡在狭小的穿堂里,旁边还放着供学生们饮水用的大桶;厕所根本不符合卫生的起码要求,也不雅观。教员跟他的妻子只住一间小屋……

由此安东·巴甫洛维奇得出结论,乡村需要建造新的小学。

1894年底,哥哥被任命为塔列日农村小学的督学。他非常认真地履行这些社会义务,对学校的每件事都很关心,学生考试期间他总要去看看,还经常从物质上帮助学校。然而,学校的校舍与它的任务根本不相称。安东·巴甫洛维奇向自治会提出建造新校舍的申请,并且拟定了建筑计划,请求批准。自治会缺少建造校舍的资金,安东·巴甫洛维奇就自己承担一部分经费。农民们担负起冬季无偿运送木料和其他建筑材料的任务。我受哥哥委托,帮助他监督工程进展情况。

1896年第一学期开学前,学校终于盖好了。按照当时的规矩,学校举行了新校舍的落成典礼。典礼相当隆重,由三位教士做祈祷,很多自治会的人士、我们全家人和不少客人都出席了。祈祷式结束时,农民们为了表示谢意,献给安东·巴甫洛维奇一幅神像、两银碟盐和四个装在盘子里的面包,即将在新学校里读书的孩子所在的村子(塔列日、别尔绍沃、杜别切诺和舍尔科沃村)各献了一个面包。一位老农民热情洋溢地说了一席话,颂扬安东·巴甫洛维奇的功绩。这些发自肺腑的话语,连同那些礼物,使哥哥深受感动。

从此,塔列日小学成为全谢尔普霍夫县最好的学校。安东·巴甫洛维奇始终不懈地支持、关心这所学校以及学校的教员。

1897年初,安东·巴甫洛维奇决定在诺沃谢尔基村再建造一所小学。

——梅里霍沃

事情是这样的：有一天，几个农民代表诺沃谢尔基的村民来找他，请求他给他们村也建造一所小学。他们募捐了300卢布的建筑费用。他们的诚意实在令人感动，安东·巴甫洛维奇当然不能对他们的请求置之不理，他同意了，于是又着手进行新的筹建工作。地方自治会拨款1000卢布，可是建一所学校总共需要3000多卢布。这样，安东·巴甫洛维奇又得担负多一半的经费。诚然，谢尔普霍夫城各社会团体也参加了筹金建校的活动，那年2月份，城里为诺沃谢尔基村的学校举办了义演，然而不用说，这种演出的收入是微乎其微的。当年春天，安东·巴甫洛维奇病得很重，那期间，我又在监督和主持学校的建筑工程上帮他做了许多事情。

7月中，诺沃谢尔基小学竣工开学。这个村农民在学校落成典礼上，也献给安东·巴甫洛维奇一幅写了题词的神像（这是当时的风俗）以及放在木盘里的面包和盐，盘子上雕刻着一句话："礼物轻薄，不成敬意。"①

我需要说明，在那个时期，安东·巴甫洛维奇既是奇尔科沃村小学的督学，又是哈童自治会学校附设的免费国民图书馆的"负责人"，还是谢尔普霍夫县县长在管理国民小学方面的助手。国民教育方面的大量工作，以及医务活动，占去了安东·巴甫洛维奇很多时间，他本应该用这些时间去从事文学工作。

* * *

"你听我说，安托沙，我想自己，也就是说，通过我自己的努力，在梅里霍沃建造一所新小学。你说我能办成吗?"有一次我问哥哥。

"嗯……那你就试试吧！"他回答道。

于是，我马上行动起来。首先，我画了一幅学校的平面图，并且请哥哥送自治会批准。接着我开始筹措经费。1897年秋天，我把从我们庄园收下来的苹果和醋栗卖掉，赚得一笔钱，有25至30卢布，这当然是太少了。

---

① 这些物品现在存放在雅尔塔契诃夫纪念馆里。——原注

遥远的过去——我的哥哥契诃夫

后来，我到住在莫斯科的列维坦那儿去了一趟，请他送给我两张不大的画稿。他欣然同意。我把画带回梅里霍沃，用它们在邻居、朋友和熟人中间举办抽彩活动。当时，列维坦已经很有名气，因此我轻而易举地就把所有彩票推销一空。接着举行抽彩。到底谁中彩得到了那两幅画，现在我实在记不得了，再说这也无关紧要。重要的是，我借助这种"商务"活动，为建造学校筹集了一笔数目相当可观的资金。然而，这笔钱毕竟还是太少。以往的经验证明，盖一所学校没有3000或者将近3000卢布是不行的。

我花了两年时间攒钱。为筹集资金，我还跟我的女友杜尼娅·科诺维采尔（埃弗罗斯）在莫斯科举办义演和音乐会，搞募捐活动……可是经费依然不足。1899年初的冬天，建校工程开工了，我为每立方厘米沙石的价格跟卖主讨价还价，为工钱多少等等跟承包工叶戈雷舍夫费尽唇舌。如果不是安东·巴甫洛维奇专门送给我1000卢布作为建校资金的话，我简直无法结束建筑工程。夏天，他住在梅里霍沃，又是在他的帮助下，我才把工程彻底搞完。正是由于他的帮助，梅里霍沃小学才得以建成，并且于1899年秋天正式开学。这所学校一直开办到现在。

谈到安东·巴甫洛维奇一贯对学校和教师给予帮助的时候，不能不提一下他对待小学生们的态度。我不止一次说过，哥哥非常喜爱儿童，即使对农民的子女也不例外。他经常关心他们，每逢节日前夕总要给所有的孩子订购礼物。有一次，他在国外，还特意给我写信说："你打听一下塔列日小学有多少男孩和女孩，再跟万尼亚商量一下，给他们买些圣诞节的礼物吧。要给最穷的学生每人买一双毡靴；我的衣柜里还有一些去年没送完的围巾，也可以利用起来。要给女孩子们买些漂亮点儿的东西；不要买糖果。"

看到普通老百姓由于没有文化，愚昧，落后，遭受种种不幸，安东·巴甫洛维奇总是想尽办法帮助不识字的成年人学习文化。例如，有一个时期，我们梅里霍沃家里有两个不识字的女仆——安纽塔和玛莎。安东·巴甫洛维奇就劝她们学习认字。冬天里，他晚上亲自教她们，还叫我帮他教。因此，父亲在他的日记中写下这样半开玩笑的话："现在我们家开了个学校，家仆安纽塔和舒玛特卡正在读书认字。给她们讲课的是教育家玛莎和安托沙。"

另外，还有一件事，这事牵涉到"莫斯科大饭店"的服务员谢·伊·贝奇科夫。安东·巴甫洛维奇经常劝他多读书，勤学习，以丰富自己的头脑，还把自己的一些书送给他。后来贝奇科夫竟能写诗了[①]。此外，哥哥专门收集的通俗读物就有多少啊！他把书送给我们家里的工人看。每当他见到许多人聚在一块儿看书，一个人朗读，其余的人听，心里就欣喜异常。

1897年，安东·巴甫洛维奇参加了全俄人口普查工作，这也是他对社会尽的一份义务。这项工作复杂而艰巨，没有各地知识分子的积极参加，不可能准确无误地完成。

1897年1月，哥哥几乎花了一个月的时间从事人口普查。他主管一个普查区的工作。这个普查区在一个乡，包括16个村子。他领导的普查组有15个统计员。安东·巴甫洛维奇曾经写道，在他们之中"我俨然是一位连长"。他把统计员召集起来，指导他们，教他们如何进行统计，给他们系统地讲解统计知识。

在梅里霍沃，安东·巴甫洛维奇自己到各农舍去统计人口。劳累一天之后，到了晚上，他经常说头疼，因为农民家的房子都很低矮，他身材高大，进门时又不习惯低头，所以脑袋时常撞在门楣上。我们家客厅里的钢琴上堆满了统计材料，谁也不敢动，怕把这些五花八门的统计卡片弄乱。哥哥有一个亚麻布公事包，是专门发给他的，上面写着"人口普查

[①] 顺便提一下，据贝奇科夫自己说，在某种程度上他是契诃夫的短篇小说《农民》中契基尔杰耶夫的原型。——原注

遥远的过去——我的哥哥契诃夫

1897"几个字①。

安东·巴甫洛维奇在进行人口普查的同时,并没有停止文学工作,因此他感到相当疲劳。直到2月初,普查工作终于结束,他才如释重负地喘了口气。

仲夏,安东·巴甫洛维奇因参加人口普查工作获得了一枚铜质奖章。

顺便提一下,安东·巴甫洛维奇还得过一枚斯坦尼斯拉夫三级勋章,现在我不记得是什么时候,也不知是因为什么事了(大概是由于我们住在梅里霍沃时期,他从事谢尔普霍夫县建造学校的社会工作吧)。不过我清楚地记得,有一天他走进我的房间,一本正经地说:

"玛莎,我应该让你请人把我上衣的下摆和后襟剪短。"

"为什么?"

"我获得了一枚斯坦尼斯拉夫勋章……好让人瞧见我戴着勋章呀……"

我怎么也装不出安东·巴甫洛维奇那种一本正经的样子,于是止不住哈哈大笑起来……

这枚勋章放在我的钱柜里,我一直把它保存到革命胜利,后来就记不清它跑到哪儿去了。

* * *

夏天,我们家里多快活呀!到我们家里来的人不计其数!

在梅里霍沃,家里的常客依旧是我们的老朋友——音乐家玛·罗·谢玛什科和亚·伊·伊万年科。

列维坦也到梅里霍沃来住过几天。他头一次来,安东·巴甫洛维奇就跟他一块儿去打猎。有一回他们还拖回一只山鹬,不过那只山鹬并没有给他们带来快乐。因为列维坦只把它打伤,需要接着把它打死,可是这两位

---

① 这个公事包现在陈列在雅尔塔契诃夫纪念馆里。——原注

"猎手"谁都不忍心这样做……

弗拉基米尔·阿列克谢耶维奇·吉利亚罗夫斯基一来到我们家,庄园里顿时会热闹起来,什么想象不到的事情都能发生。他是文学工作者、诗人、享有"记者大王"美誉的新闻记者,一个经历奇特的人。他少年和青年时代曾在俄国各地漂泊,从事过各种各样的职业,从伏尔加河上的纤夫、装卸工、救火队员,一直到马戏演员、流浪演员以及草原上的驯马师等等,他都干过。安东·巴甫洛维奇在初登文坛时就跟他相识,当时吉利亚罗夫斯基也开始为一些幽默杂志撰稿。我们在莫斯科住的时候,他就常到我们家里来。他的第一本书《贫民窟里的人》,就是根据自己在装卸工、搬运工、城市贫民中间生活时观察到的情况写成的。沙皇的书报检查机关禁止出版这本书,1887年还把这本书列为禁书烧毁。这种事即使在那个时候也极为罕见,可是事件的发生反而使吉利亚罗夫斯基赢得了普遍的赞扬。

吉利亚罗夫斯基是个大力士,能将马蹄铁掰断,把长方铁条折弯,还能举起又大又沉的东西。他非常爱热闹,老是不停地说话,手脚一刻也闲不住。他一来,整个庄园简直变得鸡犬不宁。无论给他多少白酒,他都能喝得一干二净,而且毫无醉意,就跟没喝过酒似的。有一次,安东·巴甫洛维奇在信中谈到吉利亚罗夫斯基在梅里霍沃做客时的情况:"吉利亚罗夫斯基在我这里,我的天,他搞的什么名堂啊!他把我的驽马骑得个个疲惫不堪。他又爬树,又吓唬狗。为了显示自己的力气,他还把圆木折成两截。他的嘴一天到晚说个不停。"

尽管如此,他真诚可爱,待人和气,一直敬爱安东·巴甫洛维奇,而安东·巴甫洛维奇也很喜欢他。

雅尔塔契诃夫纪念馆的一个房间里,陈列着一把很高的软圈椅,这是安东·巴甫洛维奇搬进雅尔塔新居时,吉利亚罗夫斯基送给他的友好礼物。在雅尔塔还发生过一件事,表明吉利亚罗夫斯基对安东·巴甫洛维

遥远的过去——我的哥哥契诃夫

奇的健康关心备至，实在让人感动。事情是这样的：一次，吉利亚罗夫斯基和另外一个来访者坐在安东·巴甫洛维奇的书房里，尽管墙上挂着一块"请勿吸烟"的小牌子（那是安东·巴甫洛维奇亲手写的），那个人还是不停地吸雪茄烟，屋子里变得烟雾腾腾，患肺病的安东·巴甫洛维奇越来越感到呼吸困难。然而他素来待人客气，到这种时候，还像往常一样，没对吸烟的人说什么。但最后他忍不住咳嗽起来。愤怒的吉利亚罗夫斯基一跃而起，从墙上摘下"请勿吸烟"的小牌子，快步走出房间，坐上等着他的马车，直奔当地一家印刷所。到那儿以后，他吩咐立即用大号铅字排好"请勿吸烟"几个字，并且亲眼看着他们制出版样。然后，他又赶回安东·巴甫洛维奇的书房，故意当着那个人的面把"请勿吸烟"的新牌子钉在原来的地方。直到现在，那牌子还挂在原处。

有一次，吉利亚罗夫斯基来到梅里霍沃，送给安东·巴甫洛维奇一本自己的诗集《被遗忘的笔记本》，封面上印着他一首诗的手迹：

岁月流逝，光阴似箭……
你偶然把面前的笔记本翻看，
那遥远青春时代的幻想，
那昔日的美好时光，
就会像翻腾的浪花，
重新涌上你的心房！

那是1894年1月的事，迄今已经过去60多年，然而我还时常怀着亲切的铭感回忆起"翻腾的浪花"——可爱的吉利亚舅舅，因为他对安东·巴甫洛维奇曾经怀有真挚友好的感情。

* * *

1892年夏天，巴·玛·斯沃博金到梅里霍沃来做客。他这次到我们家来模样跟以前大不一样。他患心绞痛病，再不是以前那个快活的波尔·马蒂亚斯了。

他走后，安东·巴甫洛维奇这样描写他："他瘦了，头发白了，面颊塌陷下去，睡觉的时候像个死人。他性情非常温和，说话声调沉静，对戏剧有一种近乎病态的厌恶感。从他身上我得出一个结论：快要死的人是不会喜欢戏剧的。"三个月之后，也就是1892年10月初，巴·玛·斯沃博金果真在亚历山大剧院的舞台上猝然去世，那天他在奥斯特罗夫斯基的《诙谐的人》一剧中扮演奥勃罗舍诺夫的角色。一位真诚爱戴安东·巴甫洛维奇的忠实朋友离开了人间。"他使我失去一位朋友，而我家失去一位最沉静、最愉快的客人，"安东·巴甫洛维奇给武·米·拉弗罗夫写信说。

斯沃博金生前最后一年，积极促成安东·巴甫洛维奇与《俄罗斯思想》杂志编辑部的和解。这件事的前后经过是这样的。

早在安东·巴甫洛维奇动身到萨哈林岛去之前，《俄罗斯思想》杂志1890年第3期的传记栏刊登了一篇未署名的短评，文中有这样的话："就在昨天，甚至像亚辛斯基和契诃夫先生这种专门写毫无原则的作品的人，他们的名字……"云云。安东·巴甫洛维奇看到这种诽谤言辞，极为愤怒，于是给杂志的出版者和编辑武·米·拉弗罗夫写了一封信，信中说道：

对批评，人们通常是不答复的，不过就现在情况来看，这里谈的也许不是批评，而纯粹是诽谤。或许就是对诽谤，我也不应该答复，可是，过不几天我要离开俄罗斯很长时间，可能从此回不来了，因此我忍不住要答复一下。

我从来不是一个毫无原则的作家，或者一个无赖，这两种人实质上没有区别。

的确，我的全部文学活动是由一系列接连不断的错误，有时是不可宽恕的错误组成，可是这要用我的才能的大小来解释，完全不能用我是好人

遥远的过去——我的哥哥契诃夫

彼·伊·柴可夫斯基
1889年

——梅里霍沃

或坏人来解释……

您的指责是诽谤。我没法请求您把这种诽谤收回去，因为诽谤已经变成白纸黑字，就是用斧子也砍不掉了；我也没法用粗心、轻率之类的理由来为这种诽谤开脱，因为据我所知，在您的编辑部里做事的都是些很正派、受过良好教育的人，他们写文章，看文章。而且我相信，他们写文章或者看文章的时候，不是任意胡为的，知道对自己的每个字都要负责任。我所能做的，只能是对您指出您的错误，请求您相信我的心情确实十分沉重，正是这种心情促使我给您写这封信。那么，在您这种指责之后，我们之间不但不会有业务上的关系，就连通常的点头之交也不会再有了，这是不言而喻的。

安东·巴甫洛维奇写了这封信以后，有两年之久，与《俄罗斯思想》编辑部和它的出版者兼编辑武·米·拉弗罗夫之间的一切关系都中断了。

斯沃博金曾多次劝安东·巴甫洛维奇跟拉弗罗夫和解，劝他在《俄罗斯思想》上发表作品。斯沃博金与拉弗罗夫的关系也很好，同时敦促他为杂志两年前的错误向契诃夫赔礼道歉。因此，1892年仲夏，拉弗罗夫给哥哥寄来下面的一封信：

尊敬的安东·巴甫洛维奇！我们共同的朋友巴·玛·斯沃博金跟我说，您有意把自己的一篇小说交给《俄罗斯思想》。当然，您的作品在《俄罗斯思想》杂志上会受到最热烈的欢迎，此外，它一下子就会彻底结束我们之间两年前发生的令人痛心的误会。当时我曾打算不失时机地给您写封回信，想让您相信，我，以及我们所有的人，丝毫无意对您作为一位作家和一个人表示恶意，我任编辑的杂志素来怀着最强烈的赞佩之情注视着您的文学活动，如果它指出您的文学活动中有什么缺点的话，那么也只是出于自己片面的理解。可是，很遗憾，我没有来得及处理这件事，因为您已经出国了。现在，利用出现在我面前的这个机会，作为您才能的热烈崇拜者，我急于要说，而且可以聊以自慰的是，这些话之所以一直拖到现

遥远的过去——我的哥哥契诃夫

在才说出来,完全是因为一些不以我个人意志为转移的情况造成的,我对您是崇敬的,请您相信我的真诚。"

安东·巴甫洛维奇的气终于消了,在写给丽卡·米津诺娃的信中说道:"我有一则轰动一时的新闻:《俄罗斯思想》通过拉弗罗夫给我寄来一封充满热情与信任的信。我很感动,如果我没有不回信的恶习,那我就会回信说,我认为,我们之间两年前发生的误会已经一笔勾销了。亲爱的小孩子,无论如何,我一定要把您在的时候就开始写的那个充满自由主义思想的中篇小说寄到《俄罗斯思想》去。那是一个什么样的故事啊!"信中提到的中篇小说是指《匿名氏故事》,它发表在《俄罗斯思想》杂志1893年第2期上。

就这样,由于巴·玛·斯沃博金的斡旋,安东·巴甫洛维奇跟《俄罗斯思想》编辑部恢复了关系,以后这种关系转变为最亲密友好的业务联系,一直持续到安东·巴甫洛维奇生命结束。

* * *

冬天,特别是圣诞节期间,也有很多人到我们梅里霍沃的家里来做客。那些日子真是快活极了。我们家经常举办化装晚会,不管哪个邻居,只要化装,都可以来参加。我们自己有时也化了装,出去玩。

有一年过圣诞节,我们已经化好了装,准备到瓦西基诺村的邻居弗·尼·谢缅科维奇家去,然后再到另外一家去。我们穿的服装稀奇古怪。当时弟弟米哈伊尔已经结婚。他的妻子奥尔迦·戈尔曼诺芙娜年轻漂亮,像是一个出色的演员。她装扮成流浪汉,把头发弄得乱蓬蓬的,还歪戴一顶便帽,真像个地地道道的无赖。她时不时地从嘴里吐唾沫,声音嘶哑而无力地模仿乞求"施舍"的人说话。安东·巴甫洛维奇见此情景,坐到桌边,很快替她写好一封乞讨信:

大人:我一生多灾多难,不仅受到无数仇人的坑害,而且为了寻求真理丢了饭碗,另外,我老婆害了腹语病,孩子们身上又长满斑疹,我恳求您慷慨解囊,可怜可怜我这个好人吧!

瓦西里·斯皮利多诺夫·斯洛沃乔夫

奥尔迦·戈尔曼诺芙娜得把这封信交给弗·尼·谢缅科维奇以及其他我们准备拜访的熟人。

可以想象得出,我们领着一个手拿乞讨信的"无赖汉"到邻居家去,那是一幅多么妙不可言的情景啊。

这里顺便说一下,弗·尼·谢缅科维奇是我国著名诗人阿·阿·费特的外甥。根据谢缅科维奇的叙述,安东·巴甫洛维奇在日记中曾经写过:"著名抒情诗人阿·阿·费特坐轿式马车从莫赫街经过时,总要打开车窗,冲大学那边吐痰。他咳一声,吐一口:呸!连他的车夫都清楚他有这个习惯,每次从大学旁边经过,他准要停住马车。"

谢缅科维奇夫妇经常到我们家来,我们也时常到他们家里去。谢缅科维奇的妻子叶甫盖尼雅·米哈伊洛芙娜弹得一手好钢琴,安东·巴甫洛维奇十分喜爱严肃音乐,有时竟专程坐马车到他们家去,听她弹奏贝多芬的奏鸣曲。

谢·伊·沙霍夫斯科依公爵(瓦西基诺庄园的前主人,后来把庄园卖给了谢缅科维奇)也是我们家的常客,他年轻,讨人喜欢,个子高高的,体格很健壮,说起话来滔滔不绝,声音响亮,特别爱热闹。谢·伊·沙霍夫斯科依是十二月党人菲·彼·沙霍夫斯科依的孙子,他对我们说过,他保存有十二月党人的很多信件,那些信件是分遗产时落到他手里的。谢·伊·沙霍夫斯科依是自治会长官,所以安东·巴甫洛维奇在主持防霍乱医疗区的工作和建造学校期间,跟他有过公事来往。

我们跟谢·伊·沙霍夫斯科依家的关系一直很好。

我们家附近的库尔尼科沃村住着一个庄园主,名叫尼·彼·格拉德科夫,有时候也到我们家来做客。

"这儿的知识分子很可爱,也很有趣。他们主要的特点是正直。只

遥远的过去——我的哥哥契诃夫

有警察不讨人喜欢,"安东·巴甫洛维奇在一封从梅里霍沃寄出的信中写道。

离我们家最近的邻居伊·阿·瓦连尼科夫也不大讨人喜欢。因为他脾气古怪,难以相处,有时显出地主所特有的那种自高自大的态度。

有时候,到梅里霍沃来的人太多了,夏天如此,冬天也有这种情况,弄得我们连安置客人睡觉都成了问题。我们不仅要把客厅和普希金室利用起来,外室和过道里都得放上床,实在没办法的时候,院子里浴室的更衣间也要派上用场。常到我们家来的都是些亲近的朋友和"招人喜欢的"客人(这是与我以后要谈到的"令人讨厌的"客人相区别),也就是说,他们来了,住上两三天,就走了,过一段时间又来做客。"招人喜欢的"客人有许许多多,比如丽·斯·米津诺娃、伊·尼·波塔片科、塔·利·谢普金娜-库佩尔尼克、亚·伊·伊万年科、玛·罗·谢玛什科、弗·阿·吉利亚罗夫斯基、表弟阿·阿·多尔仁科、奥·彼·孔达索娃、达·米·穆欣娜-普希金娜、维·亚·戈尔采夫,等等。哥哥伊万·巴甫洛维奇跟妻子索菲雅·弗拉基米罗芙娜经常来。顺便说一句,他们的婚礼是1893年7月在梅里霍沃我们家举行的。有时还有一些更远地方的客人,例如彼得堡的大哥亚历山大·巴甫洛维奇、我的女友——苏梅城的娜·米·林特瓦列娃、波尔塔瓦省的亚·伊·斯玛金,以及塔甘罗格的堂弟格·米·契诃夫,等等。

于是,常有这样的日子,同时来的客人竟达十几个。我们不但要让他们吃饱,喝足,还得给他们分别找地方睡觉。就在这种时候,还会来一些"令人讨厌的"不速之客。他们都是我们不大熟悉(有时则根本不认识)的人。这些人是"顺路"来瞧瞧作家契诃夫,或者来拜访当地知名人士契诃夫的。有些人竟然只是由于无事可做,来认识和了解一下契诃夫家,聊聊天,歇歇脚,看看我们是否好客。每逢碰到这种人,安东·巴甫洛维奇就感到纯粹是活受罪,不过他待人客气,从不表露出来。有时候,某些客

——梅里霍沃

人一直到离开，我们都不知道他们是来干什么的。我父亲的日记里有这样的记载：4月18日，"九点三刻。感谢至高无上的神，两位胖太太终于走了"；4月24日，"科诺维采尔来了，吃过午饭走了。晚上尼·伊·科罗博夫来了。爱大喊大叫的谢缅科维奇来过"；4月25日，"谢天谢地，格卢霍夫斯基走了"。

"两位胖太太终于走了……"一直到现在，我也不知道那两位胖太太是谁，从哪儿来，为什么到我们家来……而且这种客人常常络绎不绝，一些人刚走，又有一些人接踵而至。

1894年4月里，有一天我在莫斯科收到哥哥从梅里霍沃寄来的信，信中说："上帝呀，我多么想写作啊！可是已经整整三个星期，我一点空闲也没有。"正是由于这个原因，安东·巴甫洛维奇后来才打定主意在庄园的花园里盖一所厢房，以便避开各种客人，单独在里边安安静静地工作。另外，这所厢房还可以用来安排客人过夜。所以我非常赞成哥哥这个想法。

于是，安东·巴甫洛维奇马上张罗在离正房不远的花园里盖一间不大的厢房。1894年仲夏，小房盖好了。房子外观漂亮，里面舒适，可是很小，只有两个房间：一间大一点儿，做哥哥的小书房，另一间非常小，是寝室，放有一张床、一个小桌和一把椅子。这两个房间的前面，有一间小小的前室。厢房大门里面有个不生火炉的穿堂，穿堂顶上是露台，露台上有一个通顶间的入口，顶间里边特别高，因为厢房的房顶又尖又高。

厢房盖好以后，哥哥可以安安静静地工作了，即使有客人来访也没有关系，因为大家都知道，假如安东·巴甫洛维奇在厢房，那么就不该去打扰他。1895年夏天，哥哥在这所厢房里写出了著名的剧本《海鸥》。1894年至1898年他在这里还写出了许多其他作品。每年寒冬季节，厢房的两个房间都生起火炉，暖烘烘的。因此厢房盖好以后，无论夏天，还是冬天，我们都常把客人安排在那里过夜。冬天，一下大雪或者刮暴风雪，正

遥远的过去——我的哥哥契诃夫

房跟厢房之间的小路上就覆盖着厚厚的积雪,我们只好挖出一条通道。人们顺着小道到厢房去,就像在壕沟里走似的。这条壕沟通常由我父亲"主管",负责清理照看。

梅里霍沃的那所厢房一直保存到今天,现在成为一个规模不大的契诃夫纪念馆了。

* * *

记得那还是我们住在莫斯科库德林花园街科尔涅耶夫的房子里的时候,有一天,春光明媚,我正在清除房子旁边小路上的积雪,好让冰雪在春天的阳光下快些融化。忽然,一辆铺有车毯的漂亮雪橇停在我们大门口。一位身材不高、文质彬彬的男人从雪橇上走下来。他蓄着连鬓胡子,头戴大礼帽,身穿皮领大衣。

他走到我身旁,指着我们家的大门问道:

"这是契诃夫家吗?"

"是呀,"我回答道,当时我窘极了,因为我的穿着很不适合接待客人。

这人就是弗·伊·涅米罗维奇-丹钦科。以后将近半个世纪,我跟他的关系都非常友好。涅米罗维奇-丹钦科跟安东·巴甫洛维奇还是以前在文学小组时认识的。

我跟涅米罗维奇-丹钦科相识后,立刻感到这个人有巨大的魅力。他有教养,聪明,仪表堂堂。当时他已经是有声望的作家和剧作家,酷爱戏剧和舞台艺术。共同的兴趣把他和安东·巴甫洛维奇联系在一起。他们相互敬仰,心心相印。后来他们成为挚友,用"你"相称。另外,他们的年龄也相差不多(涅米罗维奇比契诃夫大两岁)。

涅米罗维奇-丹钦科也到我们梅里霍沃的家里来过。他是跟妻子叶卡捷琳娜·尼古拉耶芙娜一块儿来的。我记得我们把他们安置在安东·巴甫洛维奇的书房里过夜。涅米罗维奇在言谈中,总是强调他仰慕安东·巴甫洛维奇的才能，并劝他为剧院写一个真正的剧本（那时哥哥为剧院写的剧本大多是轻松喜剧和独幕滑稽短剧）。他们俩的共同朋友亚·伊·苏姆巴托夫-尤仁也跟安东·巴甫洛维奇提过多次写剧本的事。安东·巴甫洛维奇听从了这些劝告，不久便在梅里霍沃写出《海鸥》，我在后面还要谈到这个剧。

* * *

安东·巴甫洛维奇平生最爱在大自然的怀抱里度过闲暇时间，喜欢干两件事：一个是钓鱼，一个是在树林里采蘑菇。这也许不是偶然的。他总爱在这种时候紧张地思考问题，考虑作品的题材、情节，塑造形象。每逢他构思时，总要做点什么事情：有时把花园里干枯的树叶、枝条、草茎捡起来，整整齐齐地放在一个地方，有时把邮票一叠一叠捆起来。后来搬到雅尔塔，哥哥既不能钓鱼，也不能采蘑菇，就长时间地在桌上摆纸牌阵。然而这种时候，他的脑子并没休息，集中精神创作。我很清楚，在这种场合最好不去问他任何问题，不要打扰他构思新的作品。

安东·巴甫洛维奇每打算写一篇严肃的新作品，就要处于一种特别的状态，我看得出来。他走路的姿态变了，连说话的声音也异于平常，显得有点心不在焉，常常所答非所问。一般来说，这时他显得有些反常。这种状态一直要持续到他动笔写作为止。不用说，那时他作品的情节和形象已经完全构思成熟，紧张的创作状态结束了。

我接着谈梅里霍沃。仲夏时节，安东·巴甫洛维奇每天到树林里去采蘑菇。我们全家人都采蘑菇。通常是这样的：早晨我母亲最先去，从我们的"四角地"（这是我们庄园一角的名称，那里一半是白桦树林，另一半是云杉树林）采回一些个大的白蘑菇。她只认得这种蘑菇。

稍迟一些，安东·巴甫洛维奇就出发了。他每次去一定要带着希娜和勃罗姆。哥哥散步，这两条狗跟着他到处跑，还特别喜欢"帮助"他干活儿：哥哥刚一找到蘑菇，揪住，希娜和勃罗姆就跑过去，把嘴巴伸到蘑菇

遥远的过去——我的哥哥契诃夫

底下，用爪子扒土。采蘑菇时，哥哥总带一个粗布枕套，用它装蘑菇。这个枕套是一个崇拜他的女人送的，上面绣着这样的字："睡吧，安静地睡吧，请不要把我们忘记。"安东·巴甫洛维奇用这个枕套从树林里采回中等大小的蘑菇，因为他视力不好，看不见小蘑菇。

等他们都回来了，最后我才出发，我采回来的是最小的（也是味道最鲜美的！）红蘑菇和白蘑菇，无论母亲还是安东·巴甫洛维奇，谁都找不到这样的蘑菇。

有时安东·巴甫洛维奇也跟某一位讨人喜欢的、爱聊天的客人结伴去。有一次，他邀法国波尔多城的大学教授尤利·列格拉（Jules Legras）一块儿去采蘑菇。法语里没有"红蘑菇"这个词，于是他就把它们叫做"les petites rouges"——"小红的"。那年夏天，列格拉住在附近尼·彼·格拉德科夫庄园的别墅里，到我们家来过一次以后，跟我们认识了，就经常登门拜访，一点也不拘束。安东·巴甫洛维奇用俄语称他为尤利·安东诺维奇。后来他成为法国最先把安东·巴甫洛维奇的作品译成法文的翻译家。

列格拉后来在法国出版一本书，描述了他跟契诃夫会见的情景，下面是书中的一些片段：

我眼前站着一位身材高大、面庞清秀的人，三十岁上下，头发很长，总爱漫不经心地把头发从宽大的额头上随便往后一撩。他目光敏锐，显得既直率又俏皮。他举止无拘无束，却稍稍有些冷淡，他当然知道自己是在跟谁打交道，而且觉察到我在端详他。我们最初见面时有些尴尬，然而很快就自然了，于是我们闲谈起来，谈到法国人对俄国的了解全是黑白颠倒的……

……过了几天，我又想去拜访安东·巴甫洛维奇。我得承认，他确实有一种诱人的力量。这一次，他待我亲热多了，一言一行都洋溢着友好的幽默感。拜访他前几天，我独自一人到各处走了走，因而迫切感到要跟别

——梅里霍沃

人交往一下,好摆脱那些世俗的日常琐事,休息休息,正在这时候我找到了他。这里的环境朴素无华,然而美就美在让人感到无拘无束,甚至在最平淡无奇的俄罗斯生活中都能显露出这种情调……

……契诃夫是从医学转到文学上来的。他是医生,但是他只有夏天在农村时才运用自己的医学知识给农民治病。我历来喜欢跟有学识的医生交往,要是在医生里遇到文学家,尤其是优秀文学家,他们很快就会博得我的好感。医学要求实事求是,做事一丝不苟,这对一个人的聪明才智具有深刻的影响。多少年来,他一直研究生活向他提出的问题和任务。一个研究医学的作家比一个职业文学家表现出的思考能力要深刻得多,有力得多,因为研究医学的作家在生活中碰到的问题要多得多。他经常接触实际,因而作品也就更加热情洋溢,更加丰富多彩。那些能够看到生活的潮流和浪花的人,在给问题下结论的时候,总显得温和而宽容。安东·巴甫洛维奇就是这样的人……

* * *

我们家也来些很好玩儿的客人。在安东·巴甫洛维奇给我的信中可以看到这样的话:"……大学生一直不停地转来转去……"这里所说的大学生,是指我一个女友叶弗多基雅的兄弟埃弗罗斯。叶弗多基雅后来嫁给了律师叶·齐·科诺维采尔。埃弗罗斯当时住在我们的邻居谢·伊·沙霍夫斯科依的别墅里,他来我们家里是为了追求我们的女仆安纽塔。安纽塔是个既漂亮又能干的梅里霍沃农村姑娘。我有时从莫斯科带回件款式新颖的漂亮衣服,只要过那么四五天,就会发现安纽塔也穿上样式相同的衣服了。"大学生"表面上似乎来拜访我们。他坐一会儿,聊聊天,为了礼貌起见,喝完一杯茶,就到花园里去了。在那儿他一直要等安纽塔空闲下来,然后整个晚上都跟她散步,再也不在我们家里露面。第二天他又来了,闲谈一阵,喝过茶,就又跟安纽塔去散步了……他们恋爱的结局如

遥远的过去——我的哥哥契诃夫

何,我就不得而知了。

我们家还有一个女仆,叫玛莎·齐普拉科娃。这个姑娘也很活泼,经常说:

"我太漂亮了,不论哪个男人都配不上我!"

齐普拉科娃在我们家住的时间很长,婚后也没有搬走,后来她几乎每年都生一个小孩。

梅里霍沃有许多活泼可爱的姑娘,我跟她们的关系都不错。不知什么缘故,她们总爱在靠近我们家围墙的地方跳环舞。我记得,有一天傍晚,我跟安东·巴甫洛维奇,还有一位客人,坐在厢房的露台上。西下的太阳火红明亮,照耀着树林。近处姑娘们一边跳环舞,一边唱歌,远处村里也不断传来小伙子们的愉快歌声。不知怎么的,眼前的一切——乡村,树林,黄昏,落日,歌声——让我想起了柴可夫斯基的音乐。我情不自禁地说:

"喂,安托沙,这简直像在欣赏柴可夫斯基的歌剧!……你没发现吗?"

安东·巴甫洛维奇看看我,什么也没有回答。也许他完完全全沉浸在这富有诗情画意的黄昏里了。直到现在,我还记得梅里霍沃村的姑娘们在我们家附近跳环舞时唱的那些歌的旋律和歌词。例如,她们唱完热闹的歌曲和流行歌谣,倾吐了心中的痛苦,跳够了舞,就唱抒情歌曲。她们三五成群地互相搂抱着坐在一起,情真意切地低声唱道:

> 我爱那美丽的鲜花,
> 我爱走遍田野去采它,
> 我爱那蓝色的眼睛,
> 我爱夜晚吻你的面颊……

——梅里霍沃

我一听见这首歌,就知道环舞结束了。姑娘们各自回家去。村子里寂静下来。只偶尔从远处传来隐隐约约的歌声,打破夜晚的宁静:

我爱那蓝色的眼睛……

遥远的过去——我的哥哥契诃夫

十一 我的朋友丽卡

有一天,我正在教室里讲课(那时我在尔热夫斯卡雅女子中学任教已经不止一年),听到隔壁教室里有一位新来的女教师在说话:

"小姐们,嘘!……小姐们,嘘!……"

"小姐们,嘘!"是表示让学生安静的一句话,当时,只有从高等女子学院毕业的人才这样说。由于进出隔壁教室的人都要从我的教室门前经过,我下课后就耽搁了一下,以便看看新来的女教员。我瞧见,走过去的是一位非常年轻的姑娘。她就是我们学校低年级的新教员丽季雅·斯塔希耶芙娜·米津诺娃,后来我们家的人管她叫丽卡。

我跟她很快就认识了,并且交上了朋友。上完课从学校回家,我总跟丽卡一块儿走,因为我们同路。

丽卡长得非常漂亮。她五官端端正正,灰眼睛妩媚动人,烟色头发松软光洁,两道眉毛乌黑乌黑的,看上去十分迷人。她的美貌太引人注目了,谁遇见她都会看得出神。我的一些女友不止一次拉住我问:

"契诃娃,跟您在一起的那个美人儿是谁呀?"

我带丽卡到我们家,介绍她跟哥哥弟弟们认识。她有一次有事到我

——我的朋友丽卡

家,就发生了一件有趣的事。我们当时住在库德林花园街科尔涅耶夫的房子里。我跟丽卡一块儿走进门,让她留在外室里等着,我先上楼到我的房间去了。这时候,弟弟米哈伊尔正好顺楼梯往下走,到楼下安东·巴甫洛维奇的书房去,看见了丽卡。丽卡素来很腼腆。她紧靠着衣架,用自己皮大衣的领子半遮着脸。可是米哈伊尔·巴甫洛维奇已经看清楚了她。他走进书房见到哥哥,说道:

"喂,安东,有一个特别漂亮的姑娘找玛丽雅来了!她正站在外室里呢!"

"嗯……是吗?"安东·巴甫洛维奇答道,随后站起身来,穿过外室走上楼去。

米哈伊尔·巴甫洛维奇也跟着他上了楼。安东·巴甫洛维奇在楼上待了一会儿,就又走下楼。米哈伊尔·巴甫洛维奇很快也下去了,然后再次上楼。这哥俩上楼下楼地走了好几趟,竭力要看清丽卡的容貌。事后丽卡对我说,那一次给她留下一种印象:仿佛我们家里有许许多多的男人,而且一直不停地上楼下楼!

丽卡跟我们家人认识后,成了我们的常客和朋友,大家都特别喜欢她,连我的父母也不例外。在我们亲密的朋友当中,丽卡快活而迷人。我的兄弟们以及所有常到我们家来的人,不管年龄大小,地位高低,个个都想讨她的喜欢。每当我介绍丽卡跟某个人认识,我总这样说:

"这是我和我兄弟们的朋友……"

安东·巴甫洛维奇确实跟丽卡很要好,而且照自己的习惯,给她取了各种各样逗笑的名字:扎麦、麦丽塔、坎塔卢波奇卡、米久季娜,等等。他跟丽卡在一起时总觉得高兴愉快。她呢,也总是用玩笑回答哥哥的玩笑,虽然有时候他惹得她气恼。

1891年夏天,我们住在阿列克辛城附近的别墅,丽卡也到我们这里小住了几日。安东·巴甫洛维奇一向喜欢结伴到附近的树林和草地散步。那

遥远的过去——我的哥哥契诃夫

里到处长着很好的酸模①，我们经常一起去采些回来。安东·巴甫洛维奇给丽卡想出一个特殊的任务：让她提着篮子走来走去，收集我们采下的一束束酸模。不管哪个人，只要采够一束，就喊一声："记账！"招呼丽卡到自己身边来。

"记账"这个词我们是从哪儿借用来的呢？莫斯科有一家著名的缪尔-麦里利兹商店，那时采用的售货方法是：顾客在商店里逛来逛去，挑选货物，买下东西后，钱数给记在一个特别的账本上，主事的店员管记账，他总在商店里来回走动。顾客在这个柜台买了东西，就记下账，然后到别的柜台买了东西，又记账，直到最后不再买什么了，才到收款处付款。顾客为了让主事的店员过来记账，就喊一声："记账！"因此，"记账！"的喊声在商店里此起彼落，主事的店员得一会儿匆匆跑到这头，一会儿又急忙赶到那头。我们跟丽卡一块儿在阿列克辛采酸模，就用"记账"这个词开玩笑。

我采够一束酸模，喊一声："记账！"丽卡便提着小篮子跑过来。一会儿，安东·巴甫洛维奇在另一个地方喊："记账！"丽卡又跑到那边去。再过一会儿，米哈伊尔也喊起"记账"来，可怜的丽卡又得奔到他那儿去。就这样，丽卡不停地东跑西颠，累得要命。最后，她一生气，干脆把小篮子扔了……

安东·巴甫洛维奇给丽卡写过许多信，信里尽是俏皮话和玩笑。他虚构了一个对丽卡十分爱慕的人物特罗菲姆，还用法语称呼这个名字——"Trophim"，经常用这个人来开丽卡的玩笑。例如，他在一封信中写道："您戒烟吧，而且不要在街上聊天。假如您死了，特罗菲姆（Trophim）就会开枪自杀，而普雷希科夫准得害急惊风病……"

---

① 一种多年生草本植物，叶、茎味酸，嫩茎叶可食用。——译者注

又如，他还给她写过这样的信："特罗菲姆！要是你这个狗崽子再追求丽卡，那我就收拾你……"哥哥也给我写过这类的信："问候丽季雅·叶戈罗芙娜·米久科娃。请告诉她，让她不要吃面食，设法摆脱列维坦。无论在杜马①，还是在上流社会，她都找不到像我这样爱慕她的好人。"

丽卡呢，对他也不示弱，有时给他回信摆出一种架势，就仿佛她接受了一个酒厂老板、72岁老头儿的求婚似的。

我们住在梅里霍沃的时候，丽卡常到我们家来。我们跟她的关系好极了，如果她很久不露面，连我的父母都会感到寂寞。

我在莫斯科的中学教书，每逢周末回梅里霍沃。丽卡经常跟我一块儿回来。我离开家去莫斯科时，家里总要让我买些农具回来，比如耙子啦，大镰刀啦，铁锹啦，等等。因此，谁跟我搭伴乘车，就得受累帮着运这些东西。从洛巴辛车站到梅里霍沃的路糟透了，这些东西放在四轮马车里，总叫人觉得碍手碍脚。

"该死的玛莎又带这些可恶的东西！"丽卡经常嘟哝。

夏天，丽卡在我们梅里霍沃的家里总要住很长时间。我们常举办音乐晚会，有她参加，音乐晚会显得精彩极了。丽卡唱得不坏，有个时期她甚至打算当歌剧演员呢！

丽卡和安东·巴甫洛维奇两人之间终于出现一种相当复杂的关系。他们很要好，似乎互相爱慕。说真的，那个时候，以及过了很长时间以后，我一直认为哥哥这方面的感情比丽卡那方面还要强烈。丽卡跟我谈起她对安东·巴甫洛维奇的感情时总是遮遮掩掩，就不像她在以后的书信中，跟我谈到她对伊·尼·波塔片科的感情时那样坦率。后来，直到她给安东·巴甫洛维奇的信件公开以后，他们之间的关系才真相大白。

---

①当时丽卡已经在莫斯科市杜马里供职。——原注

遥远的过去——我的哥哥契诃夫

丽卡在给哥哥的一封信中写道:"我跟您的关系是奇怪的。我一心想见到您,并且总是主动地做我能做的一切。您呢,渴望安宁,希望心情舒畅,愿意不断有人到您那里去,坐在您的身旁,而您自己却不肯对任何人哪怕向前迈出一步。我相信,假如我整整一年不去找您,那您也一定不会想起要跟我见一面……等到我最后对这一切,对您,能够完全抱着冷淡态度的时候,我就会无限幸福了。"这封信已经说明,丽卡对安东·巴甫洛维奇怀有严肃的感情了,同时也说明他了解这种感情。

丽卡的其他一些信件述说了她强烈的爱情,以及安东·巴甫洛维奇的冷淡给她带来的痛苦:"您清楚地知道我对您的态度如何,因此我就是写到这一点也丝毫不觉得脸红。我也知道您的态度,若不是倨傲自大,就是不屑理睬。我最强烈的愿望,就是摆脱我目前的可怕处境,可是我竟如此不可自拔。我恳求您帮助我,请您不要叫我再到您那里去,请您不要再跟我见面。这对您来说无关紧要,而对我,这也许会促使我忘记您。"

安东·巴甫洛维奇把这一切都看做玩笑,而丽卡呢……还像以前一样,常到我们家里来。我不知道哥哥心里是怎么想的,可是我觉得,他竭力克制对丽卡的感情。另外,丽卡身上有一些与哥哥格格不入的特点,她意志薄弱,喜欢浪漫的生活。因此,有一次他开玩笑地写给她一些话,后来证明也许是认真说的:"丽卡,在您身上,有一只大鳄鱼,实际上我做得很对,因为我服从的是健全的理智,而不是被您咬伤的激情。"

* * *

作家伊格纳季·尼古拉耶维奇·波塔片科那几年常到梅里霍沃我们家里来做客。他1889年早在敖德萨时就跟安东·巴甫洛维奇相识了,当时哥哥途经敖德萨到克里米亚去。说来挺有趣,当时他认为波塔片科很无聊,甚至称他为"无聊之神"。以后他们有好几年没联系,一直到1893年初才又见面。那年夏天,波塔片科第一次到梅里霍沃我们家里来,不过给安东·巴甫洛维奇留下的印象却与在敖德萨时完全不一样了。从此后,他们在莫斯科频繁交往，两人的关系也越来越密切。"敖德萨的波塔片科像只乌鸦，而莫斯科的波塔片科却像只老鹰。这之间的差别太大了。我越来越喜欢他了，"安东·巴甫洛维奇在一封信中谈到他时这样写道。没过多久，他们就很亲热了，改用"你"相称。波塔片科管哥哥叫"安东尼奥"，而哥哥则称他为"伊格纳齐乌斯"。

波塔片科长得漂亮，健谈而又快活。他跟大家在一起，善于自得其乐，也善于使别人愉快。他毕业于音乐学院歌唱班，会拉小提琴，很有音乐才能。他每次到梅里霍沃来，都让大家感到高兴。

波塔片科和丽卡经常同时到梅里霍沃来做客。他们一来，我们家里就洋溢着特别快活的气氛，到处是音乐、歌声、舞蹈和安东·巴甫洛维奇那无穷无尽的笑话……丽卡也唱歌。我们家客厅里总能听到柴可夫斯基、格林卡的抒情歌曲和俄罗斯民歌。他们经常弹奏的是勃拉加的小夜曲《瓦拉几亚人的传说》，当时大家都很爱听这支曲子。丽卡边弹钢琴边唱，波塔片科用小提琴伴奏。夏日的夜晚，坐在面向花园的露台上，听着从客厅里传来的乐曲声，思绪就不由自主地飞向那遥远的地方。后来，哥哥把这种富有诗意的音乐气氛在他著名的短篇小说《黑修士》中再现出来了。

我和丽卡都跟波塔片科很要好。他管我们俩叫"妹妹"，我们用"你"称呼他。他对我们一片真诚，我们很受感动。有一次他去彼得堡办事，从那儿给我写来一封信说道："亲爱的玛莎妹妹！你还记得可怜的哥哥吗？命运把我如此突然地从自己的妹妹们身边夺走了！看在上帝的面上，请你不要忘记我，请你不要改变对我的感情，对我还跟我离开莫斯科以前一样吧。你相信吗，我的新亲戚关系，也就是认玛莎和丽达作妹妹，是我一生中最愉快的事？彼得堡是北方城市，我在这里感到寒冷，从内心感到寒冷。这儿不是可爱的莫斯科，没有温暖的心（请你不要理解为双关语）……玛莎，请你鼓动一下，开个化装晚会吧。我想开开玩笑，让大家都高兴高兴。你知道，有时候我是善于这样做的……"

遥远的过去——我的哥哥契诃夫

于是,正像生活中所常见的那样,"妹妹之中的一个"——丽卡迷恋起波塔片科来。她很可能是想忘却和摆脱自己对安东·巴甫洛维奇的、得不到回答的痛苦感情。可是波塔片科已有家庭,有妻子和两个女儿……

丽卡和波塔片科在莫斯科也开始来往。最后他们的相互迷恋逐渐发展成爱情。

丽卡一生中最悲惨的阶段——与波塔片科的爱情纠葛开始了。那是1893至1894年的冬天,在我们梅里霍沃家里和莫斯科发生的。1894年3月初,丽卡和伊格纳沙(我们这样称呼波塔片科)决定到巴黎去。他先启程,过了几天,我怀着极为忧郁的心情送别了丽卡。

丽卡从巴黎写给我的第一封信(1894年3月19日)就流露出忧伤的情绪:

我亲爱的玛莎。这已经是我来到巴黎的第四天了,也是我拼命哭喊的第四天!……这几天我一直在寻找住所,每天从早到晚四处奔波,回到家里嚎啕大哭。昨天我给伊格纳沙寄去一封Poste Restante[①],这是我们约定好的。今天他到我这儿来了,可是才待了半个小时,十点半来,十一点就走了。他显得很绝望,看来他没有独自一人走出家门的自由。他甚至把我和你写给他的所有信件以及我的肖像也带来让我保存,这对我来说,简直是愁上加愁。再过五天他们一家人都到意大利去,要去三个月,他说这几天正赶上他的夫人病倒了,他认为她得了肺病,可是我想,她准是又在装病!

总之,这次见面没有给我带来一丝一毫的快乐,却给我留下了沉重,因此我的心情坏极了……只有忧愁,忧愁,无穷无尽的忧愁。我从来没有感觉到自己竟是这样孤独!真不知道我到底什么时候才能适应,什么时候

[①]法语,意为"留局待取信件"。——译者注

才能开始专业学习……①

请你把安东·巴甫洛维奇的地址写给我②,我从柏林往雅尔塔给他写了一封信,可是想必他已经住在别处,所以请你快点写信告诉我。我离开俄国的时候,心里觉得,只有离别才能让我感到痛苦,现在竟真突然思念起俄国来。昨天,我在街上突然听到有人说俄国话,心里真觉得高兴啊!

丽卡身在异乡,而且跟她所爱的人在一起,然而即使在那种时候,她也没有忘记安东·巴甫洛维奇,还给他往雅尔塔写信,说他"两次拒绝了"她。于是安东·巴甫洛维奇又半开玩笑地给她回信说:"虽然您在信中吓唬人,说您很快就会死,虽然您挑逗说您被我拒绝……可我知道得很清楚,您不会死,再说,谁也没拒绝过您。"

后来,发生了一件并非出人意料的事情,然而却是一场悲剧:丽卡怀孕了。波塔片科遗弃了她,丽卡从巴黎搬到瑞士。可是她一直把怀孕的事以及与波塔片科断绝关系的情况瞒着我。直到1894年9月20日,她给安东·巴甫洛维奇写信时,才稍微吐露了一些真情:

看来,我实在命该如此:我所爱的人最后都鄙视我。我真是太不幸了。请您不要笑。过去的丽卡已经踪迹全无了。因此我想来想去,实在不能不说,这一切都应该怪您。不过,看来这也是命中注定的。我能说的只有一点,我所经历的事,以前连想都没想到过。我孤苦伶仃,身边没有一个我能向之诉说心中苦痛的人。愿上帝保佑,再也不要让别人经受这样的不幸了。一切都那么不可捉摸,可是我想,您心里一清二楚。难怪您是个心理学家了。我觉得,再过几天,我就支持不住了。我相信,您准会给我写几行字吧。也许您照例会骂我,管我叫傻瓜,然而这总比什么也不回答强得多。

---

①丽卡到法国去学习声乐。——原注
②安东·巴甫洛维奇此时去雅尔塔一个月。——原注

遥远的过去——我的哥哥契诃夫

这样,丽卡又一次向安东·巴甫洛维奇强调指出,她认为他是造成她不幸的罪魁祸首。哥哥这时住在尼斯,他从那里给我写来一封信,信中有这样一句附笔:"波塔片科……简直是个畜生。"波塔片科对丽卡的行为使他极为愤慨。

丽卡很长时间都将事情的真相瞒着我,一直到波塔片科本人最后把一切向我和盘托出,并且又将此事告诉了丽卡,我才于1895年2月初收到她从巴黎怀着沉痛忏悔心情写来的一封信:

今天我收到伊格纳季的一封信,他说他向你讲了我们悲惨的往事……我既觉得懊丧,又感到欣慰。懊丧的是,我生来愿意让你从我这里知道一切,否则你会为了我去指责伊格纳季!欣慰的是,我终于能够跟你说说心里话了。现在,你知道了一切,明白这一切是多么复杂,多么难于在信中描绘。正因为如此,我才一直保持沉默,虽然我多少次都极想跟你谈一谈。这就是我很少写信的原因,我不能说谎,可是又不愿意写出真情,以免给你造成假象。

现在该说些什么呢?丝毫没有什么快活的事情可言……我几乎已经有一年都不知道什么是宁静、高兴以及诸如此类令人欢快的事情了。从来到巴黎的第一天起,忧伤、谎言和隐瞒等等就接踵而来。在最困难的时候,我叫天天不应,唤地地不灵。处于这样的境地,我真想自杀。我住在瑞士的后一阶段,一直在想,我会疯的。请你想象一下吧:我独自一人闲呆着,不能说话,不能写信,一天到晚担心妈妈会知道一切,那非要她的命不可。即使这样,我给她写信,还要竭力显得快活,显得无忧无虑!

后来,我返回巴黎,又是战栗和隐瞒,最后疾病缠身,在最恶劣的条件下生我的女儿。产后第九天,我就得下床干所有的活儿,因此身体全毁了,现在我简直成了个大病包儿。末了是伊格纳季的离去,我心里清楚,那是永别。

我就这样活着。到底为什么活着,为谁活着,我不知道……

——我的朋友丽卡

然而,无论如何,我绝不后悔。我感到高兴的是,我身边已经有一个给我消愁解闷的人了。我的小女儿可爱极了!我真想对你夸一夸她呢!为了她我都能够得奖章了,因为,尽管她出生以前我的身体一直很糟糕,可是生下来以后,她竟然长得这样好。她到八号才满三个月,可是大伙都说她像五个月的孩子!我想她将来准聪明,因为她现在就明白很多事了,她自己跟自己说话,也跟我说话。奶妈一口咬定说,她跟伊格纳季长得一模一样。可是我看不出来,反正她比他漂亮。其实你自己将来也会看到的,尽管还不能那么快。为学完声乐,我大概还要在这儿住一年半。现在我又用起功来了,而且卓有成效。未来的命运如何全在此一举,现在对我来说,学好声乐比任何时候都更重要。返回俄国以后,我一定要学会按摩,并且希望身体不要彻底垮掉。

我谈到这样的未来,你也许会感到惊奇吧?可是,亲爱的朋友,我不相信会有别样的未来。我相信,伊格纳季爱我甚于爱世间的一切,然而他是一个最不幸的人。他没有意志,没有刚强的性格,只有受夫人控制的幸福,因为她为了不丧失波塔片科 m-me① 的地位,不惜采取一切手段!她利用孩子和他的名誉来威胁他……他把事情的原委写信告诉她,并说他们共同生活在一起已经不可能了,当时她正住在巴黎,整天忙着买各式各样的衣服……然而给他回信说,她要自杀,还要把孩子也杀死。当然,她根本不会那样干,这只不过是故技重施,借以吓人罢了。可是他缺少冒一冒险的勇气。因此我认为,一切都不会有什么好结果的。你想象得出,我的心情如何,我的生活怎么样了。你的丽卡已经变成一具活尸。我只盼着快点死……

你要知道,我多么渴望回家呀!巴黎实在让我受不了。假如我的整个生活不是建筑在歌唱上,那我早就从这儿逃走了。别人怎样议论我,我倒

---

① 法语,意为"夫人"。——译者注

遥远的过去——我的哥哥契诃夫

不在乎。我认为,我所爱的一些人依然会像过去那样待我,他们不会把我拒之门外。我多么想见到你,把心里话都掏给你。要知道,甚至给伊格纳季写信时我也不把内心的痛苦向他倾诉,以免惹得他受更大的折磨。他的痛苦就是我的痛苦。我了解他的处境,也知道,他的才智就要枯竭,他再也写不出任何好东西了,因为他得时刻为钱奔波,好让她去买各种各样的穿戴!

经常有这种时候,我怕走进儿童室,因为一见到小女儿那孤苦伶仃的样子,我就要哭,就感到绝望。我只能在那儿待一会儿,就得悄悄走开,不然奶妈会看出来,瞎猜一气的。而且她马上会提起monsieur[①],问他什么时候来,说他对女儿会感到满意的,等等。所有这些弄得我心如刀绞,我只盼望早点把一切告诉妈妈,好早些放下心来,假如我有个好歹,小孩也可以让她抚养。

唉,天下竟有这样的事!夫人想要夺走我的女儿,要把孩子带到她家去,就为去掉牢牢拴住我和伊格纳季的纽带。你看她干的这叫什么事?!喔,事事都令人恶心。我把一切都告诉了你,你准会纳闷,怎么伊格纳季到现在还不开枪自杀。我觉得他真可怜,我简直太爱他了!这是怎么回事,我不清楚。大概是从来也没有谁像他那样不顾一切地爱过我的缘故吧。他对我们的未来充满信心,做过各种设想,可是我知道,一切都会落空。

好了,请你给我写信吧,我多么需要你的来信啊,你把你的想法,如何看待这一切,都写信告诉我吧。我急不可耐地盼着你的回音。再见,吻你,女儿也吻你。　　丽达。

几乎与这封信同时,我还收到波塔片科寄来的一封信,他当时住在彼得堡,信上有这样几行字:"亲爱的朋友玛莎,丽达将要给你写一封信,谈的事情你已经了解,你不要对她的话过分认真。请你就相信我吧。她是

[①]法语,意为"先生"。——译者注

——我的朋友丽卡

个悲观主义者，所以不愿意相信未来，而我却深信，未来应该怎样就必将会怎样……祝你健康、幸福，请你继续爱丽达吧！"

对比之下，丽卡显得聪明得多，明智得多，事情的结局果然像她所说的那样。丽卡在另外一封信中给我写道："我的小女儿现在和将来都是我唯一的希望……她是我生活中一切美好和光明的化身。同时我意识到：一切都已经完结，美好的爱情只不过持续了三个月……"

我觉得丽卡实在太可怜了。不幸的是，丽卡的女儿给她的安慰也没能持续多长时间。丽卡回到俄国以后，心情平静下来，跟母亲住在一起，抚养女儿。可是不久，赫丽斯季娜（这是她女儿的名字）大约在两岁的时候得病死了。

我之所以详细叙述丽·斯·米津诺娃生活中的这段往事，是因为这跟安东·巴甫洛维奇有直接关系，而后来又在某种程度上成为他创作《海鸥》一剧的素材。尼娜·扎烈奇纳雅和特利果陵[1]的爱情就是丽卡和波塔片科爱情的再现。情节也一样：特利果陵抛弃了带着婴儿的尼娜，回到阿尔卡津娜[2]的怀抱。安东·巴甫洛维奇笔下的阿尔卡津娜所具有的特点，也使人想起玛丽雅·安德列耶芙娜——波塔片科的妻子。

《海鸥》一剧于1895年秋写成，当时丽卡已经从国外回来了。剧本完成后，亲近的朋友一看，便注意到剧本的情节与丽卡的悲剧是相似的。这些话也传到丽卡的耳朵里，于是她给安东·巴甫洛维奇写信问道："听说，《海鸥》借用了我生活中的遭遇，而且您还把某人狠狠地骂了一通？"

以前在写《跳来跳去的女人》时，安东·巴甫洛维奇就以在生活中观察到的现象为基础，创造作品的艺术形象和故事情节，写《海鸥》也同样如此。人们纷纷议论说，《海鸥》的故事情节是根据丽卡跟波塔片科的

---

[1]《海鸥》一剧中的两个主人公。——译者注
[2] 特利果陵的妻子。——译者注

遥远的过去——我的哥哥契诃夫

爱情悲剧写成的。哥哥听了，心里很不安。他在写给苏沃林的信中说，如果剧本"看起来是在描写波塔片科，那么当然就不能上演和发表了"。但是，《海鸥》还是在亚历山大剧院上演了，而且丽卡坐火车到彼得堡跟我一块儿看了首场演出，可是那次演出遭到了失败。

后来，丽卡逐渐从自己的不幸中解脱出来，变得坚强了，就又经常到梅里霍沃来做客。她和安东·巴甫洛维奇的关系仍旧很好，还像过去那样互相开玩笑。每次看《海鸥》的演出，丽卡都激动不已，她那场悲剧过去六年之后，我陪她到莫斯科艺术剧院看过一次《海鸥》，然后给哥哥写信说："在你命名日那天，我陪丽卡去看了《海鸥》，在剧院里她哭了，可能那许许多多的往事又一幕幕地出现在她眼前了吧……"

丽卡渴望当一名歌剧演员，但是这个理想根本没有实现。1901年秋天，丽卡准备到莫斯科艺术剧院当演员，参加招收考试后，事实证明她缺乏做职业演员所应有的素质。剧院吸收她"出场"跑龙套，可是结果呢，因为她怯场，而且不善于控制自己的感情，剧院认为她演这样的角色也不合适，所以她在剧院里只待了一个演戏季节。

1902年丽卡嫁给了莫斯科艺术剧院的导演亚历山大·阿基莫维奇·申别尔格-萨宁。

丽卡一生都十分爱慕安东·巴甫洛维奇。1898年丽卡再次去巴黎，从那里给哥哥寄来一张自己的照片，背后写着题词：

赠给亲爱的安东·巴甫洛维奇，作为回忆亲密友谊的美好纪念。

丽卡。

不论我的将来是光明，还是黑暗，
不论我的生命是否就要毁灭，从此销声匿迹，
我只知道一点：在彻底走进坟墓以前，
一切都属于你！

——我的朋友丽卡

（柴可夫斯基——阿努赫金）

即使这个题词会让您的名誉受到损害，我也高兴。1898年10月11日于巴黎。

八年以前我就可以写这些话，可是现在才写，过十年我还要这样写。

然而十年以后，丽卡没能再写这些话……因为安东·巴甫洛维奇已经不在人世了。我怎么也忘不了那一天，安东·巴甫洛维奇的葬礼在莫斯科举行过后，丽卡穿着一身黑色的丧服到我们家里来了。她默默地在窗边站了大约两个钟头，我们想办法跟她说话，可是她一句话也不回答……想必她经历过的往事又都浮现在她的眼前了。

后来，丽卡跟丈夫住在巴黎。十月革命前夕，他们返回俄国。我最后一次在莫斯科见到丽卡，是在20年代初。不久她又跟着丈夫到国外去了，以后再也没有回来。从那时候起，我跟她便失去了联系。第二次世界大战爆发前不久，她在法国去世，终年将近70岁。

遥远的过去——我的哥哥契诃夫

十二 安东·巴甫洛维奇的干亲家

有一次在莫斯科,丽卡·米津诺娃介绍我跟一个姑娘认识,那姑娘身材矮小,长得很漂亮。

"玛莎,来认识一下,这位是诗人、作家塔尼雅·库佩尔尼克。"

她就是塔季雅娜·利沃芙娜·谢普金娜-库佩尔尼克,俄国著名演员米哈伊尔·谢苗诺维奇·谢普金的曾孙女,现在已经去世。她当时19岁。丽卡通过女画家索·彼·库弗申尼科娃跟她认识,她们俩都经常参加女画家举办的家庭晚会。

后来我跟塔尼雅①经常见面,很快就成了好朋友。有一次,我把她带到梅里霍沃,介绍她跟我们家里人认识。从那以后,她不止一次来做客,就像我们家人一样。我的父母待她特别好。父亲喜欢跟她聊天,谈宗教哲理,有一回甚至还跟她抱怨安东·巴甫洛维奇不履行宗教义务呢!

她跟安东·巴甫洛维奇的关系很好。哥哥编出的各种各样的滑稽表演许多都跟她有关。他总爱善意地开她的玩笑。在梅里霍沃,安东·巴

---

①塔季雅娜的爱称。——译者注

——安东·巴甫洛维奇的干亲家

甫洛维奇还跟塔尼雅一块儿给邻居谢·伊·沙霍夫斯科依公爵的女儿施过洗礼。从那以后，哥哥就按照民俗称塔尼雅为干亲家了。后来我曾听见哥哥严肃认真地对她解释说，他跟她一块儿去给小孩施洗礼，是他特意安排的，目的是让她不可能跟他结婚！（干亲家之间是不能结婚的）。

于是，安东·巴甫洛维奇立刻打算把塔尼雅介绍给他的熟人叶若夫，让他们结婚，可是叶若夫是个很平常的作家，跟她从来没有见过面。安东·巴甫洛维奇在很长一段时间里都管她叫塔季雅娜·叶若娃太太。而且他写信时也经常称呼她的外号，不是叫她干亲家，就是叫她塔季雅娜·叶若娃。

塔尼雅一般从冬天到梅里霍沃来。她有一条用整张貂皮做的围脖。安东·巴甫洛维奇总爱用这个围脖逗弄我们家的两只达克斯狗，惹得它们拼命汪汪叫，向"小野兽"猛扑。有一次，塔尼雅大概担心狗会把围脖撕坏，把围脖藏在自己住的屋里。安东·巴甫洛维奇却悄悄地拿走围脖，放在他书房壁炉上一个装雪茄烟用的箱子里，而且事先让达克斯狗看见那里有它们的"敌人"。等到塔尼雅来到哥哥书房坐下，结果它们狂叫起来，往壁炉上窜。后来连她也感到纳闷，不知箱子里有什么，竟惹得狗这么发怒。她走过去，打开箱子一看……吃惊地睁大眼睛，原来是她的貂皮围脖！哥哥这才把玩笑的谜底揭开，跟大家一块儿欢畅地笑起来，可是在这之前，他竟像出色的演员一样，装得严肃极了，丝毫不露声色。

塔尼雅也在莫斯科跟我们见面。当时她跟科尔什剧院漂亮的年轻女演员丽季雅·鲍利索芙娜·雅沃尔斯卡娅关系很密切。当然，不是所有的人都喜欢作为演员的雅沃尔斯卡娅，可是安东·巴甫洛维奇很器重她，甚至还向苏沃林推荐她到他的剧院去。他在给苏沃林的一封信中把她描述了一番，信写得很有趣："复活节期间科尔什剧团将在彼得堡演出……等他们演 *Madame Sans Gêne*[①] 的时候，请您去看看雅沃尔斯卡娅。要是您愿意

[①] 法国剧作家维·萨尔杜和埃·莫罗合写的喜剧《桑·热纳夫人》。——译者注

遥远的过去——我的哥哥契诃夫

的话，就跟她认识认识吧。她文质彬彬，穿得规规矩矩，而且有时显得很聪明。她是基辅警察局长基宾涅特的女儿，所以说，她动脉里流着演员的血，而静脉里却流着警察的血。能够向您说出我对这两种血的遗传精神病学见解，我感到很荣幸。莫斯科的新闻记者一冬天都紧追她不放，就像追捕兔子似的，可是她并不值得这样。假如她演戏时不大喊大叫，不矫揉造作（也就是不装腔作势），那么她就是个真正的女演员了。无论如何，她这个人很有趣。请您注意。"

塔尼雅住在莫斯科列昂季耶夫巷的"马德里"旅馆，而雅沃尔斯卡娅住在特威尔街的"卢浮宫"旅馆。我们有时在塔尼雅那儿聚会，有时在雅沃尔斯卡娅那儿聚会。有一次我们发现，在"马德里"和"卢浮宫"之间，沿着各式各样的走廊、偏僻小巷和房子的顶间有一条通道。不必上大街就可以从一个旅馆到达另一个旅馆，因此我们就利用起这条通道来。维·亚·戈尔采夫开玩笑地说过："比利牛斯山脉再也挡不住我们了。"比利牛斯山脉位于西班牙和法国之间。

回忆起翻越"比利牛斯山脉"的那种旅行，我还想提一下"阿维兰分舰队的航行"。那时费·卡·阿维兰海军上将任俄国海军大臣。俄法两国亲善时期，双方常为阿维兰举行欢迎宴会，他率领分舰队到法国访问，那里欢迎他，等他从法国返回，在俄国也会受到欢迎。

安东·巴甫洛维奇从梅里霍沃来到莫斯科以后，一般不在我那里住（因为我只租了一个房间），而住在莫斯科大饭店里。他在那里甚至有专用房间。通常，哥哥只要把自己来到莫斯科的消息告诉某个人，他所有的朋友很快就都知道了。维·亚·戈尔采夫和武·米·拉弗罗夫（两人均为《俄罗斯思想》的编辑），米·阿·萨勃林（《俄罗斯新闻》的编辑），费·亚·库玛宁（《演员》的出版人），还有伊·尼·波塔片科等人就全来了。他们来看望安东·巴甫洛维奇，总要拉他到编辑部和饭馆去。在这一群人里还包括我、丽卡、塔尼雅、雅沃尔斯卡娅，以及某个文学家或

——安东·巴甫洛维奇的干亲家

者编辑，于是为安东·巴甫洛维奇举行的"欢迎会"就开始了。大伙儿从一个编辑部转到另一个编辑部，从一个饭馆换到另一个饭馆：在这儿吃早饭，在那儿吃午饭，又在别处吃晚饭……因此大家给安东·巴甫洛维奇取了个绰号，管他叫阿维兰，他周围的人就称为分舰队，而大伙儿一起走路就是分舰队的航行了。阿维兰和分舰队航行这两个名词，有很长时间在莫斯科文学界中几乎无人不晓。

安东·巴甫洛维奇本人在书信中也提到过这件事，例如："我三日从莫斯科返回，在那儿乌烟瘴气的环境里住了两个星期。这期间，我不断出席豪华的宴会，结识新朋友，因而大家开玩笑地称我是阿维兰。我以前从未感到这样自由自在过。第一，没有固定的住所，哪儿合适我就住在哪儿；第二，至今没有身份证，并且……到处都是少女，少女，少女……"

塔尼雅的确是一位富有才华的文学家，就连安东·巴甫洛维奇也一向这样认为；同时，她在文学创作方面是多面手。她写诗，写散文，也写剧本。她还精通几种外语，曾把莫里哀、罗斯丹[①]等人的剧本译成俄文。许多年来，她翻译的罗斯丹的剧本《幻想公主》一直受到观众和读者的热烈欢迎。直到今天，苏联剧院的舞台上仍在演出她翻译的一些西欧戏剧。

安东·巴甫洛维奇对塔季雅娜的很多作品，例如短篇小说《孤独》、诗歌《修道院》、罗斯丹的剧本译作《浪漫主义者》等等，都给予好评。在梅里霍沃，他有时候给她提一些关于文学技巧方面的建议，要她跳出文学上的死板公式，抛弃陈词滥调，杜绝故作惊人之笔，避免写难懂的长句子，等等。

安东·巴甫洛维奇只在一件事上严肃地批评过塔季雅娜：她在女友雅沃尔斯卡娅的福利演出[②]过程中太热心了。塔季雅娜为了礼花、花束、欢

---

① 罗斯丹（1868-1918），法国剧作家、诗人。——译者注
② 借某一演员生日等机会举行的演出，使该演员多得收入。——译者注

遥远的过去——我的哥哥契诃夫

呼之类的事情东奔西忙,以致旁人都觉得有点过分。但是正像俗话说的,这是由于她"年纪太轻,没有经验"。

现在我手头有一张褪了色的旧纸片,是从以前的报纸上剪下来的,报纸的名称已无从查考。这上面有一首塔季雅娜写的诗《祖国的田野》,这诗是献给我的,而且是以我们的梅里霍沃作背景写出来的。这首诗写作和发表的时间在1893至1895年间。我不知道它后来又在什么刊物上登载过,也不知道有无文学价值,但是,既然它跟梅里霍沃有些关系,又是塔·利·谢普金娜-库佩尔尼克的早期作品,那么我就把它抄录在下面吧:

祖国的田野
(献给玛·巴·契诃娃)

祖国的田野一望无际,
天空的晚霞斑斓绚丽。
火红的阳光
洒满了大地。
奉献出丰收硕果的田野
自由自在,尽收眼底。
远处一片墨色的森林,
掩映在淡淡的蓝光里。
田野上只有金黄的草垛,
遍地麦茬犹如鬃毛浓密。
一对大雁从空中缓缓飞过,
只只仙鹤腾空而起,
它们自由地飞翔,

——安东·巴甫洛维奇的干亲家

朝着遥远的南方飞去。
环顾四周,
悄无声息,
最后一片庄稼,
早已收割完毕。
在日落的美妙时刻,
处处安宁静谧。
这儿没有危险,
也不令人胆战心悸,
不像意大利的海湾
充满可怕的静寂,
就如同假寐的猫儿
窥伺着老鼠的踪迹。
这儿也不像挪威的峡湾
处处显得那么神秘,
随着暮色渐渐来临,
峡湾的静寂变得骄矜而充满敌意。
这里有一种
逸然、神圣的宁静,
只在俄罗斯
才有这种恬静,
每当夕阳西下,
田野默默无声,
她甜蜜地休息,
宛如进入梦境。
她拥有神秘的力量,

遥远的过去——我的哥哥契诃夫

而且威力无比,
能把松软土地上的麦苗
悉心抚养、培育。
她给了我们食粮,
便甜甜地歇息,
直到新的劳动开始,
又一个春天吹绿。
你看她现在多么安闲,
她的心灵多么平寂。
心里既不悲伤,
思想也无半点忧郁,
时时现出幸福、
美好、欢乐的情趣。
"请你快来休息!"——
疲倦的大地
母亲般温柔地
对我低声细语。
然后她再不说话,
胸膛安然地呼吸,
而心田自由坦荡,
就像这平和无垠的天地!……
　　　塔·谢普金娜-库佩尔尼克

1898年我的命名日那天,塔尼雅在梅里霍沃送给我一本她刚出版的短篇小说集,集子的总标题是《生活的篇章》。她在书上写着这样的题词:
亲爱的穆辛卡,我衷心祝愿你的生活将有一些美好的篇章,祝愿我们

——安东·巴甫洛维奇的干亲家

的友谊能为这些篇章增添喜人而又并非短暂的一页。

<u>永远忠于你的作者塔·谢普金娜-库佩尔尼克</u>

从谢普金娜-库佩尔尼克送我书时算起,已经过去将近60年了。我的生活中是否有过"一些美好的篇章",这很难说,可是我跟塔季雅娜·利沃芙娜的相识与友谊倒的确是"并非短暂的一页"。尽管我们在最近十年已经很少见面,因为她住在莫斯科,我在雅尔塔,可是我们有时仍然可以会晤,互相通信。

安东·巴甫洛维奇逝世后30年,塔季雅娜突然给我写来一封信,信中有她为纪念哥哥写的一首诗。诗里有这样几行:

而你,他的妹妹、助手和朋友,
曾把他的痛苦与繁重的劳动分担,
现在眼望无数热血青年,
替他尽享新生活的欣欢。
你在白色的小房子里,
你在他培植的花园,
你在他休息过的地方,
你在映着蓝天的池塘岸边,
你在那紫藤的阴影下,
对聚精会神的听众侃侃而谈……
你依然跟他共度时光,
对自己的劳动感到骄傲无限,
你把契诃夫的事迹全讲给青年人吧,
为我们珍藏对契诃夫英名的怀念。

塔·谢普金娜-库佩尔尼克
1934年5月10日于莫斯科

遥远的过去——我的哥哥契诃夫

塔季雅娜·利沃芙娜·谢普金娜-库佩尔尼克直到逝世前几天也没有忘记安东·巴甫洛维奇,他的光辉形象始终树立在她的心中,这一点可以从她写的回忆契诃夫那些热情洋溢的文章得到印证。

十三 "我的新朋友"

1892年,安东·巴甫洛维奇与《俄罗斯思想》杂志编辑部恢复关系以后,逐渐同该杂志的两个主要人物交上了朋友,他们是编辑维克托·亚历山德罗维奇·戈尔采夫和编辑兼出版者武科尔·米哈伊洛维奇·拉弗罗夫。后来,他们之间都亲切地以"你"相称,不过安东·巴甫洛维奇跟戈尔采夫的友谊更深些,不论作为一个人,还是作为一位作家,安东·巴甫洛维奇都让戈尔采夫喜欢。戈尔采夫也到梅里霍沃来过,然而他们俩大多在莫斯科见面。有一个时期,戈尔采夫每月15日在自己家里举办晚会,莫斯科的文学家都去参加。有时候,安东·巴甫洛维奇要专程从梅里霍沃赶赴那些晚会。我和丽卡也去过几次。戈尔采夫也到过我在莫斯科的住宅。

伊·尼·波塔片科第一次到梅里霍沃,就把作家彼得·阿列克谢耶维奇·谢尔盖延科带来了。谢尔盖延科跟安东·巴甫洛维奇同时在塔甘罗格中学里上过学,不过他比安东·巴甫洛维奇大六岁。他们同时在一些小型幽默杂志上发表作品。安东·巴甫洛维奇在90年代初对谢尔盖延科做过这样的评价:"这个人有点才能,也不糊涂,不过脑子里似乎有一颗乌克兰人的小钉子,妨碍他好好做事,使他不能把事情做到底。"

遥远的过去——我的哥哥契诃夫

我们住在梅里霍沃那个时期，安东·巴甫洛维奇的作家声誉迅速提高，因而我在莫斯科认识了许多作家和文学人士，他们一般都通过我跟安东·巴甫洛维奇取得联系，为此他们常去找我。谢尔盖延科对安东·巴甫洛维奇很感兴趣，也常常到我这里来。他跟列·尼·托尔斯泰很接近，写过论述托尔斯泰的文章，后来因出版《列·尼·托尔斯泰怎样生活和工作》一书而出名。顺便说一件事：有一个时期，他竭力想介绍安东·巴甫洛维奇跟托尔斯泰认识。1893年4月初，有一天他从我这里听说安东·巴甫洛维奇要到莫斯科来，就跟列·尼·托尔斯泰说，到时候要把契诃夫领到他家去。可是，哥哥那天并没有到莫斯科来，谢尔盖延科十分扫兴，跑来找我说：

"玛丽雅·巴甫洛芙娜，怎么能这样呢？我答应过列夫·尼古拉耶维奇了！我现在怎么跟他说呀？……"

"这有什么办法，哥哥准是有事在梅里霍沃耽搁住了，"我回答他说。

"我给安东拍个电报，让他立刻动身。"

可是我坚决制止他这样做，答应自己给哥哥写一封信。

安东·巴甫洛维奇对我的信是这样答复的："我很需要到莫斯科去，可是天气太让人讨厌，没有合适的衣服……而且我也怕谢尔盖延科把我拉到托尔斯泰那里去。我到托尔斯泰那里去是不需要向导的，也用不着中人。我真不明白，有些人怎么这样愿意当中人呢！"

就在那天谢尔盖延科告诉我，前不久，也就是1893年初，列·尼·托尔斯泰和伊·叶·列宾一起按我们家的老地址找过安东·巴甫洛维奇，他们不知道我们已经搬到梅里霍沃去了。他们到库德林花园街科尔涅耶夫的那个房子里去过，也到小德米特罗夫卡找过，那是我们家在莫斯科的最后一所住宅。我听说托尔斯泰竟亲自寻访契诃夫，并且到我们以前的住宅去过，又惊又喜，立即写信把这件事告诉了哥哥。

——"我的新朋友"

安东·巴甫洛维奇早在1887年到彼得堡去的时候,就认识了伊里亚·叶菲莫维奇·列宾。列宾1893年来到莫斯科,当时大概也想介绍列夫·尼古拉耶维奇·托尔斯泰跟安东·巴甫洛维奇认识,所以他们就按老地址去找他。

众所周知,安东·巴甫洛维奇是1895年在亚斯纳雅-波良纳跟列·尼·托尔斯泰会面的,而且正如他后来说的,他"没有向导",单独一个人去的,在那里度过了"最愉快的"一天半。

后来,为办一些事情,我跟彼·阿·谢尔盖延科来往很多,不过关于这方面的事后面再说。

有一次伊·尼·波塔片科与彼·阿·谢尔盖延科合写了一个剧本《生活》,这个戏在许多剧院上演过,相当成功。我在那个时期画了很多画,也画油画。有一天我用铅笔画了一幅维·亚·戈尔采夫、伊·尼·波塔片科和彼·阿·谢尔盖延科的肖像速写,画的标题是"我的新朋友"。我在波塔片科的肖像下边添上了几个字:"啊,波塔片科",暗示他受女人的赞美与欢迎。以后这幅画不知怎么落到安东·巴甫洛维奇手里,于是他在上面写了几句开玩笑的话:"《生活》的半个作者,就是一个作者被二除 $=\frac{作者}{2}$,因为作者是个聪明人,那么 $\frac{作者}{2}$ =半聪明人!"

从那以后,我有时候要挖苦波塔片科和谢尔盖延科,就说他们是"半聪明人"!

遥远的过去——我的哥哥契诃夫

十四 《海鸥》在彼得堡

1896年10月17日（星期四），彼得堡亚历山大剧院要首次上演安东·巴甫洛维奇的新剧本《海鸥》。不用说，我非常想看第一场演出。10月初，哥哥临去彼得堡时，我们商量好，他给我寄车钱来，我要在演出那天到达彼得堡。

可是，10月12日他突然从彼得堡给我写来一封信，劝我不必动身了："……《海鸥》排演得很乏味。彼得堡寂寞无聊，演剧季节11月份才开始。所有的人都怒气冲冲、浅薄、虚伪……演出不会轰动，只会令人皱眉。总之，我心绪不佳。"然而，这封信并没有打消我去彼得堡的想法，恰恰相反，在这种时候，我必须在哥哥身边。10月16日，我乘夜班车离开莫斯科到彼得堡去了。

10月17日早晨，安东·巴甫洛维奇到"莫斯科"车站接我。他愁眉苦脸，闷闷不乐，一边顺着站台走，一边咳嗽，并对我说：

"演员们不理解角色……他们一点儿也不懂。演得很糟糕。只有一个女演员科米萨尔热夫斯卡雅演得还不错。戏准会失败，你白来一趟。"

我看了看哥哥。我记得，那时太阳升起来了，彼得堡阴沉昏暗的秋天

——《海鸥》在彼得堡

丽·斯·米津诺娃
1892年

遥远的过去——我的哥哥契诃夫

顿时变得和暖可爱,处处都像春天一样充满希望。我大声说道:

"没有什么,安托沙,一切都会好的!你看,天气多好,阳光多么明媚。丢开你那些不愉快的念头吧。"

我不清楚,天气的变化以及我说话时乐观的语调是否对他发生了作用,不过,他没再谈演员和戏,跟我开起玩笑来:

"我在包厢里为你搞了一个展览会。所有的美人都将出席。只是丽卡可能会不高兴,因为波塔片科要带妻子玛丽雅·安德列耶芙娜去看戏。丽卡见到那个女人会感到沮丧,而且那个女人自己对这次会面也未必觉得愉快。"

丽卡比我早一天到达彼得堡。《海鸥》首次公演,不能不使她激动。她跟波塔片科那段失败的恋爱总共才过去不到两年。现在她所面临的是,波塔片科本人和妻子要来剧院看戏,而且在这个戏里,安东·巴甫洛维奇在某种程度上反映了她跟波塔片科的那段恋爱。因此,演出自然会让丽卡感到激动。

我跟丽卡一块儿住在伊萨基耶夫广场的"安格列捷尔"旅馆的一个房间里。安东·巴甫洛维奇跟每次去彼得堡时一样,住在埃尔捷尔巷苏沃林家"自己的"住宅里,那里总有两个房间供他使用。

演出前,我跟丽卡在彼得堡逛了一整天。我们没有去打扰安东·巴甫洛维奇,因为知道他得在剧院一直忙到深夜。那天早晨,他在火车站就对我说过,演出一结束,他就来跟我们一块儿吃晚饭,并让我们在旅馆里等他。

夜幕降临了。亚历山大剧院里坐满了观众。彼得堡爱看戏的人都来看莫斯科作家契诃夫的新戏,当时契诃夫在彼得堡是一位很有声望的小说家。而且,观众喜爱的女喜剧演员列夫克耶娃把这次演出作为自己的福利演出,虽然她本人没有参加演这个戏,可是她在《海鸥》之后演了另外一个戏《幸福的一天》[①]。那时经常举行福利演出。

[①]亚·尼·奥斯特罗夫斯基和尼·亚·索洛维耶夫的三幕喜剧。——原注

——《海鸥》在彼得堡

彼得堡的观众迂腐守旧，衣饰华丽，态度冷淡，我越看心里越不安，不由得想起哥哥信中的话，这儿"所有的人都怒气冲冲、浅薄、虚伪"。

第一幕开始了。刚开幕几分钟，我就感到观众并不认真看戏，对台上的演出抱着一种嘲笑的态度。接着，根据剧情，台上的二道幕拉开，裹着被单的科米萨尔热夫斯卡雅出场了，她这天晚上不知怎么有些怯场，刚开始说那段著名的独白："人们、狮子、苍鹰，以及山鹑……"观众席上就传来刺耳的笑声和很响的说话声，有的人喝起倒彩来。我觉得浑身冰凉。戏越往下演，大厅里的喧哗声越大。最后剧场里全乱了。第一幕演完，只有稀稀落落的掌声，而对作者和演员喝倒彩、吹口哨的声音和难听的污言秽语则淹没了大厅。戏显然注定要失败。后面几幕虽然演下来了，可是观众的情绪是敌对的。我难过极了，心情十分沉重，然而我不露声色地坐在自己的包厢里，一直熬到剧终，戏一演完我就回旅馆去了。

我和丽卡心情沮丧，坐在房间里一句话也不说，等着安东·巴甫洛维奇回来吃晚饭，这是我们早晨说好的。我极力集中自己的思想，考虑这次演出失败的原因。我想起，有一天在家里听朗诵《海鸥》的剧本，我们当时非常满意。我们觉得剧本写得很生动，可是现在……却没有谁能理解一丝一毫……只有恶毒的笑声、讽刺的话语和侮辱性的喊叫。

已经过了半夜，安东·巴甫洛维奇还没有回来。最后大哥亚历山大·巴甫洛维奇从《新时报》编辑部打来电话询问：

"安托沙在哪儿？他没在你那儿吗？他也不在苏沃林家！"

我心里更着急了，请亚历山大务必想法找到他。过了一会儿，我又亲自给亚历山大打电话。可是哪里也找不到安东·巴甫洛维奇，剧院里没有，波塔片科家也没有，演员们都聚在列夫克耶娃家里吃晚饭，他也不在那儿。这时已经是夜里一点多钟了，我就亲自跑到苏沃林家去。

我记得，我走进苏沃林家的大宅子，心情沉重极了。宅子里一片漆黑，我从过厅望过去，只见远远的里边有点灯光，灯光照在几道敞开的门

遥远的过去——我的哥哥契诃夫

上。我向灯光走去,看见苏沃林的妻子安娜·伊万诺芙娜披散着头发,独自一人坐在那里。这里整个的气氛、黑暗、空荡荡的住宅,使我的心情更加感到压抑。

"安娜·伊万诺芙娜,我哥哥会去哪儿呢?"我问她。

她显然想给我解忧,安慰安慰我,于是闲扯起琐事来,说说演员,谈谈作家。不一会儿,苏沃林回来了,跟我谈了些他认为剧中应该修改的地方,为使以后能获得成功。可是我根本没有兴致听这些,只希望他找到哥哥。随后苏沃林走了,过不久高高兴兴地回来了。

"好啦,您可以放心了。您的哥哥已经回来,躺在被窝里了,不过他谁也不想见,也不愿意跟我说话。他说刚才在街上散了散心。"

我松了一口气,径自回到旅馆。就这样,我们连晚饭也没吃成。

第二天,等我到苏沃林家时,哥哥已经不在了。早晨,他没有跟家里任何人告别,就乘客货列车回了莫斯科,只让人转交给我一张字条,上面写着这样的几句话:

"我回梅里霍沃了;明天下午一点多钟到达。我对昨天的事并不感到意外,也不太伤心,因为排练时我就预料到了,所以我的心情并不特别坏。"

"你回梅里霍沃的时候,带丽卡来吧。"

他也给苏沃林留下一张告别字条,结尾的话是:"我永远也不再写剧本,不上演剧本了。"

当天半夜我也启程回家。哥哥在梅里霍沃见到我的第一句话就是:"演出的事,一句话也不必再说!"

安东·巴甫洛维奇是怀着怎样的心情回家的,从下面的事就不难作出判断:他素来做事有条不紊,仔细认真,可是那天下火车时竟把自己的东西忘在车上,后来他给列车长拍了一封电报,请求把东西寄到洛巴辛车站。

——《海鸥》在彼得堡

我亲眼目睹了《海鸥》的惨败，像一场噩梦似地长久萦绕在我的脑海里。这一惨败给安东·巴甫洛维奇精神上带来的苦痛就更大了，毫无疑问，他的健康状况因此而急转直下。仅过了几个月，安东·巴甫洛维奇就肺出血，住进了奥斯特罗乌莫夫医院……

遥远的过去——我的哥哥契诃夫

十五　第十六病室

我清楚地记得，1897年3月底，莫斯科春天一个有阳光的日子，我第一次到坐落在少女广场的奥斯特罗乌莫夫教授的医院去探望哥哥。他住在第十六病室里。住院前，他肺部大出血。我看见病室桌子上放着一张他的肺部示意图，是医生画的。肺叶是用蓝铅笔画的，而肺尖却用红铅笔勾着细线。我明白，这里标出的是患病的部位。原来哥哥早就得了肺结核病，可是直到这时候才确诊。

哥哥住院的经过是这样的。3月22日（星期六）早晨，我像往常一样，从莫斯科回家来住几天。在洛巴辛车站上，我遇见安东·巴甫洛维奇，他要到莫斯科去。然后他打算从那儿去彼得堡，让画家约·埃·勃拉兹画一张肖像。勃拉兹是根据巴·米·特列基亚科夫的订货，为他的绘画陈列馆画一张安东·巴甫洛维奇的肖像。在车站上，安东·巴甫洛维奇不住地咳嗽，有时还把脸从我面前扭开。我当时就觉得他的脸色不大好。

回到家，母亲也忧心忡忡地对我说，最近几天安托沙白天黑夜都咳嗽得很厉害。

我返回莫斯科的时候，没想到哥哥伊万·巴甫洛维奇破例到火车站来接我。

"听我说，玛莎，安东住在奥斯特罗乌莫夫教授的医院里，"他对我说，"他吐血了。这是医院的出入证，你去看看他吧，只是不要跟他多说话，说多了对他有害。嗯，当然，你千万别让他感到丝毫不安。"

伊万递给我一个小信封，里面装着准备好的医院出入证。他告诉我，安东·巴甫洛维奇到莫斯科以后，像往常一样住在莫斯科大饭店的五号房间。第一天，也就是3月22日（星期六），他就跟当时也在莫斯科的苏沃林一块儿去"埃尔米塔日"饭店吃午饭。可是，他们刚刚在餐桌边坐下，安东·巴甫洛维奇就哇哇地吐起血来，是肺部大出血。苏沃林马上把哥哥送到"斯拉夫市场"旅馆自己的房间里，然后把经常给我们看病的尼·尼·奥博隆斯基医生请去了。直到第二天清晨才止住血。安东·巴甫洛维奇在苏沃林那里躺了一个多昼夜，然后于24日早晨回到莫斯科大饭店自己的房间，奥博隆斯基也到那里看过他几次。因为肺出血一会儿止住，一会儿又复发，3月25日奥博隆斯基便把安东·巴甫洛维奇安置到奥斯特罗乌莫夫的医院，哥哥的病就是在那里最后确诊的。

"你想得到吗，我怎么竟会这样麻木不仁？"哥哥在医院里对我说道。

他听到诊断后，不论是作为一个医生，还是作为一个病人，想必自己也感到震惊……我竭力抑制着自己焦虑的心情，不让哥哥看出来。

我每天都到医院去看望他。后来他觉得好些了，医师才允许一些朋友来探望，不过谈话时间不能长。顺便说一下，安东·巴甫洛维奇住院的第四天，列夫·尼古拉耶维奇·托尔斯泰就来看望他了，托尔斯泰的家在织工巷，离医院不远。托尔斯泰这样关心，亲自来看望，哥哥很激动，心里也很高兴。尽管当时不允许哥哥长时间谈话，他们还是交谈了很久，因此他当天夜间又吐起血来。

我们所有的朋友都为安东·巴甫洛维奇的病担忧，想方设法对他表

遥远的过去——我的哥哥契诃夫

示关心：他们要么亲自来看望，要么给他寄来糖果、小吃和酒。鲜花多极了，结果医生都不允许把花全放在病房里。安东·巴甫洛维奇的桌子上只放着女作家丽季雅·阿列克谢耶芙娜·阿维洛娃送给他的一束花。她曾先后两次到医院去看望他。说到这里，我要离题谈一谈她。

* * *

丽季雅·阿列克谢耶芙娜·阿维洛娃家住彼得堡，丈夫是政府某一个司里的官员。安东·巴甫洛维奇是在《彼得堡报》编辑兼出版人谢·尼·胡杰科夫家里认识她的，因为哥哥每次到彼得堡，就常去拜访胡杰科夫，而阿维洛娃是胡杰科夫的妻妹。

安东·巴甫洛维奇很赞赏阿维洛娃的文学才能，并且参与她的一些写作活动，诸如帮助她出版作品，在文学方面给她提出许多建议和批评性意见。丽季雅·阿列克谢耶芙娜对安东·巴甫洛维奇怀有一种特殊的感情，这在她本人写的那篇著名的回忆录《我生活中的安·巴·契诃夫》[1]中有详细的叙述。这篇回忆录写得生动有趣，提及的许多事情都是真实的。例如，阿维洛娃赠给安东·巴甫洛维奇一个书形表坠，上面刻着数字，这是他一本书的第几页和第几行。只要翻开那本书，按页码找到那几行，就可以看到如下意味深长的句子："假如你什么时候需要我的生命，就来把它拿去好了。"大家知道，安东·巴甫洛维奇把这个情节（送表坠和上面这句话）用在他的剧本《海鸥》里，不过把丽·阿·阿维洛娃的真实页码和行数变了一下。这样，他仿佛用舞台上的台词答复阿维洛娃在彼得堡的化装舞会上向他提出的问题。

所有这些都确有其事。丽季雅·阿列克谢耶芙娜还谈到对安东·巴甫洛维奇的深厚感情，这看来也是符合事实的。然而，当她试图描述安东·巴甫洛维奇对她的感情，她就显得过于"主观"了，因而她的回忆也

---

[1] 见《同时代人回忆契诃夫》文集，第2版，莫斯科，1954年，186—254页。——原注

就含有作家创作的成分和有意无意的艺术猜想了。看过这部分回忆录的人会得出这样的结论：安东·巴甫洛维奇爱过她，他们的关系曾经处在恋爱的边缘，并且他本人也跟她谈过。这是绝对没有的事。要知道，丽季雅·阿列克谢耶芙娜亲自给我写信说过，她不知道安东·巴甫洛维奇对她的态度如何，因而她感到很痛苦。

1904年，安东·巴甫洛维奇的葬礼举行过后11天，她给我写了一封信，现在我将这封信首次全文援引于下：

敬爱的玛丽雅·巴甫洛芙娜，我写这封信感到很为难，因为我不认识您。不知道您对我的信会产生什么看法。可是我又不能不写。好在您常收到各地的来信、电话和唁函，因此我这封信也许就不会让您感到不愉快了吧。

我的信只是写给您的，而不是为了发表，甚至连您周围的人也没有必要看到。我正因为对您怀有私人感情，才想念您，因为我再也看不见那位已经去世的人了。我本来多么希望能在他的墓前见到您呀！可是没有见到！我到那里去过，只看见一位老太太和一个男孩。现在我回到乡下，还是经常想念您，怎么也摆脱不了这种思念。

有一次我在医院附近看见过您一眼，那大约是七年前吧，当时他在莫斯科病倒了。

啊，但愿我能够知道，我决定写信给您是否惹您生气？您明白我为什么要给您写信吗？

我完全不想胡说我对他很了解，我是他的什么什么人。不，我对他了解得很不够，然而他对我的一生有极大的影响，使我受益极深。我不可能把这些都有条不紊地写出来。从生活里逝去的东西是那样优美，那样明亮，那样宝贵。那是无法用言语来表达的……

如果我勾起了您的哀思，就请您原谅吧。请您相信：假若我自己没有

遥远的过去——我的哥哥契诃夫

这种悲伤，假若我不苦闷，假若我能控制住自己，那我就认为，我没有权利写信打扰您了。我这里有许多他的来信。我不知道他为什么管我叫"小妈妈"。我有五年没看见他了。

除了您以外，再没有一个人可以听我诉说，这有多么可怕，又多么令人费解，也许人们将来才能理解，生活是多么凄凉，多么寂寞。因为人们缺乏那种"像花一样优美的感情"。

我跟您提到，我这里有许多他的来信。可是我不知道他对我是什么态度。这使我深感痛苦。

这无法用言语来表达。要是我能尽力向您写出，并且能更美、更动人地表达出我的全部感情，或许我会觉得好一些。可是我只想做一个真诚的人，不管您对我怎么看，我都要把您当做他可爱的妹妹那样看待。而且如果我什么时候能帮您些忙的话，我将感到无上幸福！请您无论如何记住这句话。

丽·阿维洛娃
7月20日于图拉省克列科特卡

这封信说明，丽季雅·阿列克谢耶芙娜对安东·巴甫洛维奇怀有深厚的感情，这种感情在她的生活中留下了痕迹。然而我再说一遍，她承认她不知道安东·巴甫洛维奇究竟对她持什么态度。

为出版安东·巴甫洛维奇的书信遗产，我开始收集他的信件，一直到那时候，我才认识丽·阿维洛娃。丽季雅·阿列克谢耶芙娜把哥哥写给她的全部信件都转交给了我，同时也请求我把她写给安东·巴甫洛维奇的信还给她，我这样做了。后来我们在发表一些信件的问题上意见不和，从那以后，我跟她就再没见过面。

整整过了25年以后，1939年4月的一天，我突然收到阿维洛娃写来的一封信，这封信已经是一个老人用颤抖的笔体写成的了。然而我很受感动。丽季雅·阿列克谢耶芙娜在信里再次谈到她一生中只产生过一次的感情,并且完全出乎意外地使我也回忆起我的过去。下面就是她写给我的最后一封信的全文:

亲爱的玛丽雅·巴甫洛芙娜:

请您不要因为我称您"亲爱的"而生气。请您相信,在我的心中再也找不到别的字眼儿来称呼您了。

我常常想到您,而且想得很多。但是我顾虑重重,因为我与您秉性不同,怕惹您不愉快。我跟您曾经由于一个问题意见不一致,让您当时伤心得哭了。从那以后我便认为,您不愿再跟我有任何联系了。甚至我到了雅尔塔,也没敢贸然去看望您。可是直到现在,我都热诚地感激您,因为您曾让我有机会吻了您母亲叶甫盖尼雅·亚科夫列芙娜的手。

今天亚·罗·埃格斯①到我这里来了。我问他,如果我给您写信,您会抱什么态度?他鼓励我写。要是有什么不妥的话,我要怪罪于他了。

您知道我想告诉您什么吗?几年以前,我夏秋两季都在波尔塔瓦附近住别墅,因此认识了亚·伊·斯玛金。我觉得他非常讨人喜欢,同时他也时常谈到您家里的事。他坦白地说,他爱了您一辈子。而且他只爱过您一个人。有一次他还说:"我不光是爱过,而且一直在爱。就是现在也爱。"您若能看见他吐露这些肺腑之言时的神情,该多好啊!

现在他去世了。但愿您能再一次回想起他那强烈的爱情与忠诚。而且以此作为对他的奖赏吧。我让您回想起,您不会生我的气吧?不,请您可别生我的气!我老了,疾病缠身,体质很弱。我盼着快点儿死。因此我多么希望听到您说句温存的话啊,哪怕只说一句也好!

您可知道,我也像斯玛金一样,一辈子只爱过一个人。我可以吻一吻

---

① 亚历山大·罗曼诺维奇·埃格斯,1880—1953,俄国文艺学家。——译者注

遥远的过去——我的哥哥契诃夫

您吗？

衷心热爱您的
丽·阿维洛娃
1939年4月14日

我再重复一遍，这封信使我很受感动。1939年夏天，我照例从雅尔塔到莫斯科去，那次我亲自登门看望阿维洛娃。她当时住在瓦罗夫斯基街十号。我看见的已经是一位疾病缠身、精神萎靡的老太婆了。她屋里桌子上扔着一大堆香烟头儿。

我们这次会面很凄凉，也是最后一次。丽季雅·阿列克谢耶芙娜于1943年去世。

* * *

我每次看望过哥哥以后，从医院回家，一路上总是思绪万千。我感到，我们的生活现在需要改变。假如说，以前我的全部心思都用在为哥哥创造最好的写作条件上，那么现在首先要考虑的是哥哥治病和恢复健康的问题。我一想到过去我们谁也不了解哥哥的病情，因而没采取过任何措施，就难过得心如刀绞。后来安东·巴甫洛维奇自己说，早在1884年他就开始咯血，实际上已经病了13年，竟没有怀疑过那是肺结核病的症状。那些年，他说过多少次，咳嗽只不过是受到机械性的刺激，"离肺结核还远着呢"！他一想起1890年带病进行最艰难的萨哈林岛之行，坐四轮马车顶风冒雪、不顾天寒地冻地在西伯利亚旅行，就感到后怕……

安东·巴甫洛维奇出院回家时，医生说，他必须彻底改变生活方式。他必须停止紧张的工作，注意身体，吃得好些，冬天要到温暖的南方去疗养。

我受哥哥的委托，告诉农民我们家不再接诊病人，安东·巴甫洛维奇完全停止行医了。这件事让农民很沮丧，安东·巴甫洛维奇本人也很伤心，因为他需要医学啊。他在那些日子里写的一封信中说，在农村停止行医，"对我来说，既是减轻负担，又是巨大的损失"。

——第十六病室

夏天来到了，可我们家里却郁郁寡欢。喧哗声、欢笑声少了。客人也不那么多了，而且来的人都竭力克制自己，尽量不去打扰哥哥，以免让他感到疲倦。可是，安东·巴甫洛维奇在给娜·米·林特瓦列娃的信中却抱怨说："遵照尊敬的同行的吩咐，我过着一种滴酒不沾、修身养性的无聊生活，要是这种生活再持续一个月，我就要变成一只鹅了。"

直到将近仲夏，大家的心里才松了一口气，因为安东·巴甫洛维奇感觉好多了，几乎已经不咳嗽了。顺便说一下，他从来都不像是一个有病的人，无论他有时感到多么难受，也从不呻吟，从不显出痛苦的样子。不管是家里人还是熟人，谁也不清楚安东·巴甫洛维奇什么时候有病。这是安东·巴甫洛维奇一直到生命结束都保持着的一个特点。

7月里，许许多多客人又到我们家里来了，庄园里重新有了笑声、乐曲声和歌声。"我的客人多极了，"安东·巴甫洛维奇7月初给列依金写信说，"不但地方不够住，卧具也不足，就连跟他们交谈和显得像个殷勤好客的主人的兴致也不够用。我吃胖了，好多了，我都认为我完全是个健康人了，已经不用享受病人的待遇，也就是说，我已经没有权利随便离开客人，我已经不被禁止长时间谈话了。"

就在这个时候，画家约西弗·埃玛努伊洛维奇·勃拉兹等不及安东·巴甫洛维奇到彼得堡去，就来到我们家给他画肖像。当时天气炎热，安东·巴甫洛维奇在书房里端坐不动，实在难熬。勃拉兹每天来画，画了十来次。他显然画不好这幅肖像，所以才拖了那么久。大家知道，这幅肖像连画家本人也不满意，因而他拒绝把它交给巴·米·特列基亚科夫去展出。后来他给特列基亚科夫写信说："我不得不在安·巴·契诃夫的庄园里进行绘画，还要考虑到他的病尚未痊愈，这样的条件妨碍我采取有力措施顺利工作。"

临近秋天，安东·巴甫洛维奇准备到南方去。许多医生都建议他到法国的尼斯去过冬，当时那里气候宜人，是肺病患者的休养胜地。9月初，安东·巴甫洛维奇就动身到尼斯去了。

177

■遥远的过去——我的哥哥契诃夫

十六 哥哥不在家的那个冬天

安东·巴甫洛维奇不在家,我们第一次孤孤单单地度过了一个漫长的冬天。我不得不一个人操持梅里霍沃的家务。可是奔走于莫斯科和梅里霍沃村之间,把两地的事情都办妥帖,并不是一件轻而易举的事情。那时,弟弟米哈伊尔·巴甫洛维奇早不跟我们住在一块儿了,他已经成家另过。

趁哥哥不在家,我想把厢房大修一番,因为冬天厢房里相当不暖和,冷风把热气全吹走了。我着手修理两个房间里的防寒设备,心想,来年冬天哥哥会住在家里,到时候,他为了方便和安静,就可以搬到厢房里去住了。

屋里的壁纸都钉上了一层瑞典硬纸板,又糊上新壁纸,外室的正门门板包上毡子和漆布,门上还挂起一个大呢门帘,挡得严严实实。窗子上也挂上厚窗帘,密不透风。炉子也重新砌过。总之,厢房搞得很漂亮,很舒适,正如我往法国给哥哥写的信中说的,它"像一个精美的糖果盒"。可是很遗憾,正如后面将会看到的,安东·巴甫洛维奇在冬季一天也没有在厢房里住过。

在这之前几年,我就开始认真练习绘画。我去听斯特罗加诺夫美术学校的夜班课。在那儿我认识了女画家德罗兹多娃和霍佳英采娃,后来跟她们都成了好朋友。玛丽雅·基莫菲耶芙娜·德罗兹多娃经常跟我到梅里霍沃去。我们一块儿绘画。安东·巴甫洛维奇经常开玩笑地把她的姓改成乌多多娃,也是"鸟姓"①,有时候还称她古尔古利雅。她最终也没能成为真正的画家。亚历山德拉·亚历山德罗芙娜·霍佳英采娃是个具有特殊气质的女画家。她无疑很有才气,可是律己不严,过多地在一些微不足道的事情上分散了精力,因为如此,她没能创作出什么特别出色的作品。可是,她倒是一位很有才能、很聪颖的漫画家,她的漫画常在报刊上发表。

霍佳英采娃也常到我们梅里霍沃的家里来,有时还住一些日子。安东·巴甫洛维奇到尼斯去过冬,她也很快到那里去了。"这儿有一位俄罗斯画家,她画我的漫画,一天画十至十五次,"安东·巴甫洛维奇从尼斯写信说。顺便说说,她的这些漫画画得相当成功。安东·巴甫洛维奇在另外一封信里向我这样描写霍佳英采娃在尼斯的情况:"昨天我领亚·亚·霍佳英采娃到蒙特卡罗去了一趟,让她看了轮盘赌,可是她跟别的女人一样,缺乏男人那种跃跃欲试的好奇心,而且轮盘赌并没有给她留下任何印象。她还是穿着在梅里霍沃时的那身衣服。在Pension Russe②吃午饭的俄国人当中,她最有教养,甚至是独一无二的。"

过了两年,亚·亚·霍佳英采娃与女画家伊丽莎白·尼古拉耶芙娜·兹凡采娃合作开办了一个美术工作室。她们聘请著名画家谢罗夫和科罗文任教师。雕刻家安娜·谢苗诺芙娜·戈鲁勃金娜教授雕刻。这个工作室深受年轻画家的欢迎。我在这个工作室学画。我的一些绘画作品,例如《芭蕾舞女演员》,就在那儿经谢罗夫亲自修改过。

1897年底,我在梅里霍沃收到画家约·埃·勃拉兹的一封信,请我把

---

① 德罗兹多娃(Дроздова)这个姓是由"鹈鸟"(дрозд)变来的,乌多多娃(Удодова)是由"戴胜鸟"(удод)变来的,所以说都是"鸟姓"。——译者注
② 法语,意为"俄罗斯公寓"。——译者注

遥远的过去——我的哥哥契诃夫

他在梅里霍沃画的那张他并不满意的安东·巴甫洛维奇肖像寄给他。他跟我说，希望哥哥从国外回来能路经彼得堡，他打算再把那幅画加工一下。我把画寄给了勃拉兹，不过我同时告诉他，安东·巴甫洛维奇不到夏天是不会回国的。因而勃拉兹就向巴·米·特列基亚科夫提出给他到尼斯去的路费，他想重画一张安东·巴甫洛维奇的肖像。特列基亚科夫同意了，由此看来他是极想在自己的陈列馆里有一张契诃夫肖像的。

1898年3月约·埃·勃拉兹前往尼斯，在那儿重新画了一张安东·巴甫洛维奇的肖像。直到现在，特列基亚科夫绘画陈列馆里展出的那张契诃夫的著名肖像就是这样来的，勃拉兹在肖像上自己的签名下面写了"98年，尼斯"几个字。

然而安东·巴甫洛维奇本人依旧不喜欢这幅肖像。他给我写信说："据说像画得很像我，可是我并不觉得怎么样。上面有的一些特点不是我的，而我的一些特点又没有。"他在给霍佳英采娃的信中抱怨说："表情还跟去年的那张一样，仿佛我闻足了洋姜的辣味似的。"后来亚·亚·霍佳英采娃就根据这句话画了一张安东·巴甫洛维奇的漫画，画他站在特列基亚科夫绘画陈列馆里看着自己的肖像。这幅漫画发表在《新时报》上。

可是伊·伊·列维坦却喜欢安东·巴甫洛维奇那幅肖像。

安东·巴甫洛维奇在尼斯写了一些短篇小说，其中有《在故乡》、《贝琴涅格人》、《在大车上》、《在朋友家里》。我在《俄罗斯新闻》上读到这些小说，很喜欢，特别喜欢《在故乡》。莫斯科文学界对这篇作品也称赞不已。当时我忍耐不住，就把这件事写信告诉了哥哥。

可是安东·巴甫洛维奇在尼斯工作效率不高。他在国外的创作灵感比在家里差得远。他从那里给我写信说："我想工作，可是没有适合工作的环境。"他在另外一封信里还说："我在工作，可是极为苦恼的是，写得不够多，也不够好，因为住在异国他乡，工作不舒服；自己总觉得像被人抓住一只脚头朝下倒挂起来似的。"不过他从国外给我们写的信比他到别处旅行时多得多。他在这些信里惦记着家，惦记着梅里霍沃的农民和小学生。他还给我们和家里的工人寄来过礼物。这种关心当然使所有的人都很感动。

安东·巴甫洛维奇在尼斯逗留期间，著名的"德雷福斯案件"正轰动法国。案件的实质是这样的。早在1894年，因为有人诬告犹太籍法国军官阿尔弗雷德·德雷福斯犯有间谍罪，法国军事法庭判处他终身流放。

1897年底，在法国社会舆论的压力下，军事法庭决定重新审理德雷福斯案件。但是军事法庭仍然维持原判。

这次审判过后几天，法国著名作家埃米尔·左拉在《震旦报》上发表了致法国总统福尔的公开信。这封信的标题是"J′accuse"(我控诉)。作家在信中大声疾呼，公开控诉法国国防部与总参谋部的讹诈和肮脏的伪造勾当，公布了与"德雷福斯案件"有关的所有犯有国事罪的人员名单。

对安东·巴甫洛维奇来说，正义高于世间的一切。他对整个案件极为关切，并且站到德雷福斯和左拉的一边。有趣的是，当时苏沃林和他的《新时报》对德雷福斯和左拉持否定的反动立场，而哥哥恰恰给他写信说："德雷福斯案件闹得沸沸扬扬，可是还没有走上正轨。左拉光明正大，因此我（作为工会的一员，已经从犹太人那里得到100法郎）[①]对他的激情非常欣赏。法国是个非常好的国家，法国的作家也非常好。"

在德雷福斯案件上，苏沃林的报纸始终不断刊登带有污蔑性和反犹性的电报、报道和文章，攻击德雷福斯和左拉，攻击所有敢于保护他们的人。这一切使安东·巴甫洛维奇极为愤慨，于是他在给费·德·巴丘什科夫教授的信中写道，"《新时报》简直恬不知耻"。这时他彻底明白了，不能把苏沃林跟他的报纸分开。正是在这时候，哥哥与苏沃林的私人

[①] 安东·巴甫洛维奇这句讽刺暗语指的是，一些反动和具有沙文主义情绪的报纸，包括苏沃林的《新时报》，连篇累牍地说，仿佛一切站在德雷福斯或者左拉一边的人都被某个犹太"工会"所收买。——原注

遥远的过去——我的哥哥契诃夫

友谊关系才发生了转折。安东·巴甫洛维奇给大哥亚历山大写信说:"在左拉的事情上,《新时报》表现得简直卑鄙,我跟老头子在这方面互相通过信……于是两人谁也不理谁了。我不愿给他写信,也不愿收到他的信……"

安东·巴甫洛维奇跟苏沃林的关系就这样终结了。不错,正像我在前面说过的,他们之间后来还有为数不多的书信往来和会面,可是这已经完全不同于过去了。

安东·巴甫洛维奇在尼斯认识了俄国著名教授马·马·科瓦列夫斯基,他们两人经常见面。科瓦列夫斯基在莫斯科大学任教,可是在80年代末由于思想进步而被革职。哥哥从尼斯给我写信谈到与他认识的情况:"他正是那个具有自由思想而被解除大学职务的马克西姆·科瓦列夫斯基。"他在另一封给霍佳英采娃的信中,称科瓦列夫斯基是"在各个方面都极为了不起和引人注目的人"。

在尼斯,常与哥哥见面的还有伊·尼·波塔片科、作家瓦·伊·涅米罗维奇-丹钦科、小剧院的演员兼导演亚·伊·苏姆巴托夫-尤仁,或者称他为萨舍奇卡-菲列[①],这是我们在自己一些人中间给他取的外号。我们之所以给他取这个外号,是因为每逢我们一块儿到饭馆去吃晚饭,他总是给自己叫一份"小脑煎肉排"。我们管他的妻子玛丽雅·尼古拉耶芙娜也同样叫做玛舍奇卡-菲列。

亚历山大·伊万诺维奇·苏姆巴托夫-尤仁是个很有才能的演员、导演和剧作家,跟安东·巴甫洛维奇很要好,很爱他。安东·巴甫洛维奇也同样喜欢他,而且像跟弗·伊·涅米罗维奇-丹钦科一样,也是以"你"相称。亚·伊·苏姆巴托夫-尤仁写过一系列评论安东·巴甫洛维奇作品的文章,例如对短篇小说《农民》的评论,就说明他对安东·巴甫洛维奇

[①] 菲列,俄文为филе,意为"煎肉排","里脊肉"。——译者注

的创作评价极高。

安东·巴甫洛维奇在法国还认识了一个人。这件事不能不提一下，这就是和著名雕刻家马·玛·安托科尔斯基的相识。直到今天，在亚速海岸边的塔甘罗格还竖立着一座彼得大帝的雄伟纪念像，这是安托科尔斯基的作品。这座纪念像出现在塔甘罗格，是安东·巴甫洛维奇在巴黎跟雕刻家交涉的结果。事情是这样的：1898年秋是塔甘罗格建城二百周年。大家知道，这个城是彼得大帝建立的。市自治会为建城创始人的纪念像募捐。市长约尔达诺夫请安东·巴甫洛维奇去找住在巴黎的俄国雕刻家马·玛·安托科尔斯基谈一谈，让他制作一座彼得大帝的雕像，要像他以前为彼得戈弗所做的雕像那样大小。于是，素来关心故乡城市的安东·巴甫洛维奇完成了这一委托，这样彼得大帝的纪念像就在塔甘罗格竖立起来了。

* * *

1898年春天，我们全家人以及所有的朋友和熟人都急不可耐地等待安东·巴甫洛维奇返回家园。可是，天气好像故意跟人作对似的，一直很冷：春天姗姗来迟，积雪很久也不融化。哥哥依照我们的请求继续待在巴黎，等着我们通知什么时候可以动身回国。结果，他在国外住了8个月，5月2日才离开法国，5日回到梅里霍沃。

遥远的过去——我的哥哥契诃夫

十七 父亲晚年的生活

我父亲,巴维尔·叶戈罗维奇,在梅里霍沃我们家餐厅旁边有自己的一个不大的房间。他那时已经退职,在家随便干些事情。夏天,他喜欢在花园忙碌,看管、清理小路,侍弄树木。冬天,他清除通向厢房的小路上的积雪,把房子附近的雪打扫干净。

父亲完全承认安东·巴甫洛维奇是一家之主,是家长,事事都听从他的意见。父亲晚年脾气非常温和。哥哥对父亲也很体贴入微,虽然有时善意地嘲笑一下他的嗜好和习惯。父亲一辈子信仰宗教,并且参加所有的宗教仪式。每逢节日,他都要专门坐马车到附近村里的教堂去祈祷。经常这样跑来跑去,特别是晚上去参加彻夜祈祷,不是件轻松的事情,因而父亲有时就在自己的小屋里独自举行私人祈祷式:他点上神灯和蜡烛,读福音书,一边摇着神香一边轻轻地哼唱圣诗。他祈祷的时候,我们谁也不去打扰他。

在梅里霍沃,父亲还做一件事,就是写日记。这是他墨守成规和仔细认真的性格所特有的表现。他每天把梅里霍沃发生的事都记在日记里。这些简明扼要的记录有时显得既很动人,又实实在在:谁到我们家来了,谁来吃午饭了,家里哪个人到哪儿去了,花园里什么花开了,安托沙的心情如何了,等等[①]。为了说明问题,现在我从父亲的日记里摘录一些片段。

1892年6月29日 过命名日时客人全来了。

1893年3月3日 雪在化。温床铺了粪肥。

3月18日 妈妈斋戒祈祷。

4月22日 安托沙病了。

1894年8月20日 这20天里什么也不能干。农活损失巨大。绝望和灰心丧气。

12月31日 一个客人也没有。大家没有迎接新年,吃完晚饭10点钟睡觉。

1895年1月2日 安托沙去教士那里吃午饭。我们吃晚饭的时候,塔·利·谢普金娜-库佩尔尼克和伊·伊·列维坦来了。

4月7日 安托沙、列维坦和玛莎到树林里去了。他们一直散步到晚上10点。

5月6日 画家来了。晚上来的是:母亲、索尼娅带着沃洛基卡和保姆、谢玛什科和伊万年科。

1896年1月1日 沙霍夫斯科依公爵和夫人来了。几个女人和孩子们来祝贺。萨维利耶夫到塔甘罗格去了。谢缅科维奇和妻子来了。还有神父。

2月24日 神父和诵经士来吃午饭。丽季雅和玛莎来了。兽医来过夜。

3月6日 客人们在厢房和家里过夜。

3月20日 安托沙从洛巴辛车站乘特别快车到南方去了。

10月19日 安托沙、玛莎和米津诺娃从彼得堡回来。丢在车厢里的东西给送回洛巴辛车站,一点儿也不少。

[①]现在父亲这本日记确实有用,文学研究家经常利用它来印证作家契诃夫生平中的各种情况。——原注

遥远的过去——我的哥哥契诃夫

12月28日 人们化了装到谢缅科维奇家去做客。

12月31日 夜里12点迎接新年,有自己家的人和客人:丽卡、萨莎·谢利瓦诺娃和画家。他们在我们家过夜。

1897年1月17日 安托沙37岁。神父尼古拉和诵经士来过。玛莎回来了。

2月5日 安托沙结束人口统计。

4月23日 安托沙在花园里干活。

6月3日 安托沙和伊万年科在大池塘边钓鱼。

7月22日 安托沙、丽季雅和画家走了。勃拉兹画肖像17天,没画完。

8月20日 现在两个女画家和一个男画家列维坦在我们家吃午饭。玛莎到莫斯科去了。

8月31日 安托沙早上8点离开梅里霍沃到比阿里茨去了。

1898年5月5日 安托沙从法国回来。他带回许多礼物。

7月15日 到树林里去采蘑菇的有玛莎、安纽塔、罗曼、伊万和安托沙。

7月30日 外国人来,吃晚饭,喝茶。

8月15日 娜·米·林特瓦列娃来了。戈尔采夫和科诺维采尔来了。谢缅科维奇夫妇来了。7个外地人在此过夜。

9月3日 挖土工人在安托沙照管下挖坑、栽树等等。

此外,他每天还记气温多少,天气如何:晴天,阴天,下雨,下雪。

当父亲离开梅里霍沃(到莫斯科的伊万·巴甫洛维奇、彼得堡的亚历山大·巴甫洛维奇那里去)的时候,安东·巴甫洛维奇便亲自替他记日记,而且运用父亲记日记的风格。有时他不能保持一本正经的口气,竟以父亲的"风格"做些开玩笑的记载。例如:

——父亲晚年的生活

1893年3月15—16日 牡绵羊在跳。玛柳什卡兴高采烈。

3月18日 下雪。谢天谢地,所有的人都走了,只剩下两个人:我和契诃娃M-me(太太)。

3月20日 晴天。温床搞好了。母亲梦见瓦盆里有一只山羊。

3月23日 母亲梦见一只鹅戴着教士的法冠。这是好兆头。玛什卡肚子疼。宰了一口猪。

1895年5月13日 记这种日记萨沙比安托沙和玛莎能干,快下雨了吧。有云彩了,要下雨了,虽说萨沙聪明,可仍旧是个傻瓜……

* * *

可是父亲最后的日记不得不由我来写了。事情是这样的。

1898年9月中旬,安东·巴甫洛维奇到雅尔塔去了。又剩下我一个人和父母在家,并且像以往一样,我由于在中学工作,大部分时间不得不住在莫斯科。我那时住在苏哈列夫花园街基尔赫戈弗的房子里。

1898年10月9日(星期五)晚上,画家伊·埃·勃拉兹到我这儿来做客。我们正坐着快活地谈笑,忽然有人送来一封从洛巴辛拍来的电报。电报是拍给我的,可是上面没有发报人的姓名,只有几个字:"父病,速到列夫申医院。"起初我根本弄不清是怎么回事,究竟是谁的父亲?怎么会病了?为什么在莫斯科的列夫申医院里?我离开梅里霍沃总共才这么几天,从家里出来的时候,父亲巴维尔·叶戈罗维奇身体挺好的呀。

这时候哥哥伊万·巴甫洛维奇恰好来了。他看了看电报,也认为可能是送错了。可是我总有些不放心,因为电报毕竟是拍给我的,再说发报地点又是洛巴辛。我决定到医院去。勃拉兹自告奋勇陪我去。

我们不知道列夫申医院的地址,先到一家药店打听。当时已经是晚上九点半了。我打听到列夫申教授家的地址,给他打了电话。他家里人回答我说,教授不在,让人用电话叫到医院去了,因为从谢尔普霍夫县送来一

遥远的过去——我的哥哥契诃夫

位患钳闭疝气的病人。这下我才确信,是父亲住院了。我难过极了,坐车直奔那所外科医院。

到了医院,我一眼就看见一扇巨大的窗户,透过窗户只见房间里点着明亮的电灯,一些穿白衣服的人在手术台周围忙碌。我立刻意识到,这是在为父亲做手术。

我不记得自己是怎样跑进医院大门的。守门人证实了我的猜测,他说,几个小时以前确实从谢尔普霍夫县送来一位姓契诃夫的老人,患有钳闭疝气,还说老人精神很好,是自己走上楼的。然后他说,教授刚来不一会儿,马上就要做手术。我还打听到,送父亲来的是地方自治会医生叶·巴·格里戈利耶夫,他住在离梅里霍沃不远的乌格柳莫沃村。

医院里的人自然不让我进手术室,我只得在楼下前厅里等着。可想而知,给父亲做手术的时候,我心里多么难受啊……穿白色罩衫的男人和女人从我身旁走过来走过去,可是,不用说,什么也不能对我讲。

时间一分钟一分钟、一小时一小时地过去了。勃拉兹一直没有离开我。他和看门人尽力安慰我,让我放心。到夜里三点多钟,列夫申教授下楼来见我。他显得疲惫不堪,头发汗淋淋地黏在太阳穴上,两只手上似乎还有血。有人已经告诉他我到了,于是他径直朝我走过来,着实把我训了一顿:

"您怎么搞的。丢下一个老人不管。手术很难做,时间又长,只有您父亲这样身体好的老人才经受得住。肠子坏了四分之三俄尺①,不得不切除。"

"教授,我三天前离开家的时候,父亲还好好的。我在莫斯科的中学教书,明天就要回家的。电报说父亲给送到您的医院来了,这简直是晴天霹雳啊,"我回答他说,差点儿哭起来。

---

① 此处为原文错误,"尺"应为"寸"。——译者注

―― 父亲晚年的生活

列夫申大概是可怜我了，便较为和蔼地说，手术总的来说进行得还算顺利，病人已经醒过来了，如果我愿意的话，可以去听听他说话的声音。他领我到楼上的手术室，我听见父亲说话还挺有精神。他没有看见我，因为有病房医生挡着。

列夫申把我带出房间，又对我说：

"我再说一遍，这是个很难做的手术，因为耽误的时间太长了，直到现在才送到医院来，要是再迟一小时，他就没命了。现在一切还算顺利，可是还不能认为万事大吉。您回家去吧，早上八点钟再来。"

不用说，我在家里一分钟也闭不了眼睛。早晨，我跟哥哥伊万·巴甫洛维奇来到医院。父亲和医生还都在睡觉，医生看护了父亲一夜。我们只好等着。

后来列夫申来了，把我们领到他的办公室里。应该说，我一直没有哭，可是现在，在教授这里，我不禁放开了悲声……

父亲睡了很久，快到中午一点钟才醒。医生找到我们，说父亲的脉搏和体温都很正常。最后兹科夫医师陪我们上楼看望父亲。他看到我们来很高兴，声音微弱地对我们说，他根本不知道是怎么给他做手术的，他对手术很满意。昨天，他从梅里霍沃坐雪橇到洛巴辛车站，在土坡子上颠得难受得要命。医院不让我们在病人身边久留，不过允许晚上再来探望。

晚上，我看到父亲情况很好。他精神显得强多了，并说医院照顾得很周到，大家都挺关心，这里的人都喜欢他。他只是说肚子疼，还让我陪母亲来看他。在医院里，医生也好，实习大学生也好，护士也好，大家的确都喜欢父亲。人人都感到惊奇，父亲已经74岁，身体竟这么好，这么健壮，大概，人们喜欢他，还因为他是作家契诃夫的父亲吧。

第二天，10月11日，我又跟从梅里霍沃赶来的母亲一块儿去看望父亲。他仍然感觉很好，对一切都满意，可还是说肚子疼，打臭嗝。我稍微放了些心。似乎一切还顺利。

遥远的过去——我的哥哥契诃夫

可是，10月12日父亲突然感到难受，结果只好再做一次手术。手术是下午进行的。父亲没能经受住这次手术，与世长辞。这对我们全家人来说简直是飞来横祸，一个沉重的打击。

*　*　*

于是，1898年我在父亲的梅里霍沃日记中写下最后一句话：
"10月12日下午五时，巴·叶·契诃夫在莫斯科逝世。"

*　*　*

我们全家人悲痛的心情难以用语言形容。我不知道该怎样把父亲去世的消息通知住在雅尔塔的安东·巴甫洛维奇。他爱父亲，而且在最后一个时期对父亲格外体贴，我担心这个消息对病中的哥哥打击太大，以至加重他的病情。我没有勇气把噩耗通知哥哥，心想，他自己会从其他途径或者报纸上得到消息的。我只给住在雅尔塔的伊·阿·西纳尼拍了一封电报，他是一家不大的图书–烟草店的老板，哥哥常到那里去。电报全文如下："恳请告知安东·巴甫洛维奇·契诃夫得悉其父死讯后情况。他身体如何。"

我后来才知道，这封电报惹得伊·阿·西纳尼忐忑不安，他认为，应该把父亲的死讯暂时瞒着安东·巴甫洛维奇，因此直到10月13日晚上，才把我的电报送给哥哥。安东·巴甫洛维奇马上给我们拍回一封电报："愿父亲升入天堂，永远安息。深感悲痛，惋惜。请告详情。身体健康，勿念，要照顾好母亲。"

后来哥哥得知父亲的死因，为自己当时不在梅里霍沃深感惋惜。他说：

"如果我在家，绝不会让父亲的肠子坏死，也绝不会把他送到莫斯科去，他还会活很久的。"

我们把父亲安葬在莫斯科新圣女修道院的陵园里。几天之后，我收到安东·巴甫洛维奇的一封信。他在信中写道："突如其来的噩耗使我深感震惊，无比悲痛。我怜惜父亲，也怜惜你们大家；一想到你们都在莫斯科经受巨大的痛苦，而我却在雅尔塔清闲度日，心里就倍觉不安……母亲愿意到雅尔塔我这里来散散心吗？她要是能够来这儿看看，喜欢这儿，我们就干脆把家搬来……如果你也能请个假，哪怕只来住一周，也是我极大的快乐了。再说还能商量一下目前该怎么办。我觉得，父亲死后，梅里霍沃的生活已经一去不复返，梅里霍沃生活时期仿佛也跟着他的日记一块儿终止了……"

　　后来事情的结果正是这样：我们的"梅里霍沃生活时期"结束了。我们从此再也没在梅里霍沃长住过，一直到迁居雅尔塔以后，出售梅里霍沃庄园的时候，才偶尔到那里光顾一下。

遥远的过去——我的哥哥契诃夫

十八 又是《海鸥》

1898年春天,我偶然听说,莫斯科建成一座新剧院,准备上演阿·康·托尔斯泰①的悲剧《沙皇费多尔》。可是我并没有把这个消息挂在心上,甚至不知道新剧院的一个主要组织者,竟是我们家的老朋友弗拉基米尔·伊万诺维奇·涅米罗维奇-丹钦科。

说真的,以前,大约1897年底,我常见到他,不知什么原因,他每次都要跟我谈起《海鸥》,谈起《海鸥》在文学与戏剧上的成就,可是我一听这些就立刻把话题岔开,因为我又想起了《海鸥》在彼得堡的惨败。直到后来我才明白,这是涅米罗维奇-丹钦科的"外交"手腕,他知道我跟哥哥关系密切,显然认定,我能劝哥哥同意在新剧院上演《海鸥》。

1898年秋天,我们的父亲去世,安东·巴甫洛维奇在雅尔塔过冬,我把母亲接到莫斯科,在乌斯宾巷拐角的小德米特罗夫卡租下一套住宅。在乌斯宾巷另一头的轿式马车市场,即后来的"埃尔米塔日",就是莫斯科大众艺术剧院,可是我当时并不知道。剧院正在上演《沙皇费多尔》。伊

---

①阿列克谢·康斯坦丁诺维奇·托尔斯泰(1817-1875),俄国剧作家和诗人。——译者注

——又是《海鸥》

萨克·伊里奇·列维坦不止一次跟我提起这个戏，说是一出精彩的好戏，总让我去看看。不过我一直没有去。

可是有一天，哥哥伊万·巴甫洛维奇来到我这里，说涅米罗维奇-丹钦科在找我，要给我《海鸥》首次公演的入场券，《海鸥》将于12月17日在莫斯科大众艺术剧院上演。这时我才第一次知道涅米罗维奇-丹钦科与这个剧院有关系（当时我不认识康·谢·斯坦尼斯拉夫斯基）。我的心紧张得难受。又是《海鸥》！我害怕它再遭到彼得堡那样的惨败。

大约在《海鸥》首次公演前一星期，我到剧院看了《沙皇费多尔》。演员的表演很出色，我很高兴。为了让安东·巴甫洛维奇放心，我把看戏的印象写信告诉了他，并且加上一句，说《海鸥》肯定会获得成功。我知道，公演那天哥哥在雅尔塔会坐立不安，因此我告诉他我一定要去看演出，并且相信演出会成功。其实我也害怕去看首次演出，把赠票给了哥哥伊万·巴甫洛维奇，让他带着他家里的人去了。

12月17日傍晚，一辆辆出租马车、轻便马车、轿式马车从我住宅的窗前隆隆地走过，向"埃尔米塔日"驶去。随后，街上一片寂静……我心里焦虑不安。最后我实在忍耐不住，还是披上皮斗篷，到剧院去打听一下情况。我打开伊万的包厢门，紧挨门口坐下。我感到非常惊奇的是，剧院里很安静，观众都在聚精会神地看戏，跟彼得堡那次的情况完全不同。我悄悄地问哥哥伊万：

"怎么样？"

他同样轻声答道：

"好极了。"

我看起戏来，亲眼目睹了那些陌生演员的绝妙表演。当时我还不认识克尼碧尔、丽丽娜、维什涅夫斯基和其他的演员。观众对演出极为赞赏，呼唤作者登台。我感到万分遗憾，哥哥当时不在剧院，没能看见自己的剧本竟如此轰动地恢复了名誉。众所周知，演出结束时，根据观众的要求，

遥远的过去——我的哥哥契诃夫

剧团给安东·巴甫洛维奇往雅尔塔拍了贺电。

第二天,我给哥哥写了一封热情洋溢的信。凡是我给安东·巴甫洛维奇写的信,他都保存下来,因此现在我才有幸常常重读我在五六十年前给他写的东西。下面就是我写的那封谈到艺术剧院首次上演《海鸥》的信:

昨天上演了《海鸥》。演得好极了。第一幕演得非常清晰而有趣。非常非常可爱的女演员克尼碧尔扮演戏里的女演员、特烈普列夫的母亲,她才华超群,看她表演,听她说话,简直是一种享受。医生、特烈普列夫、教员以及玛霞的角色都演得好极了。我不特别喜欢特利果陵和海鸥。斯坦尼斯拉夫斯基把特利果陵演得无精打采,而扮演海鸥的女演员很差劲,不过,总的来说,演出很动人,简直让人忘记了那是在演戏。剧场里静悄悄的,观众聚精会神地听着。第一幕演完以后,观众呼唤你登台,于是涅米罗维奇出来说,你不在剧院,这时所有的人,尤其是池座里的观众就大声呼喊着:"那么应该给他发个贺电!"第三幕演完以后又是欢呼,为演员喝彩,呼喊作者的名字。这时,涅米罗维奇又出来说:"既然如此,请允许我给剧作者发个贺电。"观众喊着:"赞成,赞成!"熟人很多,我有些紧张,可是心里高兴,大家都来祝贺演出成功,对你赞不绝口,等等……

不知为什么,康·谢·斯坦尼斯拉夫斯基也好,弗·伊·涅米罗维奇-丹钦科也好,都在他们的回忆录里坚持说,我似乎在《海鸥》上演之前到剧院去过,要求更换剧目,这使整个剧团在《海鸥》首次公演之前神经更加紧张了。可是我上面已经说过,在涅米罗维奇-丹钦科给我送来《海鸥》首次上演的入场券之前,我根本不知道他领导这个剧院。大概我的这些亲爱的、永远不能忘怀的朋友们,不管是斯坦尼斯拉夫斯基也好,还是涅米罗维奇-丹钦科也好,后来都运用了一点想象,为的是强调《海鸥》上演的困难(可是,由于他们这样轻率地写成了文字,致使后来我们一些敬爱的现代契诃夫研究家也在自己的著作里重复起这件事来)。

―― 又是《海鸥》

《海鸥》越演越受到赞扬。首次公演后两个星期，我给哥哥写信说："《海鸥》引起了轰动，人们谈论的只有它了。根本买不到票，广告上每次都写着：'票已售完。'我们住在埃尔米塔日——剧院附近，每逢演出《海鸥》或者《沙皇费多尔》，马车就从我们窗下鱼贯而行，缓缓驶过，警察哇啦哇啦地叫喊。夜半一点钟，观众一边走一边高声谈论着《海鸥》，我躺在被窝里，都能听得一清二楚。"

我很快就认识了艺术剧院全体演员，而且跟他们关系密切起来。一1899年2月5日，我第三次看了《海鸥》，给哥哥写信，我写道：

昨天我第三次去看《海鸥》。觉得比第一和第二次更为满意。他们演得非常、非常好，连罗克萨诺娃也演得很好了。维什涅夫斯基请我到后台，把我介绍给全体演员，他不久前到我们家里来做过客。要是你知道他们有多高兴就好了！……扮演玛霞的阿列克谢耶娃要我转告你，你写的角色别提多适合她扮演了，她很感谢你。所有的人都向你致敬。他们怀着多么深厚的爱演你的《海鸥》啊！！！费多托娃也在，眼泪一刻不住地流，说："请您转告他，那个亲爱的人，就说我老婆子让这个戏给迷住了，她向他致以深深的敬礼。"她说到这儿，对着我鞠了个大躬。每逢幕间休息，她都要我到她那儿去，而且仍然泪流不止……尤仁也在，可是他没有说什么。我从心底里感到惋惜的是，你竟没能看到你的戏会有如此卓越的演出……

于是，我成了《海鸥》两度上演的见证人。一次是凄惨、残酷的演出，它不承认剧作家的革新，拒之于剧院以外；而另一次演出，却确立了崭新的、现实主义的戏剧，增强了作者的信心，使作者得到了创作的欢欣，这次演出使《海鸥》流芳百世，成为当今世界公认的最优秀剧院的象征。

遥远的过去——我的哥哥契诃夫

十九 迁居雅尔塔

安东·巴甫洛维奇于1898年5月从法国回国后,在梅里霍沃住了一个夏天。到了秋天,经医生们的再三恳求,他又须到气候温暖的地方去。可是他再也不愿意去国外了,长期离开俄国使他感到压抑,而且他在国外也工作不好。哥哥决定到克里米亚去。他想先在雅尔塔住一段时间,如果克里米亚的冬天也冷的话,就到高加索去。

安东·巴甫洛维奇很不愿意离开梅里霍沃和莫斯科。他给丽卡·米津诺娃写信说:"我不愿意离开莫斯科,非常不愿意离开,可是又必须离开,因为我仍然与病菌有非法关系。"

雅尔塔的秋天又好又暖和,因而安东·巴甫洛维奇爱上了克里米亚南岸。他甚至产生在沿岸地带购买一个便宜的小田庄的念头,以便把它作为在克里米亚的别墅,供夏秋两季居住。是否在克里米亚长住的问题,哥哥当时还不曾想过,"因为北方对我们,即我们全家人来说,已经具有一种不可遏止的吸引力了",他在从雅尔塔给我来的信中说。哥哥在库丘科依村附近找到了这种很便宜的小田庄,总共只要2000卢布。这个小田庄离克基涅伊兹不远,坐落在从雅尔塔到塞瓦斯托波尔的道路旁边(也就是在西麦伊兹与拜达尔门之间）。他在给我的信中描述了库丘科依的迷人景色，并征求我的意见，买下那座田庄是否值得。我赞成在克里米亚买一座别墅，哪怕地方极小，只有三俄亩呢。实际上那里有一个葡萄园，一块烟叶田，一所两层的小楼，楼内有四个房间，外面还有一所有两个房间的小厢房。而且售价明显便宜。我在回信中建议哥哥买下田庄，还提出，必要的话，我在圣诞节假期到雅尔塔去看看。

可是，我们的计划因父亲突然去世而夭折。结果一切都变了样，我们家一下就散了。母亲孤零零地待在梅里霍沃，心里很难受。我一个人住在莫斯科。安东·巴甫洛维奇住在雅尔塔，也是孤身一人。哥哥从雅尔塔给他的一个熟人写信说，由于父亲去世，"主要的齿轮从梅里霍沃的机器上脱落了，我觉得，对母亲和妹妹来说，梅里霍沃的生活如今失去了一切魅力，我现在只得为她们再造一个新巢"。因此，他现在要考虑的已经不是雅尔塔的消夏别墅，而是全家搬到雅尔塔长住的问题了。

我接受了哥哥让我到雅尔塔他那里去的建议，为的是商量如何安排我们家今后的生活。我在中学里请了假，于10月二十几日启程到雅尔塔去了。

当时克里米亚的天气平静、温暖，因此我乘轮船从塞瓦斯托波尔到雅尔塔。安东·巴甫洛维奇到码头上来接我。我们坐上马车，等到马车走起来了，哥哥对我说：

"你听我说，我买了一块地。在城外的高坡上。风景美极了！明天我们去看看吧。"

意识到迁居克里米亚已成定局，我的心忧伤地缩紧了：我真舍不得我们美丽可爱的梅里霍沃啊，我们全家人，尤其是我，为修缮那里的房屋设备耗费了多少劳动，在那里经历了多少有趣的事啊……我心里有一股苦丝丝的感觉。

安东·巴甫洛维奇那时住在雅尔塔阿乌特卡街伊洛瓦依斯卡娅的"奥

遥远的过去——我的哥哥契诃夫

缪尔"别墅①里,他把我安置在离那儿不远的拉甫罗夫街上一个姓亚赫年科的人家里,那家经常出租房屋。

这天晚上我待在哥哥那里,我们谈了很久。我向他讲了父亲去世的详细经过,讲了我们沉重的心情。我们还谈到梅里霍沃今后的安排,谈到我们在那里已经住惯了,要是离开会感到多么难过。我们当时决定暂时不把梅里霍沃卖掉,打算冬天、秋天和春天住在雅尔塔,而夏天住在梅里霍沃。安东·巴甫洛维奇内心深处恐怕还有一个想法,以后如果有机会,就是冬天,他也还要在莫斯科和梅里霍沃住一住呢。

第二天早上,我跟安东·巴甫洛维奇到阿乌特卡去看他买的那块地。我们走了很久,而且一直是往山上走。哥哥竟选中一块离海这么远的地方,起先我感到懊丧极了,后来我才清楚,这是出于经济上的考虑。事情是这样的,城市中心的地皮很贵,每平方俄丈的价钱高达25卢布。那些地方一般不是住着上流社会的显贵,就是住着商人兼企业主。而这块地在城界以外,每平方俄丈总共只要5卢布便能买到,再说付款的条件也很优惠。钱的问题对安东·巴甫洛维奇并非不重要,因为他的钱很少,而且总的说来,建造房屋的费用暂时还没有着落,需要想办法筹措。

我们来到目的地,我看过那块地以后,心都凉了。眼前的景象简直令人难以置信:那块地原来是一段陡峭的山坡,紧挨一条山路,山坡上没有任何建筑,连树和灌木都没有,只有一片荒芜颓败的葡萄园,长着弯弯曲曲的葡萄秧,园里的土像石头一样又干又硬。葡萄园用篱笆围着,旁边就是鞑靼人的坟地。当时那里正在举行葬礼,仿佛故意要让人难受似的。我不由自主地想起了我们的梅里霍沃,那里的林荫道、高大的树木、果园、整整齐齐的小路,又一一出现在我的眼前。那一切我们都得抛弃,要用眼前这块荒芜的山坡取而代之……

---

①现在的基洛夫街28号。——原注

——迁居雅尔塔

在哥哥面前，我大概没能掩饰住自己最初不愉快的情绪，因此惹得他有些伤心。我恨自己。我竭力劝自己，这儿毕竟是著名的克里米亚呀，你看，现在尽管是10月份，可是这里温暖如春，周围的景色多美……真的，我们头顶上是万里无云的蓝天，阳光灿烂，从这儿眺望大海，俯瞰雅尔塔城，遥望周围连绵的山峦，景色美极了。整个雅尔塔一览无余。那时还看得见防波堤，看得见向堤岸驶近的各种船只。如今这些都看不见了，全被郁郁葱葱的园林遮住了。归根结底，哥哥为了健康需要住在这儿，这是最重要的。

晚上，我们一起在安东·巴甫洛维奇的住所制定这块地的规划图：在何处盖房子，把哪儿辟为花园，连花园里的小路我们都画出来了。我们还画出全家住房规划草图，安东·巴甫洛维奇准备请年轻的建筑师列夫·尼古拉耶维奇·沙波瓦洛夫来设计房子的蓝图。我们那样兴致勃勃，浮想联翩，居然把地窖和喷水池也设计出来了，却忘记当时还没有进行建筑工程和盖房所需要的钱呢。

我在雅尔塔哥哥那里住了十来天。我跟他一块儿到雅尔塔女子中学校长瓦尔瓦拉·康斯坦丁诺芙娜·哈尔凯耶维奇家里去做客，哥哥时常到她家里去，她很亲切好客（他在信中一般把瓦尔瓦拉·康斯坦丁诺芙娜称为"中学"）。我打定主意要搬到雅尔塔去，甚至跟哈尔凯耶维奇提过调到雅尔塔中学工作的事。

11月初，我返回莫斯科，而安东·巴甫洛维奇在雅尔塔开始建筑活动。他把那块地抵押给银行，以此得到一笔贷款，雇了承包工巴巴卡依·奥西波维奇·卡尔法。11月中，他们按照图纸破土动工了，而安东·巴甫洛维奇本人则着手在未来的花园里栽起树来。

我在前边已经提到过伊萨克·阿勃拉莫维奇·西纳尼，他在建筑工程的组织和管理方面给了哥哥许多帮助。他是一个极可爱的人，凡是到过雅尔塔的作家、演员和艺术家都喜欢他，尊敬他。他那个图书-烟草小商店

遥远的过去——我的哥哥契诃夫

坐落在堤岸街上，店名叫做"俄罗斯农舍"，从某种意义上来说，那是个俱乐部，因为所有住在雅尔塔，或者路过雅尔塔的文学艺术家常在那里见面。西纳尼相当爱戴安东·巴甫洛维奇，并且在各方面帮助他。建筑房屋的时候，他是哥哥的顾问和参谋。有时安东·巴甫洛维奇召开建筑工程方面的会议，参加会议的有他本人、建筑师沙波瓦洛夫、承包工卡尔法，还有就是西纳尼。随着工程不断进展，安东·巴甫洛维奇越来越热衷于建造他的雅尔塔新别墅和旁边的花园。

* * *

即使在雅尔塔，安东·巴甫洛维奇也依旧努力介入社会生活，做一个积极的、有益于社会的人。

1898年夏天，萨玛拉省严重歉收，闹起了饥荒。农民儿童的处境尤其悲惨。

根据萨玛拉地区救济饥饿儿童管理委员会的请求，安东·巴甫洛维奇在雅尔塔为饥饿儿童展开了广泛的募捐活动。他在雅尔塔的报纸上报道饥饿儿童的情况，呼吁各界人士救助他们。哥哥有一个收据簿，用它接收捐款，然后按时在报上公布收到款项的情况。为了救助儿童，他还在雅尔塔举办义演。

这年初冬，俄国红十字会雅尔塔委员会选举安东·巴甫洛维奇为正式会员。此外，他还是雅尔塔女子中学督学委员会的成员。为了庆祝普希金诞生100周年，雅尔塔成立了庆祝会筹备委员会，安东·巴甫洛维奇也被选为筹委会委员。他非常积极地参加了纪念普希金的一切组织活动，诸如组织义演啦，活画①啦，民间报告会啦，等等。总之，将近冬天的时候，安东·巴甫洛维奇从事着许许多多的社会工作，这也稍稍充实了他的生活，微微冲淡了他的孤独感。而且，尽管他住在私人住宅里，又开始从事

---

①一种无声无动作的舞台造型。——原注

———— 迁居雅尔塔

一些医务活动，接诊病人了。根据他的请求，我从梅里霍沃给他寄过医疗器械：小槌子、叩诊板和听诊器。

哥哥在雅尔塔的第一个冬天里，写出三篇著名的作品：《出诊》、《公差》和《宝贝儿》。

有一天（那是在1898年12月），安东·巴甫洛维奇写信告诉我说，他"不会理财，又大手大脚起来"，他还是买下了库丘科依，成了"今后克里米亚最漂亮和最好玩的庄园的庄园主"。这消息真让我感到震惊。他在给我哥哥伊万的信中是这样解释的："我买下了库丘科依，花了整整两千，依我看，要是不买，那才愚蠢透顶呢。要知道价钱便宜得惊人呀。"我知道，当时哥哥连盖雅尔塔的房子所必需的那笔经费都没有。他居然又买下库丘科依，我实在感到惊诧不已。可是不久，钱的问题解决了，然而根本不像我们起初想象的那样圆满，因为我们从来没有过那样的巨款。

* * *

1899年1月初，我在莫斯科听到一些传闻，说安东·巴甫洛维奇打算跟《田地》杂志的发行人阿·费·马克思进行谈判，卖掉自己的全部作品。我虽然不精通出版事务，可是不知什么缘故，我本能地感到，哥哥最好不要那样做。不过，另一方面，我的确也知道，在那以前哥哥的书一般是由阿·谢·苏沃林出版的，可是安东·巴甫洛维奇对书的排印质量不太满意（顺便提一下，苏沃林当时准备出版契诃夫全集）。此外，苏沃林书局在哥哥的稿酬计算上总是既繁琐又混乱。

我1月份收到安东·巴甫洛维奇的一封信，他在信中对我说："如果你能替我管理书籍出版工作，那么我每月付给你40卢布——这对我也有利，否则现在我们损失太大了。这不过是随便说说而已，á propos[①]。你愿意怎样生活就怎样生活，也许那样倒比你硬想出来的生活更好。

[①]法语，意为"顺便提一下"。——译者注

遥远的过去——我的哥哥契诃夫

"顺便谈谈书的事。苏沃林已经在排印全集了;我一边读初校样一边骂,我有预感,这套全集绝不会在1948年之前问世。跟马克思的谈判似乎已经开始了。"

我回信说:"如果我能帮你管理书籍出版事务,那我真要欣喜若狂了。我觉得,这工作对我来说一点也不困难。索菲雅·安德列耶芙娜·托尔斯泰雅也不是天才呀……"我这最后一句话指的是,列·尼·托尔斯泰的妻子索菲雅·安德列耶芙娜没有依靠出版商,而是独自出版了列·尼·托尔斯泰的书,并且自己管理书籍出版事务和账目。

有一天我到弗·伊·涅米罗维奇-丹钦科家里去做客。作家彼·阿·谢尔盖延科当时也在那里。他利用一个机会把我悄悄拉到一边,说:

"玛丽雅·巴甫洛芙娜,我想帮您哥哥把他的全部著作卖给马克思。我可以承担跟出版者谈判的任务。我已经往雅尔塔给安东写了信,您也从您这方面给他写一封信吧。"

"您认为,这样做对哥哥有利吗?"

"是的。安东卖掉全部作品,应该跟马克思要10万卢布。"

10万卢布!这个数字让我大吃一惊。可是我觉得插手哥哥的这类事务有些不便,因此当时我什么也没有给他写。不过,等到哥哥自己写信告诉我,跟马克思的谈判已经开始了,我才写信告诉他我跟谢尔盖延科谈话的事,并且补充说,"不管是否是10万,反正你总该了解自己作品的价值"。我还在这封信里给哥哥写道:"我的请求是:请你别把你的作品便宜地卖给马克思。你现在声望很高,简直大名鼎鼎,人们谈论的就只有你了。现在你不必妒忌尤仁了!……当然了,干脆不卖更好。不过,这是你的事,你自己更知道怎么办。"

哥哥给我的回信如下:

"你写信来说:'别卖给马克思',可是彼得堡来了电报:'合同已公证签署。'我做的这个出售可能不划算,也许将来证明果真如此,不过它有一个好处,它解开了我的双手,一直到我生命的最后一天,我都不用去跟出版商和印刷厂打交道了。况且马克思出版的书非常漂亮。这将是货真价实的版本,不是那种粗俗丑陋的东西。他们将分三期付给我75000卢布;这一点以及其他的条件,其实你已经知道。这就是说,你就不能经管我作品的出版工作,不能成为微型的索菲雅·安德列耶芙娜了。"

安东·巴甫洛维奇在另一封信里再次向我说明他跟马克思签订合同的好处:"第一,我的作品将会出一个范本,第二,我将不再和印刷厂及书店纠缠,我将不再被人剽窃,别人也不会给我什么好处,第三,我可以安闲地工作,不必担忧将来的生活,第四,收入不多,但却持久……"

安东·巴甫洛维奇将来如再写出作品,马克思必须这样付款:在合同签订之后第一个五年内的作品,每印张付稿酬250卢布,第二个五年内的作品,每印张付450卢布,以此类推,也就是说,每过五年,每印张的稿酬增加200卢布。因为有涉及支付未来作品稿酬的这个条件,在跟马克思谈判过程中,发生过一件滑稽可笑的事。彼·阿·谢尔盖延科把合同的草案通知安东·巴甫洛维奇之后,哥哥给马克思拍去一封电报,对合同表示认可,并且加上了一句玩笑话,说他保证不活过80岁。出版商把这句话当真了,因此这句话把作为商人的他吓坏了,差点儿不签订合同了!后来苏沃林给安东·巴甫洛维奇打电报说:"马克思害怕得魂飞魄散,因为您威胁说要活到80岁,到那时候您作品的价码会涨到多高啊。这真是一篇滑稽短篇小说的情节。"①

合同于1899年1月26日签订。"受安东·巴甫洛维奇·契诃夫医生的委托,斯拉夫塞尔维亚族市民彼得·阿列克谢耶维奇·谢尔盖延科"在合

---

① 彼·阿·谢尔盖延科也给安东·巴甫洛维奇写信谈到这一点:"你在电报中有一句话,说你保证不活过80岁。马克思是用现金来理解你这句话的,它险些毁了合同。"——原注

遥远的过去——我的哥哥契诃夫

同上签了字。

后来事情一清二楚，这个合同非常有利于出版商，根本不利于作家。文学界人士认为，这个合同不仅不利于安东·巴甫洛维奇，而且简直是他的卖身契。我记得，阿·马·高尔基有一次到雅尔塔我们家来，他在我的房间里一边走来走去，一边坚定地对我说，安东·巴甫洛维奇一定要废除这种卖身契式的合同。

1904年，一批作家、演员和社会活动家打算向马克思提出一个严肃、强硬的请求，以期废除合同。信已写好，并开始征集签名。可是安东·巴甫洛维奇得知此事后坚决反对，要求他们不要这样做。结果，这个合同一直延续到安东·巴甫洛维奇生命结束。

然而，不管怎么样，安东·巴甫洛维奇用按照合同得到的钱偿清了债务，完成了雅尔塔别墅的建筑工程。

* * *

1899年4月，春天来了，安东·巴甫洛维奇来到莫斯科，住在小德米特罗夫卡和乌斯宾巷拐角上我的住宅里。过了几天，我们搬到一套更舒适的新住宅里，这也是舍什科夫的房子，还是在小德米特罗夫卡。

由于安东·巴甫洛维奇的到来，我的住宅又热闹起来。简直没有一天没有亲朋好友、作家和演员来访。久别之后，他们来看望安东·巴甫洛维奇，问候他身体如何，谈一谈文学和戏剧方面的新闻。4月末的一天，在我这个住宅里有过一次意义重大的会见。

那是在白天，安东·巴甫洛维奇这里有几个熟人。其中有两位演员亚·列·维什涅夫斯基和亚·伊·苏姆巴托夫-尤仁。忽然，门铃又响了。我走去开门。一打开门我立刻看见一位身材不高、穿着薄大衣的老人。我愣住了，站在我面前的竟是列夫·尼古拉耶维奇·托尔斯泰。我一下就认出他来了，可是因为我看见过列宾画的托尔斯泰肖像，觉得他应该是一个身材高大魁梧的人。

"啊,列夫·尼古拉耶维奇……是您?!"我惶惑地迎接他。

他和蔼地回答:

"您是契诃夫的妹妹玛丽雅·巴甫洛芙娜吧?"

他走进外室。我想帮他脱掉大衣,可是列夫·尼古拉耶维奇推开了我的手。

"不,不,我自己来。"

我领列夫·尼古拉耶维奇来到哥哥的书房。刚到门口,我就按捺不住内心的激动意味深长地说:

"安托沙,你看谁到我们家来了?!"

这时候几位客人正在哥哥的书房里高谈阔论。维什涅夫斯基讲话素来声音很高,像喊叫似的。哥哥觉得在这种情况下接待列·尼·托尔斯泰,很不好意思,因此他们没能够深谈,列夫·尼古拉耶维奇坐了不多一会儿就走了。大概他听说契诃夫到莫斯科来了,就顺便来看望一下,因为他们自从1897年春天在奥斯特罗乌莫夫的医院里见过面之后,一直没有再碰面。

第二天,托尔斯泰的女儿,塔季雅娜·利沃芙娜,到小德米特罗夫卡的我们家来了一趟。我当时不在家。塔季雅娜·利沃芙娜托哥哥转告我,她邀请我到他们家去玩。安东·巴甫洛维奇在写给记者米哈伊尔·奥西波维奇·缅希科夫的信中,把事情的经过以及我如何对待塔季雅娜·利沃芙娜的邀请讲得清清楚楚。我摘录原信如下:

列·尼·托尔斯泰来看过我,可是我没能跟他长谈,因为我这儿有许多各种各样的客人,其中有两位是坚信戏剧高于世间一切的演员。第二天,我去拜访列夫·尼古拉耶维奇,并在他家吃了午饭。塔季雅娜·利沃芙娜午饭前到我家来了,正巧妹妹不在。她对我说:"米哈伊尔·奥西波维奇写信给我,要我跟您的妹妹认识一下。他说,我们彼此可以学到很多东西。"

遥远的过去——我的哥哥契诃夫

我吃过午饭回到家里,把这些话转告妹妹。她惊恐万状,连连摆手。"不,我无论如何也不去!说什么也不去!"

塔季雅娜·利沃芙娜只说了一句可以向她学到很多东西,就把她吓成那副样子,甚至一直到现在,我仍然怎么也说不服她去拜访塔季雅娜·利沃芙娜,因此我都感到难为情了。而且,好像故意作对似的,妹妹一直情绪不佳,忧忧郁郁,疲惫不堪,所以我们的心情全不好。

过了几天,安东·巴甫洛维奇一再坚持让我去,于是我还是到织工巷去拜访了托尔斯泰一家。我到那里时,他们全家正在吃午饭。我不愿打扰他们吃饭,所以没有进屋,只在院子里等着。我记得,当时有些人抱着一叠叠的书,不停地从我身边走过,把书搬到什么地方去。最后,塔季雅娜·利沃芙娜走出来,邀我到花园去。花园里有一座假山,过去在旧式花园里常有这种假山,附近有几条长凳。我在那儿遇见了列夫·尼古拉耶维奇,他身边还有一个什么人。列夫·尼古拉耶维奇还是那样和蔼可亲,跟到我们家去的时候一样。过了一会儿,索菲雅·安德列耶芙娜来了,手里还拿着一把修剪花木的大剪刀。

列夫·尼古拉耶维奇让我坐在长凳上,就在他的身旁。那位客人显然是接着早已开始的话题讲话,说有一个骠骑兵竟然做了修道士,真叫人莫名其妙。于是我讲起我们认识的一个大学生斯捷潘·阿列克谢耶维奇·彼得罗夫的事,他本来是个快活的年轻人,常常在我们家的晚会上跳舞,可是大学毕业后竟做了修道士,并且得到谢尔基神父的称号,现在已经是主教了。我记得,不知什么缘故,列夫·尼古拉耶维奇当时很感兴趣地从长凳上一下站起来,向我询问详细情况。

我告辞回家,塔季雅娜·利沃芙娜提出要送我上车,可是列夫·尼古拉耶维奇说:

"不,我来送玛丽雅·巴甫洛芙娜。"

我们沿织工巷走着。托尔斯泰仍然不断地询问我关于斯·阿·彼得罗夫的情况。走到停车场，列夫·尼古拉耶维奇把我扶上马车，我们才告别。

后来，我听说托尔斯泰有一部中篇小说《谢尔基神父》，于是回想起列夫·尼古拉耶维奇的询问，起初我想，这篇小说可能跟我当时对他说的情况有关系。可是我读了小说以后才知道，它写于1890至1895年间，与我讲的事情没有丝毫关系，只不过是名字和情节有趣地巧合而已。也许正因为如此，列夫·尼古拉耶维奇才对我讲的故事发生那么浓厚的兴趣吧。

从此以后，我就再没有见过列·尼·托尔斯泰了。

* * *

5月份，我们从莫斯科来到梅里霍沃。那是我们在梅里霍沃度过的最后一个夏天。没有父亲，庄园里的生活大不如以前，一切都显得黯然失色。安东·巴甫洛维奇在计划安排未来生活的时候有些拿不定主意。他这期间在写往塔甘罗格的一封信中说："我不知道自己该怎么办。我在雅尔塔盖别墅，但是我却来到了莫斯科，尽管这儿有股臭气，可我突然爱上这里了，因此我租下一套住宅，为期整整一年。眼下呢，我在农村，城里那套住宅锁着，尽管我不在，那里的别墅仍在继续建造，这样下去，又该有人胡说八道了……"

实际上，雅尔塔别墅的工程在秋天到来之前就能结束，我们在莫斯科也有一套租期一年的宽敞舒适的住宅，在梅里霍沃还有房子、庄园和田产。我们不可能，而且也没有必要同时享有这一切。于是，经过长时间的考虑和商谈，我们最终还是决定跟梅里霍沃告别，把它卖掉。

我们在报上刊登了广告，并且在维诺格拉多夫的委托行登记卖房。于是，买主便登门了。安东·巴甫洛维奇委托我跟他们办交涉。我怀着沉重的心情带领买主在我们的庄园里查看房子、杂用房屋、花园、田地、树林……虽然卖房的决心已经坚定不移，可是我心里依然有点儿不相信，我们就要与我们所喜爱的一切分别，那里的一草一木是那么亲切可爱。买主

遥远的过去——我的哥哥契诃夫

当中有些人只对树林感兴趣,为的是把树木砍掉卖钱。有这样一个买主,他细细看过树林之后表示不满意,说委托行的人仿佛在树林的年龄上骗了他。我伤心地把这件事告诉了哥哥:"这位买主穿着厚呢长外衣,是做木材生意的。这下子林荫路两边的菩提树可要被砍光伐净了!"

最后,木材商人康申以分期付款的方式买下了我们的庄园。康申在那里住了将近三年,可是他无力付清所有的款项,我们便把梅里霍沃又卖给了斯丘阿尔特男爵,从那时候起一直到革命前夕,我们的梅里霍沃庄园一直归他所有。

我跟安东·巴甫洛维奇整个夏天都忙于包装运往雅尔塔的东西。安东·巴甫洛维奇把大量藏书都赠送给了我们的故乡城市塔甘罗格,那些书整整占了房里一面墙的书架,而打包运往雅尔塔的只是哥哥特别喜欢的一些经典作家(普希金、果戈理、托尔斯泰、涅克拉索夫等人)的著作和几乎全部的医学书籍。

6月份,安东·巴甫洛维奇到彼得堡去住了几天,办理与阿·费·马克思出版他的全集有关的一些事务,8月底便彻底搬到雅尔塔去了。雅尔塔的房子还没有竣工,哥哥暂时住在已经盖好的厢房里。厢房中有一个厨房和两个预备供管院子的人、厨娘和清洁女工居住的房间。

两个星期之后,我在梅里霍沃我们庄园里最后一次转了转,巡视一遍树林、田地、花园和房屋,这座庄园与多少往事密切相连啊。我跟这里的一切告别,然后动身到克里米亚去。这天我最后一次看见梅里霍沃,此后我再也没到那里去过了。

跟我一块儿到雅尔塔去的有母亲和我们家的老厨娘玛丽尤什卡,她已经退职,住在我们家里。1899年9月9日,我们搬进了新居,于是,我们家在雅尔塔的生活时期开始了。

我喜欢这幢房子,尽管各房间的面积不大,然而整幢房子显得宏伟。出乎我意料之外的是,楼下底层的房间数以及房间的配置,跟楼上主层的

——迁居雅尔塔

一样。这是建筑师有意没设计地下室的缘故,实际上,整个楼下一层只有北面可以算做地下室。正如安东·巴甫洛维奇以前告诉我的那样,我的房间在顶楼里,很大,有一个很漂亮的阳台,南面就是花园,这是家中最好的一个房间。从阳台上观赏雅尔塔城和群山,风景迷人极了。这"简直不是风景,而是养喉糕!"安东·巴甫洛维奇说。房间北墙上有一个正方形的大窗户,专门为我作画用的,所以这个房间也应该算是我的画室了。

总之,这幢房子里的一切都是按主人的要求建造的。哥哥的书房里有一个老式壁炉。向着南面花园有一扇威尼斯式大窗户。依照安东·巴甫洛维奇的愿望,窗户上部的楣窗装上了各种颜色的玻璃,有红的、蓝的、黄的和绿的。有阳光的日子,特别是冬天,太阳从低处照上来,书房里的光线柔和,漂亮,五光十色。书房隔壁是哥哥的一间不大的寝室。书房与寝室中间有一扇透花雕门。我们雅尔塔的房子里没有客厅,把餐厅兼做会客室用。其实,哥哥经常在书房里接待客人,客人也总是到他的书房去。在这一层,母亲有一个明亮、舒适的小房间。

楼下还有个餐厅,夏天天气炎热的时候,我们常在那里吃午饭。楼下其他房间用来接待外地的亲友。虽说到雅尔塔来的人比过去那些年到梅里霍沃去的少些,这些房间还是接待过我们很多亲朋好友,以后我再谈他们。

* * *

我们原来那块山坡地经过规划,建筑了房屋,就没有凄凉的景象了,跟一年前我到哥哥这里来所见到的情景截然不同了。房子周围出现一个花园,花园里已经铺垫了整洁的石子小路,装上了长凳。哥哥栽的一些小树生根成活了,于是他不断地栽培,树木越来越多。哥哥经常一连几个小时在花园里默默地忙碌,跟住在梅里霍沃时一样,他挖土、栽树,培植灌木、种花,给它们剪枝、浇水。他素来喜欢栽培与创造,然后欣赏自己劳动的成果。顺便说一下,给花园浇水可是件很困难的事。当时我们那块地

遥远的过去——我的哥哥契诃夫

上还没有自来水。需要到山下小河边去挑,从河边挑着水爬上来到我们家不是轻而易举的事,而且花园需要的水又多。所以,我们一向惜水如油,每当下雨,我们就用大桶存水,连洗脸水也用来浇花园。

安东·巴甫洛维奇很认真地管理花园,而且甚至可以说管理得相当科学。他跟许多花圃建立了联系,各地都给他邮来花木的目录、说明书、种子、秧苗和其他资料。安东·巴甫洛维奇在花园里栽种了许多花草树木,把它们的名称用俄文和拉丁文记在一个特别的小本子里,把特制的小锌标签分别挂在秧苗上,上面同样写着它们的俄文和拉丁文名称。

哥哥一生酷爱玫瑰。在雅尔塔的花园里什么品种的玫瑰花他没种过呀!他种过将近一百种玫瑰花。好在在这里种花比在梅里霍沃时少了许多麻烦,冬天不必把它们包裹起来。我们还从梅里霍沃运来了红芍药的根茎,红芍药在雅尔塔扎下了根,哥哥在世的时候,花开得漂亮极了,而且直到现在还开花。

安东·巴甫洛维奇借他作品的主人公和人物之口,说出许多对自然和气候、对人类周围的花园和树林的见解,其实那正是安东·巴甫洛维奇本人的见解和信念。他对大自然的感受和理解很敏锐。这方面哥哥也影响了我,使我也很热爱大自然,热爱每一朵小花、每一丛灌木和每一株树苗。因此,三年以后,风把我们花园里已经长起来的小白桦树吹断了,我当时很难过,还为它掉了眼泪。

我在雅尔塔住了一个半月,就回莫斯科的中学上课去了,当时家里新的生活还没有走上正轨。从此以后,我的全部生活就是奔波于雅尔塔和莫斯科之间。每逢圣诞节和复活节假期,我都回雅尔塔。我尽量把课程表安排好,以便假期能多一两个星期。至于暑假,不用说,整个假期我都在雅尔塔跟家人一起度过。

二十 莫斯科艺术剧院

我通过演员亚历山大·列昂尼多维奇·维什涅夫斯基跟莫斯科艺术剧院交往起来。他也是塔甘罗格人,而且跟安东·巴甫洛维奇同时在一个中学里上过学,只是不在一个年级,他比哥哥小三岁。不过我以前并不认识维什涅夫斯基。我第一次见到他是在看《海鸥》演出的时候,他在剧中扮演陀尔恩,演得很出色。直到现在我还记得,他在剧终宣布特烈普列夫自杀的消息,语调那么平淡,而又那么有力地结束了全剧。我于1899年1月初由人介绍跟维什涅夫斯基相识,此后,由于是同乡,他常到我们家里来做客。

我到艺术剧院去看戏,那已经是我第三次看《海鸥》了,维什涅夫斯基邀我到后台,介绍我跟全体演员认识。当时的场面动人极了。剧院里人人都已经熟悉并且热爱安东·巴甫洛维奇,因此,维什涅夫斯基一向他们介绍说,我是契诃夫的妹妹,他们就把对契诃夫的全部感情倾注到我身上了。演员们都为我的到来感到欢欣鼓舞,他们拥抱我,用最热烈的话语欢迎我。

就在那次,我头一回见到奥尔迦·列昂纳尔多芙娜·克尼碧尔,她的

遥远的过去——我的哥哥契诃夫

魅力和精湛的表演给我留下了迷人的印象。克尼碧尔素来热情，活泼，和我见面的时候，她竟高兴地跳了起来。早在1898年秋天，安东·巴甫洛维奇来看戏时，她跟其他演员一起认识了他。就在第一次见到她之后，我给住在雅尔塔的安东·巴甫洛维奇写信开玩笑说："我劝你追求克尼碧尔。依我看，她很有意思……"这最初的相识就成了我和她之间后来持续了半个多世纪友谊的开端。

我那次还认识了斯坦尼斯拉夫斯基夫妇，即康斯坦丁·谢尔盖耶维奇和玛丽雅·彼得罗芙娜。这是两位杰出的人，我与他们的亲密友谊一直保持到他们生命的结束。我跟涅米罗维奇-丹钦科见面就像老友重逢。我兴奋地说，演出的水平很高，演员的表演很精彩。他听后却说："还可以演得更好些。"斯坦尼斯拉夫斯基和涅米罗维奇-丹钦科是两位出色的导演，也是艺术剧院的创始人，他们从来不满足于已经取得的成绩，总是渴望创新，对戏剧艺术精益求精。他们对创作这种高标准的要求，也影响了全体演员。正是由于这个原因，那个时候艺术剧院剧团才表现出集体创作的巨大力量。

自从我跟剧院的演员和导演认识以后，便同他们建立了友谊。尽管剧院几乎场场客满，让他们找座位也觉得有点难为情，可我还是经常到剧院去看戏。弗拉基米尔·伊万诺维奇·涅米罗维奇-丹钦科的确不止一次地说过，我一旦想看戏，就到他那里去拿票，可是我还是经常像个"兔子"似的躲到乐队席或者其他角落里看戏。大家对我非常热情和关切。不少人经常毫无拘束地到我在莫斯科的住宅去。

不知怎么的，我竟渐渐成了安东·巴甫洛维奇在艺术剧院的"全权代表"。他们通过我了解他的健康状况，向他转达问候、愿望，甚至请求。

一次演出之后，我跟剧院的演员们一起到"埃尔米塔日"饭店欢聚。那天是谢肉节最后一天，第二天是大斋节第一个星期，剧院将停止演出。次日，我给哥哥写信，描述了那天的情景：

我非常高兴。以前《俄罗斯思想》的庆祝会也是在这个大厅里举行的，而当时演说枯燥乏味，觉得无聊得要命。

而这次艺术剧院的院长和演员们可大不一样。例如，演说就别具一格。涅米罗维奇站起来说：

"先生们，你们想让我的演说成功吗？"接着他说，"那么就让我们为契诃夫的健康干杯吧！"

大家嚷呀，叫呀，跳呀。涅米罗维奇发出命令："向玛丽雅·巴甫洛芙娜致敬。"于是大家跑过来跟我碰杯。又是拥抱，又是亲吻，又是说蠢话，又是鼓掌……

那时，剧院所有的演员都是那样热烈地爱着安东·巴甫洛维奇，实在令人感动。

涅米罗维奇-丹钦科知道我和哥哥的关系密切，因此一旦有事需要说服安东·巴甫洛维奇的时候，他就通过我来做工作。我记得，1899年春天，有一天涅米罗维奇-丹钦科来找我，说安东·巴甫洛维奇不同意把剧本《万尼亚舅舅》交给他们演出，惹得剧院的人很沮丧。问题是安东·巴甫洛维奇在艺术剧院上演《海鸥》之前，就答应把《万尼亚舅舅》给小剧院演出了。这年2月份，他在给小剧院导演阿·米·康德拉季耶夫的信中说明，剧本是根据他们的请求寄给小剧院的。哥哥一向为人正派，他认为现在从小剧院收回剧本再转交给艺术剧院是不妥当的。因此安东·巴甫洛维奇写信回答涅米罗维奇-丹钦科的请求信说，这样做，"好像我要抛开小剧院似的"，他答应给艺术剧院另外再写一个剧本。然而，既然现在已经有一个涅米罗维奇-丹钦科对之评价很高的现成的剧本，艺术剧院当然不愿再等待契诃夫的新剧本。

弗·伊·涅米罗维奇-丹钦科获悉，专管审定皇家剧院上演剧目的戏剧文学委员会同意演出《万尼亚舅舅》，不过有个条件，即作者要修改第三幕（他们说，剧中沃依尼茨基开枪打谢烈勃利亚科夫仿佛不真实，有些

遥远的过去——我的哥哥契诃夫

累赘的东西也需要删去,云云),而且修改后还要作者把剧本再次送交委员会审批。涅米罗维奇-丹钦科便借此机会劝我给安东·巴甫洛维奇写信。

"请您写封信,让安东·巴甫洛维奇不要同意对剧本做任何修改。让他把剧本从委员会收回,交给我们吧。我们来演,不用做任何修改。请您帮助我们得到《万尼亚舅舅》吧!"

"可是,弗拉基米尔·伊万诺维奇,您自己也可以写嘛。您跟安东·巴甫洛维奇是好朋友,他很敬重您。为什么非要我写不可呢?"

"写一封吧,亲爱的。我求求您了。我觉得,这样会顺利些,"弗拉基米尔·伊万诺维奇再三恳求说。

我耸了耸肩膀,答应当天就给哥哥写信。下面就是我1899年3月25日写的信:

刚才弗拉基米尔·伊万诺维奇·涅米罗维奇-丹钦科为这么一件事来找我。他虽然是戏剧委员会的委员,却早就不去那儿参加会了。他从维谢洛夫斯基和伊·伊·伊万诺夫处听说,他们同意你的《万尼亚舅舅》在小剧院上演,不过你必须修改剧本,即修改剧中的几部分内容,然后再送去审批。由于这个戏要在小剧院上演,艺术剧院感到很伤心,所以涅米罗维奇提出一个办法:你不要修改剧本,他的剧院不做任何修改地上演这个戏,因为他认为戏好极了。斯坦尼斯拉夫斯基喜欢这个戏胜过喜欢《海鸥》。

你不可能很快就收到关于修改《万尼亚舅舅》的会议记录,因此弗拉基米尔·伊万诺维奇让你打个电报问问委员会:剧本批准了没有,情况如何?然后,如果你同意把剧本交给艺术剧院演,那么就请你赶快给弗·伊·万诺维奇打个电报,因为春天就得把剧目和角色安排好。

我在费多托娃家的晚会上,看到艺术剧院全体演员,就因为剧本不能由他们上演而闷闷不乐。

―― 莫斯科艺术剧院

涅米罗维奇恳求我马上给你写信,不知什么缘故,他认为通过我会顺利些。请你给他个答复吧。他焦急得很。

安东·巴甫洛维奇起初给我回信说,他既不打算给委员会写信,也不想打电报。可是等他4月中旬到莫斯科后,证实了涅米罗维奇-丹钦科当时说的情况准确,就把剧本从小剧院收回交给了艺术剧院。这让艺术剧院的演员们高兴得难以言表,他们怀着极大的热情排练了这个戏,于1899年10月26日首次公演,当时安东·巴甫洛维奇已经又返回雅尔塔了。

我也没能赶上看《万尼亚舅舅》的首场演出。那天我是在雅尔塔开往莫斯科的火车上度过的,这个戏演出成功的消息,我还是后来在车厢里从报纸上看到的。这次安东·巴甫洛维奇在雅尔塔不像一年前《海鸥》首次公演时那么紧张了。况且他在雅尔塔也不知道《万尼亚舅舅》首次公演的确切日期。他曾用开玩笑的口吻给奥尔迦·列昂纳尔多芙娜·克尼碧尔写信提到过此事:

您问我是否激动。可是要知道,《万尼亚舅舅》是26日上演的,我27日接到您的信后,才得知详情。那些电报是27日晚上收到的,当时我已经钻进了被窝。他们打电话转告了我电报的内容。我每次被电话铃声叫醒,都是摸着黑、光着脚跑去接电话,差点儿把我冻成冰棍;过后,我迷迷糊糊刚要睡着,电话铃又响了,这样折腾了多少次。我自己的荣誉闹得我睡不了觉,这还是头一回。第二天,我上床睡觉的时候,干脆把鞋子和睡衣放在床边,可是,电报又不来了。

我到达莫斯科以后,见到奥尔迦·列昂纳尔多芙娜和维什涅夫斯基。他们俩非常激动地向我讲述了《万尼亚舅舅》首次公演的情况。据他们说,《万尼亚舅舅》首次公演的效果比彩排时差些。他们解释说,这是由于全体演员演出那天太激动了,而且有些胆怯,所以他们演出时都紧张极了,这种情况以前从来没有过。

我看了《万尼亚舅舅》的第二场演出。那次演出给我留下极深的印

遥远的过去——我的哥哥契诃夫

象。我在哪儿也没见过演员们如此无与伦比的精彩表演。沃依尼茨基由亚·列·维什涅夫斯基扮演,叶连娜·安德烈耶芙娜由奥·列·克尼碧尔扮演,索尼雅由康·谢·斯坦尼斯拉夫斯基的妻子玛·彼·丽丽娜扮演,维夫饼干①由最出色的演员亚·罗·阿尔捷姆(阿尔捷姆耶夫)扮演,阿斯特罗夫由康·谢·斯坦尼斯拉夫斯基扮演。斯坦尼斯拉夫斯基演得实在绝妙,再也不可能有谁把阿斯特罗夫演得比他更好了。

看完演出的第二天,我给哥哥写信说:

……他们演得令人惊叹不已,我完全赞同你喜欢的人卡捷奇卡·涅米罗维奇②的意见,她对演员们这样说:"你们今天演得优美绝伦。"第一、二幕就深深地感动了我,我竟然满意得流下眼泪。

他们派人请我到台上去。容光焕发的涅米罗维奇来迎接我,接着其余的人也从化装室跑出来,对我表示最热情的欢迎。我当然对他们绝妙的表演不能不表示满意,特别是对阿列克谢耶夫(斯坦尼斯拉夫斯基)的表演,他演得最好……

虽说大家都喜欢第三幕,可我却不大喜欢,过于忙乱了。我还要再看一次。第四幕又给人留下深刻的印象。总之,戏非常成功。第三场演出,即今天的演出,票已经一张不剩。人们到处只谈论你这个戏。你一定要再写一部剧本。

据我看,卢日斯基演得不太好。他做作,不招人喜欢,把教授演得令人反感。然而多数人赞成他的演法。大家都向你致敬,还说,要是你在这儿,他们就不会害怕了。

我越看艺术剧院的演出,就越喜欢这个戏。演员们一次比一次演得好。我在一封给哥哥的信中写道,"甚至人们因为它只有四幕而感到惋惜,即使有这样的十幕,看了也会让人赏心悦目"。

---

①指剧中人物捷列京。——译者注
②弗·伊·涅米罗维奇-丹钦科的妻子——叶卡捷琳娜·尼古拉耶芙娜。——原注

——莫斯科艺术剧院

最后一幕里，等到场上所有的人都先后散去，屋里只剩下万尼亚舅舅和索尼娅，这时候从屋外传来了蟋蟀的叫声，那叫声让人感到寂寞，感到苦闷……提到蟋蟀叫，有这样一件小事，尽管有些好笑，却足以说明艺术剧院对演出的态度多么认真。原来亚·列·维什涅夫斯基为了学蟋蟀叫，每天都到澡堂去练习，整整练了一个月！我知道了这件事以后，还告诉了安东·巴甫洛维奇。结果演出《万尼亚舅舅》时，这只蟋蟀叫得像真的一样。

这个戏在整个演出季节从始至终都获得了巨大的成功。票几乎总是被抢购一空，我的许多熟人老缠着我，托我给他们买票。结果我的名片都不够用了！

11月底，莫斯科总督谢尔盖·亚历山德罗维奇·罗曼诺夫大公及夫人突然驾临剧院看戏。这在当时可算是剧院的"荣幸"了，于是，康·谢·斯坦尼斯拉夫斯基派人到住宅来找我，要我到剧院去拜见"殿下"。我觉得这太荒唐了：我为什么要突然去拜见"殿下"呢！？难道就因为我是剧作者的妹妹吗？不用说，我当然没有去，而是去参加了卡佳·申别尔格的命名日庆祝晚会。卡佳·申别尔格是艺术剧院导演亚·阿·申别尔格-萨宁（即丽卡·米津诺娃后来的丈夫）的妹妹。

事过两个月，也就是1900年1月24日，列夫·尼古拉耶维奇·托尔斯泰到艺术剧院来看《万尼亚舅舅》的演出，这是真正具有重大意义的事件。那时，伟大的作家托尔斯泰声望最高，很少到剧院看戏，他的突然到来使整个剧院大为震惊。所有的人都激动不已，正如事后我给哥哥写信说的，"大伙儿都傻了"。

托尔斯泰是坐在省长包厢里看戏的，那时每个剧院都肯定有这种包厢。当天晚上，亚历山大·阿基莫维奇·中别尔格-萨宁两次跑到我的住宅里，告诉我列·尼·托尔斯泰到剧院来了，讲述托尔斯泰看《万尼亚舅舅》的经过。弗·伊·涅米罗维奇-丹钦科也因列夫·尼古拉耶维奇的到

遥远的过去——我的哥哥契诃夫

来而激动万分。维什涅夫斯基呢,后来别人告诉我,他在谢幕的时候,只是一个劲地朝省长包厢鞠躬!可见托尔斯泰的声望有多高呀。

可是当时列·尼·托尔斯泰并不喜欢《万尼亚舅舅》。众所周知,列夫·尼古拉耶维奇很喜欢安东·巴甫洛维奇的小说,而且评价很高,但是对他的戏剧却持否定态度。

我看到《海鸥》和《万尼亚舅舅》取得如此巨大的成功,就在信中时常劝安东·巴甫洛维奇一定要再写一个剧本。艺术剧院的领导和全体演员也这样写信请求他。现在如果剧院的剧目里没有契诃夫的戏就显得不可思议了。然而就在那个时期,安东·巴甫洛维奇却说过,他"不了解艺术剧院"!事情是这样的,冬天他不能到莫斯科去,可是到夏天,演剧的季节又过去了。因此他没看过《海鸥》和《万尼亚舅舅》全剧的演出。诚然,1899年春天,他们在莫斯科专门为他演出过《海鸥》,然而大厅里没有观众,舞台上也没有布景,这样的演出难以使人得到完整的印象。

因此,安东·巴甫洛维奇给剧院领导写信,请求他们春天或者夏天组织巡回演出,到克里米亚来。他甚至开玩笑地威胁说,要是看不到艺术剧院的演出,他就不再写剧本了。

这样,春天到雅尔塔进行巡回演出的决定,逐渐在艺术剧院里酝酿成熟。早在1900年1月中旬,涅米罗维奇-丹钦科和斯坦尼斯拉夫斯基就告诉我,剧院准备5月初带着安东·巴甫洛维奇的两个戏到雅尔塔去,为他演出。后来还做过一些各种各样的安排,最后确定,艺术剧院4月份到克里米亚去,带四个戏:《海鸥》、《万尼亚舅舅》、霍普特曼的《孤独者》和易卜生的《埃达·加勃列尔》。

* * *

1900年4月初,我回雅尔塔与家人一起过复活节。奥尔迦·列昂纳尔多芙娜·克尼碧尔也和我一块儿去了,这时我们已经成了很好的朋友。剧院的巡回演出要在复活节时才开始,先在塞瓦斯托波尔演,然后去雅尔

—— 莫斯科艺术剧院

塔。那时候，在复活节前一星期各种娱乐场所概不开放，所有剧院也都关门停演，因此，奥尔迦·列昂纳尔多芙娜这一星期空闲无事，就跟我到我们家住了几天。

奥尔迦·列昂纳尔多芙娜临到巡回演出开始前，才到塞瓦斯托波尔去。两天之后，安东·巴甫洛维奇也到那里去了，为的是在那儿看演出，可是，他感觉身体不舒服，很快又返回家里。

剧院在塞瓦斯托波尔从4月10日至13日把四个戏都演了一遍，于4月14日（星期五）来到雅尔塔。

*　　*　　*

艺术剧院来到雅尔塔，在安东·巴甫洛维奇身边度过了极为美好而快活的时光，我永远也忘不了那几天。我们家里洋溢着喜气洋洋的节日气氛。那些日子里，我们从来没关过家门。以涅米罗维奇－丹钦科和斯坦尼斯拉夫斯基为首的剧院全体人员整天都在我们家里度过。我跟母亲忙得不可开交，勉强来得及摆桌子开饭和收拾餐具，总是早饭吃完紧接着准备午饭，午饭完毕又要沏茶倒水，一直忙到傍晚，等所有的人都到剧院去演出了，才能喘口气。奥尔迦·列昂纳尔多芙娜从塞瓦斯托波尔回来之后，便又住在我们家里，她在接待客人方面帮了我们的大忙。

那期间，除了演员，还有一些作家常到我们家来，他们正巧也在雅尔塔，其中有阿·马·高尔基、伊·阿·布宁、亚·伊·库普林、德·纳·玛明－西比里亚克、谢·亚·叶尔帕季耶夫斯基，等等。哥哥很喜欢家中的热闹气氛，像过命名日的人似的，心满意足，满面春风。

那些日子里，我听到多少关于文学、艺术和戏剧的最最有趣的谈话呀！我们家和花园里，似乎每个角落都能听到有时热烈激昂的谈话，有时严肃认真的悄声低语。有些人在书房里把安东·巴甫洛维奇团团围住，有些人在餐厅角落里促膝谈心，还有些人在阳台上听高尔基讲故事；花园里不时传来阵阵笑声，那是伊·米·莫斯克文在说俏皮话，要么就是

遥远的过去——我的哥哥契诃夫

伊·阿·布宁或者德·纳·玛明-西比里亚克在讲笑话。在那些日子里，安东·巴甫洛维奇跟艺术剧院的整个剧团，从上到下，亲密无间，那些日子是多么丰富多彩，多么令人难忘啊！假若我把艺术剧院在雅尔塔逗留的那些日子，称为安东·巴甫洛维奇在雅尔塔整个生活的黄金时期，也未必过分呢。安东·巴甫洛维奇就像在梅里霍沃时那样乐观、快活、机敏、诙谐，甚至把病都忘了，要知道，正是疾病迫使他住到克里米亚来的呀。

当然，剧院的演出也给他带来极大的快乐。他的戏依然获得成功，唯一使安东·巴甫洛维奇难受的事就是观众欢呼着让他上台。哥哥一生最怕抛头露面，什么致辞啦，讲演啦，等等。不知为什么，一让他在掌声中走上舞台，脱帽行礼，他就觉得浑身难受，因此，他总是演出刚一结束，就逃出剧院，或者躲到演员的化装室去。人们从舞台跑到我坐的包厢里询问：安东·巴甫洛维奇在哪儿？他到哪儿去了？可是，连我也不知道呀。

艺术剧院在雅尔塔巡回演出结束的那天，专门为招待他而上演了《海鸥》，然而这次安东·巴甫洛维奇再也逃不掉了。他不得不应观众的要求几次走上台去。我还从没见到过剧场里的观众那么情绪高涨。大家鼓掌，欢呼，激动得发狂。人们当场献给哥哥棕榈枝，上面系着一条红色的绦带，绦带上写着："献给俄罗斯现实的深刻剖析者"，底下是一大串签名人的姓名和地址。这是哥哥有生以来第一次亲眼看到，他的戏剧创作博得公众如此热烈的赞扬。

艺术剧院在雅尔塔逗留期间，阿列克谢·马克西莫维奇·高尔基来到雅尔塔并非偶然，是安东·巴甫洛维奇邀请他来的。哥哥想介绍高尔基跟艺术剧院的领导人和全体演员认识，让他熟悉一下剧院的演出情况，以便让高尔基对剧院产生兴趣，从而为剧院写剧本。艺术剧院到来之前，安东·巴甫洛维奇几次给高尔基写信说，他有必要到雅尔塔来一趟，可以研究舞台和剧院的条件，还可以写一个剧本，"剧院一定会由衷地欢迎"。

结果，哥哥的想法如愿以偿，艺术剧院给高尔基留下很深的印象。他

——莫斯科艺术剧院

迷上了剧院,并当时就答应要写个剧本。后来的《小市民》,然后是《在底层》,这两个剧本都是高尔基专门为艺术剧院写的。

* * *

艺术剧院在雅尔塔巡回演出结束时,凡·卡·塔塔林诺娃在她家平楼顶上举行了宴会。凡妮·卡尔洛芙娜·塔塔林诺娃是雅尔塔很有钱的房产主,她对安东·巴甫洛维奇的才能,以及对艺术剧院都颇为崇拜。宴会是在白天举行的。安东·巴甫洛维奇本人没有出席这个宴会,我也没去。

4月24日(星期一)我们热情欢送了艺术剧院的演员们。他们乘轮船去塞瓦斯托波尔,而且当天从那里乘火车启程返回莫斯科。他们把《万尼亚舅舅》布景中的秋千和一条长凳留在我们家的花园里,这两件礼物使我们好长时间都忘不了艺术剧院的这次雅尔塔之行。

不久,我也回到莫斯科,到中学里教我的课,可是迟到好些天,因此受到学校领导的严厉批评。其实,与莫斯科艺术剧院全体成员春天到雅尔塔去作家契诃夫家里做客这样最有趣的历史大事件相比,中学里的事又算得了什么!……

对安东·巴甫洛维奇来说,熟悉艺术剧院及其演出情况,具有极大的意义。假如说,以前他只是听到或者从报纸上看到,人们热烈赞扬艺术剧院剧团新颖非凡的表演艺术,那么现在他亲自证实了这一点。他着手创作早就构思好的剧本《三姐妹》,而这次是专门为艺术剧院剧团写的,创作时考虑到每个演员的独创性与表演能力。例如,他给亚·列·维什涅夫斯基写信说:"我给您准备好一个中学学监的角色,他是三姐妹之一的丈夫。您将穿上一套按一定规格制作的常礼服,胸前戴着一枚勋章。"他用开玩笑的口吻告诉奥尔迦·列昂纳尔多芙娜:"啊,在《三姐妹》里你将扮演一个多么好的角色!多么好的角色啊!只要你给我10卢布,你就会得到这个角色,否则我会给另外一个女演员……"

1900年10月剧本写好了,安东·巴甫洛维奇到莫斯科后,便把剧本交

遥远的过去——我的哥哥契诃夫

给了剧院。12月中旬，他出国到尼斯去了，在那儿他又对剧本做了一些文字上的修改和补充，并把修改意见寄到莫斯科。

安东·巴甫洛维奇身在法国，又没看到《三姐妹》在艺术剧院的首场演出。因此他对演出自然又很担心。他从尼斯给我写信问道："你看过我那个戏的排练吗？演得怎么样？我怕演砸了。"

我第一次去看时，就已经是《三姐妹》的彩排了。演出给我留下很深刻的印象。因此我满怀真诚地给哥哥写信说："他们排了你的戏，演得好极了。三姐妹演得都很好，简直找不出一点儿毛病。她们三个人那几场戏出奇地动人。萨维茨卡娅非常惹人爱。唯一使我感到不满意的是丽丽娜，我觉得她演得有点过火……你想象不到，第一幕演得多有趣，多快活！昨天我费尽唇舌才说服奥丽雅丢掉火红的假发，这种假发跟她一点也不相称，使她的头显得很大。现在她梳着自己的头发演出了。我认为，而且我预感到，这个戏将会获得巨大的成功。

"彼得罗夫上校每天去看排演，像个导演似的提意见。演员们称他为当班导演，开他的玩笑，可是待他既礼貌又客气。"

剧中姐妹的扮演者是：萨维茨卡娅演奥尔迦，克尼碧尔演玛霞，安德列耶娃演伊莉娜，丽丽娜演娜达莎。要知道彼得罗夫上校"像个导演似的提意见"是怎么回事，我得讲一件事。维克托·亚历山德罗维奇·彼得罗夫上校是我们的一个亲戚，因为他是哥哥伊万·巴甫洛维奇妻子索菲雅·弗拉基米罗芙娜的亲戚。《三姐妹》的人物中有许多军人，所以安东·巴甫洛维奇请彼得罗夫作为军事专家去为这个戏的排演质疑，以便使舞台上所有的军人在穿戴、举止等方面，都像真正的军人。不过，彼得罗夫"越吃越想吃"，不满足于单纯做军事上的顾问，常以导演的身份提意见，甚至给住在尼斯的安东·巴甫洛维奇写信，抱怨某些演员演得不好。他不喜欢剧中韦尔希宁引诱别人妻子的不道德行为。

1901年1月31日，艺术剧院首次公演《三姐妹》，我给安东·巴甫洛维奇写信热烈称赞过这次演出:"非常非常有趣。这个戏真迷人。演出效果很好,虽然艺术剧院在某些地方还能演得更好些……第二场演出非常完美。《三姐妹》比《万尼亚舅舅》好得多,甚至好像比《海鸥》都好。六场演出的票已经预售一空……"

安东·巴甫洛维奇对我给演出的热烈评价持十分谨慎的态度,大概以为我这样做是为了让他放心吧。他返回雅尔塔以后,写信给奥尔迦·列昂纳尔多芙娜说:"有关《三姐妹》的情况,我只在雅尔塔这儿才刚刚知道,在意大利我只略微听说一二,似乎不大成功,因为凡是看过报的人都沉默不语,还因为玛莎在信中却大加赞扬。好吧,反正横竖一样。"

安东·巴甫洛维奇1901年9月到莫斯科以后,才看到艺术剧院演出的《三姐妹》。他当时在一封信中写道:"《三姐妹》演得好极了,非常成功,演得比我写的好得多。我仅稍微导演了一下,对有的人做了点剧作者的暗示,据说,现在这个戏演得比前一个演剧季更好。"

* * *

《三姐妹》获得成功后,我不止一次对哥哥说,他最好能再写一个剧本,正像我在一封信中写的,这个剧本"但愿像《三姐妹》的第一幕那样快活"。有一次在雅尔塔我跟他一块儿坐着闲谈。突然他拿过一小张纸,在上面写了些什么,随后,一边眯着眼睛微笑,一边拿给我看。我看到纸上写着:"樱桃园。"哥哥看我显出迷惑不解的神情,便解释道:

"这是我新剧本的剧名……"

我感到十分高兴,安东·巴甫洛维奇又在着手创作一个新剧本了,而且剧名竟这样富有诗意。

1902年1月,安东·巴甫洛维奇给奥尔迦·列昂纳尔多芙娜写信谈到新剧本时说,"它刚刚在脑子里发出微光,好比清早的晨曦;连我自己也还不知道它是什么样子,会写成什么东西,而且它天天都在起变化"。安东·巴甫洛维奇6月中旬住在莫斯科的时候,已经打算开笔写这个剧本,

遥远的过去——我的哥哥契诃夫

因此我遵照他的要求,从雅尔塔给他寄去原来放在他书桌上的一小张纸,上面密密麻麻用小字写着新剧本的各种要点和许多人名。然而当时他实在没有机会写作,直到年底才动笔写《樱桃园》。

安东·巴甫洛维奇的《樱桃园》,也像《三姐妹》一样,是专门为艺术剧院写的,他注意到剧团哪些男女演员扮演哪些角色合适。涅米罗维奇-丹钦科、斯坦尼斯拉夫斯基和剧院全体人员以极大的热情接受安东·巴甫洛维奇的新剧本。他们看过剧本以后,给剧团拍去了热情洋溢的电报。

12月初,安东·巴甫洛维奇来到莫斯科,一直住到第二年2月15日。他常去看《樱桃园》的排演,提出作者的意见,诚然,这些意见一向很简短。

《樱桃园》的首场演出定在1904年1月17日。安东·巴甫洛维奇要第一次在艺术剧院首次公演他的剧本时露面。我现在已经不记得,他们定于这天举行首次公演是否出于偶然,因为1月17日是哥哥的生日。有人计算过,1904年是安东·巴甫洛维奇从事文学活动25周年,因此,他们决定在剧院首次公演时为作家举行庆祝会。

有一点必须说明,说服安东·巴甫洛维奇到剧院去是费了很大劲的,因为他清楚,他得应观众的要求登上舞台。至于为他办庆祝会一事,他却没有料到。演到第三幕时,有人拿着涅米罗维奇-丹钦科写的便条从剧院来接他,这个巧计奏效了。就这样,在第三与第四幕之间的幕间休息时,以涅米罗维奇-丹钦科和斯坦尼斯拉夫斯基为首的艺术剧院全体成员、首都文学和戏剧界的代表都登上舞台。脸色苍白的安东·巴甫洛维奇在暴风雨般的掌声中也走上台去。他本来身体不太舒服,因为那一时期他的病情加重了,这次登台使他感到格外疲劳。安东·巴甫洛维奇的体质虚弱得很明显,以致剧场里的观众都喊:"请您坐下!"可是安东·巴甫洛维奇一直站着听完各种祝贺词。

已经有许多文章描述过为安东·巴甫洛维奇举办的这次庆祝会，我就不再重复那些人所共知的事了。我要说的只有一点：那天是我一生中为哥哥最最感到骄傲的时刻。所有上台发言的人对安东·巴甫洛维奇和他的作品都表示了极真挚的热爱！没有哪个团体、报社、杂志社或小组没有发来贺信或者贺电！那天晚上我流下多少幸福的眼泪呀！听到弗拉基米尔·伊万诺维奇·涅米罗维奇—丹钦科那诚挚感人的话语，我怎能无动于衷啊。他对安东·巴甫洛维奇说："祝贺词使你感到疲倦了，可是你应该得到安慰，因为你看见的是整个俄国知识界对你的无限爱戴，尽管这只是个局部。我们剧院对你的才能，对你那颗温柔的心，对你那纯洁的心灵，感激不尽，因而你完全可以说：这是我的剧院……"

人们还送来许许多多的礼品，其中有古色古香的精致小匣子，有古代俄罗斯小城的模型，还有古式锦绣，等等。因而安东·巴甫洛维奇后来在写给瓦·康·哈尔凯耶维奇的信中开玩笑说："我带来了各种各样的东西，都是我1月17日在剧院里得到的。有人（一个坏蛋）散布谣言，说我仿佛是个古董收藏家，我被一些值钱的古物埋起来了。"但是，不管怎么说，人们送安东·巴甫洛维奇这些东西，都完全是出于真心，出于对他真挚的热爱。

这件事过去30年之后，有一次我请求康斯坦丁·谢尔盖耶维奇·斯坦尼斯拉夫斯基回想一下，他是在什么情况下送给安东·巴甫洛维奇两张自己的照片的。他在一张照片上写的题词是："新戏剧的创始人、令人衷心爱戴和崇敬的安·巴·契诃夫留念，心怀谢意的导演和演员康·谢·阿列克谢耶夫（斯坦尼斯拉夫斯基）敬赠。莫斯科，1902年2月10日。"另一张照片上写着："赠给亲爱的安东·巴甫洛维奇·契诃夫，热诚忠于您的康·阿列克谢耶夫（斯坦尼斯拉夫斯基）。1904年1月17日。"斯坦尼斯拉夫斯基对我的问题是这样答复的：

我想不起当时的情景了。我尽量告诉您一些想法吧。

遥远的过去——我的哥哥契诃夫

我看到您抄录下来我在赠送照片上的题词后，脸都红了。这简直是些干巴巴的、形式主义的空话。现在，回忆亲爱的安东·巴甫洛维奇已成为我们大家引以为荣的事，我的献词就更显得平淡无奇，使我更不能容忍了。

这话该怎么解释呢？

其中一张照片赠送的日期是1904年1月17日，那一天正是举行庆祝会和《樱桃园》第一次公演的日子。

那是令人难忘而又可怕的一天。首次公演，绝妙的新剧本，新角色，新舞台布景，最后是安东·巴甫洛维奇的健康。这一切都叫人担惊受怕。

可是，除去所有这些让人担忧的事之外，给被祝贺人送礼物，也叫我感到不安。送什么才能让安东·巴甫洛维奇满意呢？既然他是作家，那么送他一枝银笔呢，还是一个古老的墨水瓶？要不送一块古式的金线刺绣？然而这对他又有什么用呢？可是我也找不到任何其他的东西，于是我把这张照片跟一个花冠一起献给了他。

安东·巴甫洛维奇对我诉苦说："您听我说，现在我没处读书写字了，书房简直成了博物馆。"

"那么应该送您什么礼物呢？"我问了一声。

"捕鼠器。我们家里有老鼠呀。科罗文给我送来了钓鱼竿。您听我说，这才叫绝妙的礼物呢。"

也就是在这种情况下，我在我的照片上写了献词。或许这能使我得到宽恕了吧（1935年1月3日，莫斯科）。

* * *

安东·巴甫洛维奇用在庆祝会上收到的一个古雅的小木匣存放艺术剧院演员的照片，照片上都写着献词，献词下面的日期都是《樱桃园》首次公演的日子。其中，除了上面已经提到的斯坦尼斯拉夫斯基的照片以外，还有以下一些人的照片：弗·伊·涅米罗维奇-丹钦科、瓦·伊·卡查洛夫、玛·费·安德列耶娃、亚·罗·阿尔捷姆、娜·谢·布托娃、亚·列·维什涅夫斯基、伊·米·莫斯克文、阿·亚·斯塔霍维奇等。

安东·巴甫洛维奇很看重艺术剧院那些极富才华的男女演员，称他们是"真正有文化修养的演员"，他也同样把他的照片和有他亲笔题名的书送给了几乎所有的演员。艺术剧院到雅尔塔巡回演出以后，哥哥为参加演出《海鸥》和《万尼亚舅舅》两剧的所有演员定做了贵重而别致的礼物。他定制金质表坠式的小纪念章，做成一本小书的形状，上面刻着："安·契诃夫·剧本·海鸥·万尼亚舅舅。"小书的背面分别刻有得到这个表坠的演员的姓名。把小书打开，左边刻着这个演员在《海鸥》和《万尼亚舅舅》两剧里所扮演角色的名字，右边贴一张小巧精致的照片，照片上安东·巴甫洛维奇正在读《海鸥》的剧本，艺术剧院的演员们围在他身旁。凡是参加哥哥上述两剧演出的男女演员都得到了这种表坠式纪念章。弗拉基米尔·伊万诺维奇·涅米罗维奇-丹钦科的表坠上，安东·巴甫洛维奇没有让人刻上他扮演角色的名字，而是刻着这样一句题词："你使我的《海鸥》获得新生。谢谢！"

安东·巴甫洛维奇与莫斯科艺术剧院的友好往来和创作上的联系是通过弗·伊·涅米罗维奇-丹钦科建立起来的，这种关系在俄罗斯戏剧艺术的发展过程中发挥了历史性的作用。安东·巴甫洛维奇的现实主义新型戏剧也使艺术剧院得到巩固，站住了脚，并且确立了当代崭新的现实主义舞台艺术。同时，也正是艺术剧院恢复了《海鸥》的美名，极为出色地演出了《万尼亚舅舅》，帮助契诃夫确立了在戏剧界的地位，因此他才能在以后创作出《三姐妹》和《樱桃园》两部杰出的剧本，这两部话剧思想内容深刻，召唤人们追求美好的新生活。这也恰恰是安东·巴甫洛维奇后期一些作品的特点。

* * *

我个人与艺术剧院的交往即使在安东·巴甫洛维奇逝世以后也没有

遥远的过去——我的哥哥契诃夫

中断过。在很长时间里我都是剧院的股东,全身心地关注剧院的生活和需要,分享剧院的一切欢乐与悲伤。

康斯坦丁·谢尔盖耶维奇·斯坦尼斯拉夫斯基和弗拉基米尔·伊万诺维奇·涅米罗维奇-丹钦科是我永生难忘的亲密朋友,我跟他们最亲近、最友好,这种友谊一直保持到他们生命的最后时刻。

艺术剧院创建30年之后,康斯坦丁·谢尔盖耶维奇·斯坦尼斯拉夫斯基把他的著作《我的艺术生活》送给我,他在书上写下使我深受感动的题词:"赠给尊敬的、最受爱戴的、亲爱的玛丽雅·巴甫洛芙娜·契诃娃,我们一起度过了我们剧院和生活的最美好的时光。永远热诚忠于您的康·斯坦尼斯拉夫斯基。1928年7月15日。"

二十一 哥哥的婚事

1899年2月,我和莫斯科艺术剧院的演员们认识以后,就给住在雅尔塔的安东·巴甫洛维奇写信,劝他追求克尼碧尔,当时我自然不会想到,这个天真的玩笑会导致将来发生什么重大的事情……然而,正如后来所知道的,哥哥并不需要我的劝告,他从第一次和奥·列·克尼碧尔见面的时候开始,就已经注意她了。安东·巴甫洛维奇在第一次看了《沙皇费多尔》这个戏的排练,见到奥尔迦·列昂纳尔多芙娜·克尼碧尔扮演伊莉娜之后,就给苏沃林写信说,要是他留在莫斯科的话,那么他"准会爱上伊莉娜"!总之,结果表明,我的审美力与哥哥的眼力一致。

我在《海鸥》演出时最初和克尼碧尔相识,以后,在莫斯科她不演出的时候,也和她常常见面。1899年春天,安东·巴甫洛维奇从雅尔塔回来以后,我们去梅里霍沃村,邀请克尼碧尔到我们家来做客。她在我们家住了三天,她那响亮的嗓音和愉快的笑声,活跃了我们安静的梅里霍沃生活。

安东·巴甫洛维奇和克尼碧尔开始通信。这年夏天,安东·巴甫洛维奇事先给克尼碧尔写信约好,在新罗西斯克见面(他当时到塔甘罗格去办

遥远的过去——我的哥哥契诃夫

事)。他们一起从那里乘轮船到雅尔塔。在雅尔塔的两个星期里,他们常常见面、游玩,又一起返回莫斯科。

1900年,克尼碧尔两次到雅尔塔我们家里做客:一次是在艺术剧院巡回演出的时候,一次是在7月份剧院放假期间。

在此之前,我和克尼碧尔就已经很要好了。我们经常见面,到剧院、俱乐部去,有时她在我这里过夜,我也常常到她家去。总之,她成了我第一个最好的朋友。我在给安东·巴甫洛维奇的信中,无论就克尼碧尔是一个有才能的演员来说,还是就她的人来说,从来没有掩饰过对她的赞美。例如,有一次我和克尼碧尔一起到文学小组俱乐部去了,回来后我给哥哥写信说:"克尼碧尔头一次去俱乐部,很成功,人们对她很欣赏,说了许多令人愉快的话,等等。她是一个非常出色的人,对这一点我每天都坚信不疑。她是一个非常勤劳的人,而且据我看来,她非常有才气。"我知道哥哥和克尼碧尔互相都很感兴趣,有的时候,我在信中毫无恶意地开他们的玩笑:"我经常和克尼碧尔见面,我到她家吃过几次饭,和她的妈妈,也就是你的丈母娘很熟……你的克尼碧尔获得很大成功,科诺维采尔已经爱上她了。"那时我几乎在给哥哥每一封信中都要提到我最亲密的朋友克尼碧尔的名字。

不知什么原因,我从未深思过克尼碧尔和哥哥之间的关系会怎样终结,虽然有时隐隐约约闪过一个想法,他们可能会结婚吧。

1901年5月,安东·巴甫洛维奇到莫斯科去找医生检查病情,然后去喝马乳酒治病。我接到他从莫斯科写来的一封信,他在信里告诉我,休罗夫斯基医生让他立刻到乌菲姆省去喝马乳酒。"一个人去很寂寞,"他写道,"靠马乳酒活着也很无聊,带个人去吧,又觉得自私,因而也就很不愉快。结婚吧,我又没带证件,所有的东西都放在雅尔塔的桌子抽屉里。"这是哥哥第一次出乎意外地对我谈起他的婚事。对这一切我怎么领会,心境如何,当时我给安东·巴甫洛维奇写了几封信,我用我的信件来叙述吧。

对于哥哥的这封信,我是这样答复他的:"关于你的婚事,请允许我表明我的意见。对我自己来说,结婚实在可怕!可是对你来说,用不着这样过分不安。如果有人爱你,那么她就不会把你抛弃,因为她在你这里不会有任何损失,从你这方面来讲,也谈不上有丝毫的自私。你怎么能这样想呢?怎么是自私呢?你总是来得及结婚的。请你这样转告你的克尼碧尔吧。首先需要考虑的,是能使你健康。看在上帝的面上,你不要认为我自私。你永远是我最亲密、最爱戴的人,我除了希望你健康以外,再不希望别的什么。只要你健康、幸福,我再不需要任何东西。无论如何,你自己斟酌行事吧,可能我在这样的事情上有偏私。不过你自己曾教导我要没有偏见!"

过了一天,我们在雅尔塔收到这样一封电报:"亲爱的妈妈,祝福我吧,我结婚了。一切都会照旧。我去喝马乳酒。地址:阿克谢诺沃,萨马尔-兹拉托乌斯托夫街。身体见好。安东。"

这封关于既成事实的电报,让我和母亲大为震惊。我们都一时平静不下来。两天以后,我在给哥哥的信中写道:"我走来走去,一直在沉思,没完没了地沉思。我的想法一个接着一个。你突然结婚,这让我觉得是那样可怕!我当然知道,克尼碧尔迟早会做你亲近的人,但是你结婚的事实,不知怎么一下使我全身都感到不安,使我想到你,想到自己,想到我和克尼碧尔将来的关系。一想到我们的关系会变得很坏,我就害怕……我感到自己从未有过的孤独。你不要多想,我没有任何恶意,或者类似的东西,没有,我比以前更加爱你,衷心祝愿你一切顺遂,对克尼碧尔也是一样,虽然我不知道,我和她将怎样相处,现在我弄不清对她抱有何种感情。我对她有点生气,她为什么对结婚的事跟我只字不提,这不会是突发奇想吧。你知道,安托沙,我很愁闷,心情很坏……我只想见到你们,什么人也不想见,再说,什么都逃不过大家的眼睛,我哪儿也不想去。

遥远的过去——我的哥哥契诃夫

"我暂且还没对任何人提起过这件事,尽管已经是满城风雨了。当然,已经没有什么可隐瞒的了。收到你的电报的时候,由于太突然,母亲竟有点发呆……可是她很快就完全恢复正常,现在她又平静得让我吃惊……

"我恳求你,写信谈谈自己的情况……祝你健康、幸福,代问克尼碧尔好。请克尼碧尔给我写信。"

我没有收到哥哥的回信,心里很焦急。6月4日我给在阿克谢诺沃的哥哥拍了一封电报:"恳求来信。玛莎。"第二天,我收到回电:"支票收到。谢谢。寄去一信,拟一起顺伏尔加河旅游。身体健康。勿念。一切照旧。问妈妈好。写信。安东。"[1]

6月6日我终于收到哥哥6月2日从阿克谢诺沃写来的第一封信:

"亲爱的玛莎,你好!我准备把所有的事情写给你,可是怎么也不得空,有许多各种各样的事情,当然都是些小事。我结婚的事,你已经知道了。我想,我的这一举动丝毫不会改变我的生活,丝毫不会改变我到现在为止所处的那种环境。大概母亲会说天知道,但是你告诉她,绝对不会有任何变化,一切照旧。我将像从前那样生活,母亲也一样,我和你的关系不会改变,还是像历来那样亲热,那样和睦……"

这封信和电报使我紧张的心情得到了缓和,我感到轻松多了。我往阿克谢诺沃写信说:

"我真是双喜临门啊:收到了你的来信,又下起一场很好很大的雨,从昨天晚上一直下到现在。几封来信实在让我高兴得无法形容!昨天一下收到三封,今天早晨又收到你的一封。

"今天收到的《每日新闻》上刊登了你们的肖像。是呀,你们结婚简直掀起了轩然大波!你们谁更有名?是你还是克尼碧尔?人们画她穿

---

[1]安东·巴甫洛维奇给我的这封电报是首次发表。此前我以为把它丢失了,不久前才在我的珍藏室中发现。——原注

着《万尼亚舅舅》里的戏装,画你带着夹鼻眼镜。我非常非常感谢你的电报,等待你的来信。也许我打扰了你们,但是我整整两个星期对你们的情况根本什么也不知道,是多么难熬啊。"

需要再说几句,哥哥是如何在莫斯科安排他的婚礼的。事情是这样,正如我已经不止一次在这儿提到过的,哥哥总是害怕在各种公共场合抛头露面。结婚典礼上冠冕堂皇的隆重仪式,随之而来的一些习俗也的确使他惧怕。他还在结婚前一个月就给克尼碧尔写信说:

"如果你保证,在我们举行婚礼之前,不让莫斯科的任何一个人知道我们要结婚,那么我就可以在到达那天和你结婚。不知什么原因,我非常害怕婚礼,害怕祝贺,害怕香槟酒,要把它举在手里,还要含含糊糊地微笑。"

所以,安东·巴甫洛维奇请艺术剧院的一个演员亚历山大·列昂尼多维奇·维什涅夫斯基在结婚那天安排一个隆重的宴会,请他和克尼碧尔所有的亲戚来出席宴会。维什涅夫斯基完成了这件事。在约定的时刻,所有的人都来了,只缺安东·巴甫洛维奇和克尼碧尔。人们左等右等,总不见他们两人来。大家着急了。最后不知从哪儿得到消息,说安东·巴甫洛维奇和克尼碧尔在教堂刚刚举行完结婚典礼,就坐车去看望克尼碧尔的母亲安娜·伊万诺芙娜·克尼碧尔,从那里又坐车直奔火车站,立即……坐火车到下诺夫戈罗德去了!

读者可以自己想象一下,客人都来出席宴会了,而邀请他们来参加这个宴会的主人却……溜之大吉,这是多么有趣的情景啊。

安东·巴甫洛维奇用这种巧妙的战术解决了他的"难题"。出席教堂结婚典礼的,只有当时法律要求的四个做傧相的证人,他们是克尼碧尔的哥哥和叔叔,还有安东·巴甫洛维奇熟识的两个大学生。

* * *

我在给哥哥的几封信中,写了自己与他突然结婚有关的一些感受,我

遥远的过去——我的哥哥契诃夫

当时无意让他们俩感到不快，可是克尼碧尔后来曾坦率地向我吐露了这种不愉快的情绪。因此我又给安东·巴甫洛维奇写了一封信，告诉他我的所有这些想法是如何发生的：

亲爱的安托沙，克尼碧尔给我写信说，你对我的信感到十分不快。原谅我，我没有能够控制住自己的慌乱心情。我觉得，你是会理解我并且原谅我的。这是我第一次放任自己的坦率性格，这封信使你和克尼碧尔感到不快，现在我感到很后悔。如果你和另外一个女人，而不是和克尼碧尔结婚，我大概什么也不会给你写，而且还会痛恨你的妻子了。然而现在完全是另外一回事：你的夫人曾经是我的朋友，我已经对她感到依恋，并且一起经历了许许多多。因此我就产生了各种疑虑和不安，也许这都是不必要的，是言过其辞，然而我写的都是我真诚的想法。克尼碧尔对我讲过，当他的大哥结婚的时候，她也感到非常难过。我想，她很可能会理解我的心境，不会骂我的。无论如何，使你们感到不快，这让我非常不安，我以后再不了，永远不再这样了。

现在我感觉很好。家中一切平安无事，大家都很高兴，等着你们回来……

……马乳酒对你很有疗效，我很高兴，你继续喝吧，不要着急，或许你能完全恢复健康。你的医生休罗夫斯基说的话也使我感到不安。你不要再生我的气了，你知道，你和克尼碧尔是我在世界上最亲爱的人。

不久，安东·巴甫洛维奇和克尼碧尔从阿克谢诺沃返回雅尔塔，我们在一起友好愉快地度过了整个夏天。我们没有再谈什么，解释什么。

后来我和克尼碧尔一起住在莫斯科的一个住宅里，我分享过她所有的快乐和痛苦。我们的友谊从来没有因为什么事情而黯然失色。从那时起已经过去半个多世纪了，直到今天，克尼碧尔仍旧是我敬爱的嫂子，是我最亲密、最尊敬的人。

二十二 雅尔塔的生活

安东·巴甫洛维奇对待雅尔塔的态度如何呢?

有一些研究契诃夫的人,援引安东·巴甫洛维奇的一些信件和一些同时代人的回忆录,断言契诃夫不喜欢雅尔塔,不喜欢克里米亚南岸。这种看法失之偏颇。安东·巴甫洛维奇对待雅尔塔的态度,需要从两个方面来看。一方面,他对雅尔塔持否定态度,因为雅尔塔是外省,有小市民气,有庸俗气,因为雅尔塔是富翁和有爵位的显贵们的疗养区。还因为安东·巴甫洛维奇住在雅尔塔很孤单,远离朋友,远离报刊编辑部,远离剧院,远离莫斯科。他经常想念莫斯科(他曾写道:"……苦恼的是没有莫斯科人,看不到莫斯科的报纸,听不到我非常喜欢的莫斯科的钟声。")。可是,另一方面,安东·巴甫洛维奇认为雅尔塔是一个有海洋性气候的极佳疗养区,那里美丽无比,南方的自然风光令人惊叹。

安东·巴甫洛维奇刚刚来到雅尔塔的时候,在给我的信中是这样描写雅尔塔的:"小盒子一样的旅馆,里面住着可怜的肺结核病人,个个憔悴不堪……那些有钱的懒汉,脸上带有一种毫无价值的贪求猎奇的神情,香水的气味代替了雪松和海水的清香,码头又脏又乱,海上远处灯

遥远的过去——我的哥哥契诃夫

光昏暗,公子小姐废话连篇,他们来到这里欣赏自然风光,其实他们什么也不懂……"然而哥哥同时认为,雅尔塔比尼斯好得多也干净得多。他作为医生,认为雅尔塔的气候有益于结核病人的健康,他说他知道许多人由于在雅尔塔居住过而恢复了健康。有一次安东·巴甫洛维奇在给索博列夫斯基的信中写道:"目前在俄国所有温暖的地方之中,数克里米亚南岸最好,这是毫无疑问的,不管人们对高加索的自然风光评价多高。不久前我到普希金峭壁附近的古尔祖夫去过一次,尽管下着雨,还是浏览了那里的美景。"他在给索博列夫斯基的另一封信中说:"雅尔塔发展得日益舒适起来。这儿有自来水,有下水道,电灯也in spe (有希望),铁路就要通车,总而言之,这里有文明的所有奇迹,但是很寂寞。看不到报纸,即便结婚也只能让你陷入极端的忧郁。"他喜爱克里米亚的自然风光,他在自己家的花园里栽了各种各样的树,这些树,特别是一些针叶树,都是只长在南纬地带的。然而由于他酷爱俄罗斯中部的自然风光,他还想方设法栽种了一些在冬天落叶的阔叶树。有一次他说,常青树坚硬闪光的叶子,好像是用白铁做成的一样。例如,哥哥在花园里还栽种了北方桦树,这种树在克里米亚是不生长的,但是,经他长期精心护理,到现在也没有死掉。

有一回,安东·巴甫洛维奇在一封电报里称雅尔塔为"鬼岛"。有的时候人们以此事为根据,认为契诃夫不喜欢雅尔塔。但是要考虑到,他这样说的原因何在。1898年12月17日,莫斯科艺术剧院首次上演《海鸥》,那是在彼得堡初次演出失败之后。人人都能明白,那天晚上安东·巴甫洛维奇有多么激动,在雅尔塔孤独生活又会有一种什么样的心情!人们给他打来了贺电,告诉他演出获得辉煌成功。大家都很高兴,向他表示祝贺,遗憾他不在莫斯科……我想,安东·巴甫洛维奇在给涅米罗维奇-丹钦科复信时,将他不得不置身于雅尔塔比作流放到基阿沃尔岛的德雷福斯的处境,这种心情应该是很容易理解的。

总之，与其说哥哥对克里米亚不满意，不如说他对克里米亚的孤独生活不满意，对远离莫斯科、远离亲朋的状况不满意，对缺少积极的活动不满意。

* * *

1899年，安东·巴甫洛维奇着手在雅尔塔筹建一所大众化的结核病人疗养院。他刚搬到雅尔塔，就看到贫穷结核病人的艰难境况，他们从俄国各地到克里米亚来治病，可是没有钱住昂贵的私人医院和疗养所。他们许多人来找安东·巴甫洛维奇请求帮助，他便尽一切可能地帮助他们。但是，一个人的力量是有限的，解决不了根本问题。这样，安东·巴甫洛维奇决定发起募捐，要在雅尔塔盖一所疗养院，等疗养院建成，普通的劳动人民只要交很少很少的钱就可以来疗养和治病。

安东·巴甫洛维奇以雅尔塔一个慈善团体——"外来病人慈善救济协会"的名义写了一个呼吁书，详述到克里米亚来的贫穷病人的艰难处境，请求所有"不论居住在何处的真正善良的俄国人"为贫穷病人捐款。这个呼吁书强调指出："不管捐款多么微小，哪怕只有几戈比，我们也将敬谢拜领。"

呼吁书在许多报纸上登载，同时印了单行本，安东·巴甫洛维奇把它们分发给朋友和熟人。很多人还受他的委托，拿着收据簿接收捐款。有些人并无收据簿，就直接收款，然后把捐款寄给在雅尔塔的安东·巴甫洛维奇，他收到钱后，立即将收据寄去。

哥哥也委托我在莫斯科收集捐款。奥尔迦·列昂纳尔多芙娜·克尼碧尔、亚历山德拉·亚历山德罗芙娜·霍佳英采娃、我的老朋友杜尼娅·埃弗罗斯的丈夫叶菲姆·齐诺维耶维奇·科诺维采尔等人，也都来帮助我。特别是当人们知道此事的组织者是作家契诃夫的时候，大家更乐意为这项慈善事业捐款。我和我的朋友们在莫斯科收到不少捐款，我把钱都寄、送给了哥哥。

遥远的过去——我的哥哥契诃夫

雅尔塔的慈善团体主要由雅尔塔的社会医务活动家组成,他们用募捐来的钱,在雅尔塔的阿乌特卡(我们的别墅也在那里)建立了一个名为"雅乌兹拉尔"的疗养所。里面有20个床位,患结核病的穷人只要交付很少的钱便可住院疗养。这个疗养所闻名遐迩,总有许多人等着进去疗养治病。

后来的情况表明,这样一个小疗养所对雅尔塔来说完全不够用。于是,安东·巴甫洛维奇又写了一份呼吁书,这次要建造的已经是一个设有40至50个床位的真正疗养院了。为此再次进行了募捐。一个也叫做"雅乌兹拉尔"的疗养院在城郊的山上建成,那里空气极为清新,还可以眺望壮丽的海景。这是当时雅尔塔为贫穷结核病人开办的第一个廉价疗养院。现在雅尔塔还有这个疗养院,并且用安东·巴甫洛维奇的名字命名,因为他为创建这个疗养院做了大量工作。

* * *

1900年1月17日,安东·巴甫洛维奇40岁生日那天,他得到一个出乎意料的消息,他当选为俄国科学院刚刚设立的名誉文学院士称号。与他一起当选为院士的有列·尼·托尔斯泰、弗·加·柯罗连科、阿·费·科尼、阿·米·热姆丘日尼科夫等。

科学院承认安东·巴甫洛维奇是一名杰出的作家,这当然是让他愉快的事情,但是哥哥并不真正看重这一称号,基本上是以嘲讽的态度对待之。他在给苏沃林的信中写道:"作家里不会有正式的院士,他们会让作家做名誉院士、首席院士或者头号院士,至于普通院士,却永远也不会给作家,至少一时不会给。他们从来不把他们不了解、不信任的人领进他们的方舟。"

我们家从前的厨娘玛丽雅·多尔米顿托芙娜,退职后住在我们家里,有时对来访的客人讲,安东·巴甫洛维奇现在成了"叶涅拉尔"。对这件事哥哥曾愉快地加以嘲笑。有一次他在信中告诉我这样一个笑话:"昨天

———雅尔塔的生活

我们家来了位重要人物，利瓦吉亚①的看门人，玛尔福莎②的叔叔，来找我看病。他至少叫了我大约一百次'大人'，因为老太婆预先告诉他，我现在是'叶涅拉尔'，也就是院士。"

在另一封信里，安东·巴甫洛维奇除了对院士称号一般表示高兴外，同时还说："然而，我要是经过一次争吵丢掉这个称号，我会更高兴。而争吵一定会发生，因为饱学的院士十分害怕我们有伤他们的体面。"他的预言准确地应验了：恰好在两年之后发生了"争吵"——1902年马克西姆·高尔基当选为名誉院士，可是后来按照沙皇的命令，宣布这次选举作废，说是高尔基"政治上不可靠"。正如我前面已经提到过的，安东·巴甫洛维奇与柯罗连科一起，为抗议科学院的专横行为，辞掉了自己的院士称号。顺便说一下，1902年5月，柯罗连科专程到雅尔塔找安东·巴甫洛维奇，来和他商量辞掉院士称号采取共同行动的事。

这样，安东·巴甫洛维奇当了将近两年半的"院士须"。他在一些书信里常开玩笑地以"院士须"署名。

1900年1月，我收到哥哥的一封信，从信中得到一个出乎意料之外的消息："我在古尔祖夫，靠近码头和公园的地方，买下一小段有浴场和普希金峭壁的海岸。现在整个小海湾都属于我们了，这里能够停泊小船或者快艇。房子很差劲，不过是瓦顶的，四个房间，前厅很大。一棵大树，是桑树。"我后来看了我们古尔祖夫这个新的小别墅，非常喜欢，特别让人喜欢的是，这是我们自己的一个非常漂亮的海滨浴场。小房子是一所最平常的农舍，天花板又低又矮，然而那里异常舒适而静谧。安东·巴甫洛维奇在一块地上栽种了些新的树木。我们打算在夏天，当雅尔塔天气炎热多尘的时候，就到古尔祖夫去住，把那儿作为别墅。

现在我们有了三座庄园，其中的库丘柯依庄园对我们来说，只具有

①一所豪华的府邸。——原注
②我们的女清洁工。——原注

遥远的过去——我的哥哥契诃夫

一种异国风味，因为我们不打算住在那里，特别是现在买下古尔祖夫的小房子以后，就更不会去那里住了，因此决定将库丘柯依庄园卖掉。1901年初，通过莫斯科的维诺格拉多夫委托行，我们卖掉了库丘柯依庄园。买主是佩尔菲莉耶娃，虽然我要求她去查看一下房子，但是她没有去。后来，在那一年年底，佩尔菲莉耶娃去看了库丘柯依庄园，她不喜欢，于是给安东·巴甫洛维奇写信，表示不满意。哥哥将此信转寄给我，请我把钱立即退还给佩尔菲莉耶娃，"不要做任何解释，也绝不要再谈什么"。我把这件事全部办妥，库丘柯依庄园又回到我们手里。以后我们就再没有打算把它卖掉。

安东·巴甫洛维奇去世以后，大家知道他生前对我哥哥伊万·巴甫洛维奇颇有好感，并且很关心他，所以就把库丘柯依庄园送给了伊万·巴甫洛维奇。但是伊万·巴甫洛维奇也从未在那儿住过。十月革命以后，我们谁也没有再过问过这座庄园。自从哥哥去世以后，我一次也没到那儿去过。

* * *

安东·巴甫洛维奇在世的时候，许多人来过我们雅尔塔的家里，有作家、演员、画家、音乐家、社会知名人士、科学院院士。我们莫斯科和梅里霍沃的老朋友也来过。而在雅尔塔与安东·巴甫洛维奇来往的人中，大多数是哥哥在雅尔塔生活时期新认识的关系密切的人。

安东·巴甫洛维奇来到雅尔塔的第一年，我们的房子还未完工，当时已享有盛名的作家马克西姆·高尔基（阿列克谢·马克西莫维奇·别什科夫）就来和哥哥相识了。这事发生在1899年3月。那时候他们经常见面，谈论文学，谈论创作，彼此印象都很好。从此以后，他们建立起友谊关系，开始有趣而内容丰富的书信往来。

安东·巴甫洛维奇认为高尔基很有才能，会成为一个"大文豪"。由于高尔基本人的请求，安东·巴甫洛维奇在文学上给他许多建议，评

———— 雅尔塔的生活

论他的作品，指导帮助他。高尔基在信中对安东·巴甫洛维奇表示衷心的感谢，后来还把自己的中篇小说《福玛·戈尔杰耶夫》献给安东·巴甫洛维奇。

1900年春天，艺术剧院到雅尔塔巡回演出，高尔基来到雅尔塔，我才第一次见到他。他当时已经很有名气。我惊奇地对他瞧了又瞧。使我感到奇怪的是，他一年四季穿着长长的俄罗斯式斜领衬衫（夏天穿白色的，冬天穿黑色的），脚上总是穿着靴子，而且把裤腿塞到靴筒里。总之，从外表来看，他与其说是个作家，还不如说是个工人。但是，只要他一开口说话，大部分是讲他的经历，讲他漫游俄国的情况，他那色调鲜明的描写，有趣而形象的比喻，叙述故事的整个技巧，就不能不让人钦佩。他那时给艺术剧院所有演员留下非常强烈的印象，大伙儿总爱围在他身旁，听他讲述那一个接一个、引人入胜的故事。高尔基天生会讲故事，讲得极为出色，极为有趣。

高尔基来到克里米亚以后，经常跟安东·巴甫洛维奇见面，不久他就跟我们亲如一家了。有一次，那是1901年，他在搬到奥列伊兹去之前，甚至还在我们家住了几天呢。当时他由于从事革命活动，受到警察的监视。1901年至1902年的那个冬天，他身体不好，警方允许他在克里米亚居住一冬，但是他没有权利住在雅尔塔城里。然而，我们家不在城里，在城外的阿乌特卡村，所以安东·巴甫洛维奇就写信把高尔基叫来了。那些日子，警察分局长几乎每天都要到哥哥这里来查问高尔基是否在我们家……在这个冬天，两位作家见过许多次面，见面的地点不是在雅尔塔我们家里，就是在奥列伊兹高尔基的"纽拉"别墅。有时候，他们一起去拜访列夫·尼古拉耶维奇·托尔斯泰，那一年托尔斯泰也住在克里米亚南岸加斯普尔村的巴尼娜庄园里。

高尔基经常和妻子叶卡捷琳娜·巴甫洛芙娜及孩子们一起到雅尔塔我们家里来，他有一个男孩一个女孩，男孩叫马克西姆卡，女孩叫卡佳。现

遥远的过去——我的哥哥契诃夫

安·巴·契诃夫
1902年

——雅尔塔的生活

在我仍然记得这两个小家伙,他们在我们花园长得很高的青草地里跑来跑去,他们那儿童的欢笑声让宁静的花园生气勃勃。我们花园里有一条长板凳,安东·巴甫洛维奇和高尔基常坐在那里交谈。只要他们单独走开,一定坐到那条板凳上交谈,免得有人打扰他们。我通常知道,要是家里哪儿也找不到他们,那么他们准是在那里,每当要开饭或是喝茶的时候,我就走到我房间的阳台上,冲着花园那边喊道:

"安托沙,阿列克谢·马克西莫维奇,吃饭啦……"

这条板凳在花园里一直保存到现在,现在它的名字叫做"高尔基板凳"。

有一天,高尔基约我和他一起去参加一个革命小组的秘密集会。我知道俄国有一些革命小组,有一些人把自己的全部工作和生命都贡献给了革命事业,可是当时我却远离政治生活。可能高尔基想激起我对政治问题的兴趣,或者甚至打算吸引我参加革命工作。

"我介绍您跟一些好人认识一下……是一些很好的人,"他说,而且特别强调那个"好"字。

我对秘密工作丝毫也不了解,我邀请当时在雅尔塔休养的作家伊·亚·布宁跟我们一起去。高尔基并没表示反对。

我记得,那是个乌黑的夜晚,我们三个人在雅尔塔的街上走。我们走到拉夫尔巷,进了一所楼房,这楼房是一个姓谢列勃里亚科夫家的。我们走上二层楼,那儿有一个相当大的房间,房间里烟雾腾腾,正在开会。一些我不认识的人,穿着都很朴素,正在争论什么。他们说的事情,我听不大懂。再加上布宁老是跟我谈他欠谁欠谁多少钱,显然是给我解闷,他的谈话也妨碍我的注意力。

现在我不记得,当时高尔基在这个会议上发言没有。我只记得有过这件事,这对描绘那个时期高尔基的整个面貌有代表性。现在完全可以推想出来,他是试图使我接近革命小组,但是没有成功。

遥远的过去——我的哥哥契诃夫

我在莫斯科也和高尔基见过面。他不止一次到我那里做客。

高尔基非常热爱安东·巴甫洛维奇，认为他是一位高尚的作家。他写的关于契诃夫的回忆录、书信和文章都说明这一点。

* * *

早在1895年安东·巴甫洛维奇就认识伊·阿·布宁了，但是直到他住在雅尔塔的时候才与布宁见面。布宁比安东·巴甫洛维奇小10岁，出身于破落贵族家庭，只靠文学工作维持生活。

我认识布宁，和认识高尔基一样，也是在1900年4月艺术剧院到雅尔塔巡回演出的时候。布宁很有修养，思想敏锐，活泼愉快，给我的印象非常好。他当时作为诗人和小说家活跃在文坛上，是一位即兴赋诗的大师。

安东·巴甫洛维奇对伊万·阿列克谢耶维奇·布宁深有好感，与他十分亲近。当布宁住在雅尔塔的时候，安东·巴甫洛维奇每天都请他早些到我们家来。他们整天在一起交谈。他们俩都喜欢含蓄的幽默，喜欢开玩笑，常常一块想出一篇逗笑的短篇小说的详细情节，哥哥的书房里时常传出他们响亮的笑声。布宁朗读安东·巴甫洛维奇早期的一些幽默作品，朗读得好极了。起初哥哥总是竭力忍住笑听布宁朗读，但是，不管他怎么忍着，听着自己过去写的那些短篇小说，最终还是忍不住要笑出声来。安东·巴甫洛维奇给布宁取了个外号，叫他"布基顺"，有时还在这个名字前后加上几个词，叫他"法国议员布基顺先生"。

有一次，在1900年12月底，布宁来到雅尔塔，哥哥邀请他来我们家住。他住在我们家楼下的一个房间里。通常我在过圣诞节假期时也住在雅尔塔。当时安东·巴甫洛维奇不在家，到尼斯去了。安东·巴甫洛维奇不在，我和母亲过节，感到闷闷不乐，所以布宁来得正是时候。他极大地活跃了我们的生活，冲淡了我们的寂寞。

我给在尼斯的哥哥寄过一封信（1900年12月28日），这封信是以布宁写的一首玩笑即兴诗开头的：

———— 雅尔塔的生活

忘却那冰天雪地，
我径直奔向南方。
此地也异常寒冷，
我和布宁围炉膛。
凭窗眺望与散步，
活像两只小绵羊。

据我看，这最后两行很俗气，但是布宁却认为这两行最好，这首诗是他刚刚替我写的！谈谈你的意见。布宁来了，住在我们家楼下……

新年一见面，布宁便给我写了这样一首即兴诗：

玛莎姑娘笑开颜，
年轻时光须尽欢。
劝君长乐无寂寞，
婚后岂能得安闲！

在布宁住在我们家的那些日子里，我和他成了好朋友。他开玩笑地管我叫"阿玛兰达"，管他自己叫"唐·津扎加"，这两个名字都是从安东·巴甫洛维奇的短篇小说《艺术家的妻子》里借用来的，那篇小说收在他的第一部短篇小说集《美利波美娜的故事》里。有的时候，布宁模仿已故的列维坦，管我叫玛法。

我愉快地度过假期，回莫斯科去了，布宁继续住在我们家里，因此我很感激他，不然我们的母亲就完全孤单一人了。我们想，要是安东·巴甫洛维奇不在国外耽搁，布宁在雅尔塔就能见到他了。

布宁开始往莫斯科给我写信，从此我和他便保持友好书信来往，一直持续了十多年。我在此引用布宁给我写的一些信，或许可以披露布宁对安

遥远的过去——我的哥哥契诃夫

东·巴甫洛维奇的态度,因为他在信中经常提到安东·巴甫洛维奇,那时他对安东·巴甫洛维奇的热爱是真挚、深厚和细腻的。

下面是布宁一些信件的片段:

非常对不起您,亲爱美丽的阿玛兰达,不过我确实很忙。时间一闪而过,连它的尾巴都抓不着,因为我过的是勤劳的、超俗绝欲式的生活。我读书,思考,幻想,有时写些东西,随便吃点什么,坐在桌边和亲爱温和的叶甫盖尼雅·亚科夫列芙娜聊天,跑邮局……叶甫盖尼雅·亚科夫列芙娜身体康健,只是嗓子有点儿肿,现在已经好了。我们奇怪的是,安东·巴甫洛维奇没有给您来信。他又像以前一样,很快很快就要回来了吧……

要是您在这儿的话,我会给您讲许多我最近想出来和看到的优美动人的故事。多少首即兴诗都白白溜掉啦!……

请您描述一下《三姐妹》的演出情况,向克尼碧尔一家代为问候。再见,阿玛兰达。

您的唐·津扎加
1901年1月22日于雅尔塔

亲爱的玛丽雅·巴甫洛芙娜!2月13日,星期二,我坐轮船离开阿乌特卡,在堤岸上我看到了波涛汹涌的大海,我怕自己经常胡闹惹得叶甫盖尼雅·亚科夫列芙娜讨厌,就到"雅尔塔"旅馆去住了,一直住到现在。星期二,瓦尔瓦拉·康斯坦丁诺芙娜[①]收到安东·巴甫洛维奇从敖德萨打来的一封电报,说他已在路上。也就是说,这真是太巧了。我们只担心安东·巴甫洛维奇是否经得住旅途的颠簸。

他星期四夜间到家,星期五早晨便打电话叫我到他这里来。我星期

[①]雅尔塔女子中学校长。——原注

五、星期六和今天，天天都在他这里；当然了，这是他的愿望，可不是我赖着不走。他对我很好，我跟他在一起感到十分愉快。我现在还在这里，就说明是他留住我不放。我没有把行李搬到阿乌特卡来，因为反正快要动身离开了。

安东·巴甫洛维奇前几天有些倦容，然而今天脸色很好，愿上帝让他健康地活上一千年！亲爱的叶甫盖尼雅·亚科夫列芙娜很幸福，也很健康。您怎么样，亲爱的玛法？

安东·巴甫洛维奇原来让我写信告诉您好多事，可是后来他又决定亲自写。好啦，再见吧，亲爱的阿玛兰达。

您的伊·布宁
1901年2月18日于雅尔塔

问候克尼碧尔……顺便问一句，她在彼得堡吗？

亲爱的玛丽雅·巴甫洛芙娜，千万不要因为我没有回信而生气。我这么长时间没给您写信，自己也觉得难受……

我可能在离开雅尔塔的时候，或者在轮船上给您写信说过，亲爱的安东·巴甫洛维奇可亲可爱，他比以前健康和愉快多了。可现在我对他的情况一无所知，因为没有收到他的来信。艺术剧院的成功让我由衷地感到高兴……

您的津扎加
1901年3月3日于敖德萨

安东·巴甫洛维奇还是叫我"布基顺"。这名字确实好吗？

亲爱的阿玛兰达，谢谢您的见爱与邀请，紧紧吻您的手，然而我不知道能否去雅尔塔。是啊，该平静一下，也该回家了，真是没有办法，整天见到的又是"车厢、餐室、煎肉排"、列车服务员……在雅尔塔当然不可

遥远的过去——我的哥哥契诃夫

能写作……或者说可能性很小吧。而重要的是您在雅尔塔住的时间长吗？当着上帝说，我并不隐瞒，很想见您，想见雅尔塔，想见安东·巴甫洛维奇……然后跟你们一块儿去远航，一直到温暖的春天来临再返回俄罗斯。这该多么美妙啊！但是……当着上帝说，我不知道能否如愿……总之，我再考虑考虑。

您不必为安东·巴甫洛维奇担忧。在前一封信里我对您什么也没隐瞒，我用"比以前"几个字，实在是因为安东·巴甫洛维奇从来也未给人一种最健康的印象。

我很怜悯奥尔迦①。其他人看来没有什么可怜悯的。而且总的说来，他们的演出毕竟取得了巨大成功啊。

我仍旧等待着您的来信，身体怎样，情况如何？我再好好想想吧。请您千万不要以为，我不愿意前去拜访②。

我的孩子有点病。而且一般来说我很愁闷③。只与妻子匆匆见过一面。

您的伊·布宁
1901年（3月中旬）于敖德萨

亲爱的阿玛兰达，我很久没有写信了，您不要以为我这一时期没有惦记着您，只因为我的生活确实狼狈不堪。您在雅尔塔仍旧有些情绪不佳，老实说，我真有点儿心疼……这一个半星期满可以过得好些。我还是怀着极大的热诚想念雅尔塔，想念您，想念克尼碧尔，想念"安托沙"，想念

---

①当时艺术剧院在彼得堡巡回演出，彼得堡报纸对剧院的演出发表辱骂性的评论，致使奥尔迦·列昂纳尔多芙娜·克尼碧尔十分难过。——原注
②这时安东·巴甫洛维奇也给布宁写信说："您一定要来，务必来。"——原注
③当时布宁家里发生一些不愉快的事情。他和妻子正闹离婚，儿子留给妻子。布宁隔一天去看一下儿子。——原注

那里的一切。①

安东·巴甫洛维奇的身体怎样？他在哪儿？他如果已经到莫斯科，那将要在莫斯科住多久？我在家乡的巢里感觉良好……我写了许多诗，有的诗还写得不错……

完全忠于您的伊·布宁

1901年4月28日于图拉省卢克亚诺沃

亲爱的阿玛兰达，我常想您，一想到您就感到十分愉快！我非常忙，因而很久未给您写信。您给我寄来的是一封绝妙的信，您写的信不亚于您的哥哥。我准备到莫斯科去，希望在那儿能见到克尼碧尔和安东·巴甫洛

---

① 伊·阿·布宁于4月初还是来到雅尔塔，住了一个半星期。在这期间，克尼碧尔也在我们家做客。我们在一起过得很愉快，经常一块散步。有一次我们到古尔祖夫去，在那儿的饭馆吃早饭。这次游玩过后，布宁问，他需要交多少钱，安东·巴甫洛维奇开玩笑地给他"开"了这样一个账单：

布基顺先生（法国议员、侯爵）的账单
您的费用如下：

一个头等马车座	5卢布
两只上等小活牛	1卢布50戈比
一瓶上等好酒	2卢布75戈比
四杯白酒	1卢布20戈比
一块里脊肉	2卢布
两串烤羊肉	2卢布
两只绵羊羔	2卢布
凉拌生菜	1卢布
咖啡	2卢布
其他	11卢布
总计	27卢布75戈比

此致敬礼！

房东　安东·契诃夫

玛丽雅·契诃娃

4月14日我们三人均离开雅尔塔：我和克尼碧尔去莫斯科，布宁去敖德萨。——原注

遥远的过去——我的哥哥契诃夫

维奇。他给我写过信,然而信是这样开头的:"亲爱的、劝人为善的伊万·阿列克谢耶维奇,布基顺先生!……"由于"劝人为善"这几个字,我差一点儿抱怨起他来……①来信请寄莫斯科。朋友们都喜欢我,我去莫斯科,将住在捷列绍夫的别墅里。以后我的地址是:莫斯科,清水塘,捷烈霍夫宅,捷列绍夫转我收。

……问候叶甫盖尼雅·亚科夫列芙娜和所有住在可爱优雅的白色别墅里的人。

完全属于您的伊·布宁
1901年5月28日于叶弗列莫沃

您能见到库普利沙②吗?请转达我对他的亲吻。

亲爱的玛丽雅·巴甫洛芙娜!您怎么不来信?您的心情怎样?我来到莫斯科以后,听到有关安东·巴甫洛维奇完全出人意料的消息③。我去过安娜·伊万诺芙娜④那里,她说,他走时很高兴。我的愿望您是知道的,我衷心希望他们的婚姻给你们所有的人在各方面都带来好处。请您给我写点什么吧,问候亲爱的、令人尊敬的叶甫盖尼雅·亚科夫列芙娜。

伊·布宁
1901年(6月初)于莫斯科

亲爱的玛丽雅·巴甫洛芙娜,很久没给您写信了,因为我又过起了深居简出的生活。我待在父母身边,每天早晨游泳,午饭后在槭树林荫道的

---

① 布宁提到的安东·巴甫洛维奇给他的这封信,无人知道,也未收入契诃夫书信全集,看来是布宁原来就不打算把它公诸于世。——原注
② 即阿·伊·库普林。——原注
③ 指安东·巴甫洛维奇与克尼碧尔5月25日在莫斯科结婚的消息。——原注
④ 安娜·伊万诺芙娜·克尼碧尔——奥尔迦·列昂纳尔多芙娜的母亲。——原注

———— 雅尔塔的生活

树荫下睡觉,看很多书……剩下的时间我就与诗神交谈。我一心想的就是胜过托尔斯泰!

亲爱美丽的阿玛兰达,我看了您忧郁的信,由衷地怜惜您[①]。我一夏天都在为您物色对象,但没有一个合适的!等到冬天再说吧,我几乎整个冬天都要在莫斯科度过。您的亲爱的、著名的哥哥给我寄来一封信,但是像以往一样,关于身体情况只字未提。马乳酒的效果如何?请您来信一谈,我非常爱你们大家。而且请多写些您自己的情况,您如何在雅尔塔度过时光?当然,请您替我向那对新婚夫妇、向尊敬的叶甫盖尼雅·亚科夫列芙娜、向你们全家人和熟人致以最深切的问候。

忠于您的伊·布宁
1901年7月7日于卢克亚诺沃

亲爱的朋友,我好久没有回信,请您原谅。我待在农村家里人身边"创作"。现在我要到莫斯科附近去……您生活怎样,安东·巴甫洛维奇和妻子在哪儿,请来信谈谈。请您写封信吧,我非常想知道您的情况,写什么都行……

您的布宁
1902年6月2日

我坐在塞瓦斯托波尔海滨公园紧靠水边的长凳上,海水冲刷着岸边,哗哗地响,对面的太阳渐渐沉向大海,一条耀眼的光带映在海面上,在夕阳淡黄色的余辉中,柔和的海风扑面而来。

第二天,也就是从离开古尔祖夫开始,我就陷入忧愁之中,甚至浑身都觉得疼痛。我又踏上旅途,无休无止地赶路,昨天也好,今天也好,身

[①] 我的信写于刚刚得知哥哥结婚消息的时候,当时心情很乱。——原注

遥远的过去——我的哥哥契诃夫

边连一个稍微亲近点的人也没有。孤独的生活几乎让我落泪。而且,跟我亲近的人在这个世界上总共不超过十个,您是其中之一。昨天我甚至想再到古尔祖夫您那里度过一个晚上,因为孤单一人实在可怕,最近我郁闷极了……

您的伊·布宁
1902年8月2日于塞瓦斯托波尔

可亲可爱的阿玛兰达,请您写信告诉我,安东·巴甫洛维奇的身体怎样?他在哪儿?我听说他身体不大好,心里觉得非常非常难过……①

忠于您的伊·布宁
1904年7月5日于卢克亚诺沃

亲爱的、最令人爱戴的朋友,这噩耗好比晴天霹雳使我震惊。我这儿也有忧伤——母亲得了格鲁布性肺炎,她的年纪已近70。因此我没能也不能到莫斯科去,可是请您记住,这几天我的心情和您一样悲痛,简直无法用言语形容……

完全忠于您的伊·布宁
1904年7月9日于卢克亚诺沃

后来,伊·阿·布宁在自己的回忆录中写过,他是如何得知安东·巴甫洛维奇去世的消息的:"我骑马来到村里的邮局,取了报纸和信件之后,顺路到铁匠那里给马换一个掌。那天很热,草原上死气沉沉,天空暗淡,刮着灼热的南风。我坐在铁匠铺的门槛上打开报纸,突然,仿佛有一把冰刀刺入我的心窝……"

---

①布宁写这封信的时候,安东·巴甫洛维奇已经去世。——原注

安东·巴甫洛维奇去世几年以后，我准备出版哥哥的书信，请伊·阿·布宁写一个前言。他表示同意。后来，1911年9月25日他又给我来信解释说：

　　……我从瑟京那里取来安东·巴甫洛维奇的书信，很快看了一遍，又还给他去排印。这些信件好极了，这么多资料足够写个长篇文章。然而我又犹豫了：我需要为它们写序吗？我思考再三，得出的结论是：不需要。我能在序言中说什么呢？对信件夸赞一番吗？完全没有必要。这些信件对了解安东·巴甫洛维奇的生平、对他做出评价，以及树立他的形象，都是极为珍贵的资料。可是要树立形象，就不能只出版一套书信集，而是要全集，还必须加上许多其他的文献资料。在这种情况下，序言还有什么意义呢？

　　请您回信谈谈您的意见。我想您会赞同我的想法，另外，最重要的是应该把书信尽快出版。

　　请代我问候叶甫盖尼雅·亚科夫列芙娜。

热诚忠于您的伊·布宁

　　我采纳了伊·阿·布宁的意见，于是，弟弟米哈伊尔·巴甫洛维奇在每一卷书信前面都写了一个关于安东·巴甫洛维奇的简略生平，代替了序言。

　　在后来的年代里，我跟伊·阿·布宁便很少见面。他再次结婚以后，就不常到克里米亚来了。我和他的书信往来也几乎没有了。十月革命以后，我们便完全断绝了关系。尽管布宁在图拉省农村有一座父母留下来的不大的古老庄园，然而他既不是资本家，也不是地主。他只靠自己的文学劳动为生，而且手头总是拮据不堪。但是，伊·阿·布宁不能理解伟大的十月社会主义革命，因而侨居国外，并在国外度过了他的余生。他有才

遥远的过去——我的哥哥契诃夫

华,热爱祖国,可是不肯放弃他的某些观点,凄凉地结束了一生。1953年他在国外去世,终年83岁。

在结束对伊万·阿列克谢耶维奇·布宁的回忆的时候,我可以补充一句,《俄罗斯思想》杂志1902年7月号曾发表过布宁的一个短篇小说《会见》,这篇小说是献给我的。

* * *

经常到雅尔塔我们家里来的还有一位有才华的作家,亚历山大·伊万诺维奇·库普林。安东·巴甫洛维奇跟他也很亲近,时常夸赞他的作品。他跟布宁一样,也比安东·巴甫洛维奇小10岁。他一生很苦:当过军官,做过演员,充任过土地测量员……

从1900年起库普林常到我们家里来。他对安东·巴甫洛维奇十分热爱和尊敬。1901年,他已经是一位颇有名望的作家。他曾赠给安东·巴甫洛维奇一本自己的小书《小型艺术》,书上有这样的题词:"怀着十分忐忑不安的心情献给最令人敬重的安东·巴甫洛维奇·契诃夫。作者。"

有一年春天,库普林来到雅尔塔,可是并不住在城里(他当时经济上很困难),而住在阿乌特卡村,离我们不远。他在一所乱哄哄的住宅里租下一间屋子,在那儿很难写东西,于是安东·巴甫洛维奇建议他到我们家里来写作。库普林就在哥哥书房下面、楼下的餐厅里写作。顺便说一句,库普林就是在这间屋里写成了著名的短篇小说《在杂技场上》。

库普林和布宁两人很友好,经常一块儿到雅尔塔来,因此我有时开玩笑地管他们叫做"两个阿亚克斯"[①]。我跟库普林也像跟布宁一样友好。

例如,库普林给我写过这样一封信:

您记得,波德莱尔[②]曾经说过:

[①] 古希腊神话中两个共同作战的英雄。这句成语的意思是:两个离不开的朋友。——译者注
[②] 沙尔·波德莱尔(1822-1867),法国诗人。——译者注

"……每逢我遇见一位纯洁优雅的温柔女子,我就愿意爱戴她,并且感动得流泪。"

……我对您总怀有这样类似的感情。我经常经常想到您……我高兴的是,您允许我这样。

布宁和库普林在给我的信中时常彼此开点小玩笑。布宁写道:"听说您跟库普林卖弄风情,我很不满意。我想,这个魔鬼已经走了吧?"

库普林就写道:"请您告诉瓦尼奇卡①·布宁,我要是他的话,我会恨所有跟您来往的人,不过我对他却宽宏大量……"

我记得库普林参加了安东·巴甫洛维奇的葬礼,他的泪水不住地顺着脸往下流。他情真意切地热爱安东·巴甫洛维奇。他写的关于我哥哥的回忆录饱含热情。后来,我筹备出版哥哥的书信遗产,他帮助我在彼得堡搜集安东·巴甫洛维奇的信件。

库普林十月革命后也曾侨居国外。但是,他离开了祖国和人民,感到难过,于是他向苏联政府提出申请,要求返回祖国。他回国时已经年老多病,不久,于1938年便在莫斯科去世。

十月革命以后我跟他不曾见过一面。

* * *

我在前面提到过,我们的老朋友吉利亚舅舅常到雅尔塔我们家里来。有一次弗·阿·吉利亚罗夫斯基写了一首即兴诗,这首诗就写在我们家从小走廊到院里去的那扇门的门框上,诗文如下:

朋友们,你们的家园多可爱,
享受吧,欢乐吧;

---

①伊万的戏称。——译者注

遥远的过去——我的哥哥契诃夫

沙利克和歪嘴巴的图齐克[1]，
还有那个巴巴卡依呀……[2]

看了这首诗，安东·巴甫洛维奇开心地笑了，并且开玩笑说，那是当时最好的一首诗。

我后来感到很遗憾，因为一时疏忽，在给小走廊再次刷油漆的时候，竟把吉利亚舅舅这首诗给刷掉了。

* * *

1899年底圣诞节期间，我们亲密的老朋友伊·伊·列维坦来到我们家里。他当时病得很重。实际上，那是他跟安东·巴甫洛维奇的最后一次见面（假如不算安东·巴甫洛维奇1900年5月到莫斯科探望病中的列维坦那次短暂的会晤的话）。

就在1899年末的那些日子里，列维坦在我们家又创作了一张画，就是油画《月夜里的干草垛》。列维坦作这幅画，是由于安东·巴甫洛维奇跟他谈俄罗斯自然风光时激起的灵感。当时，列维坦坐在哥哥书房壁炉前的安乐椅上，而安东·巴甫洛维奇一边在房间里慢慢地走来走去，一边说，他特别思念俄罗斯中部的故乡景色，因为南方的克里米亚风光虽然美，可是显得冷清。我这时也在房间里。忽然列维坦对我说：

"玛法，请您给我拿一张硬纸来。"

我拿来了纸。列维坦裁下一块像壁炉龛那样大小的纸，把它贴在炉龛

---

[1]事情是这样的：在我们雅尔塔的家里，也跟在梅里霍沃时一样，一直养着几条狗。有的狗是我们自己养的，有的只不过是跑来住熟的。我们家有几条招人喜欢的狗，一条叫卡什坦，一条叫图齐克，一条叫沙利克，后来有一条叫什纳普，我自己管它叫福玛。当安东·巴甫洛维奇到花园里去的时候，它们总围着他。这些狗很灵，能感觉出人对它们的态度，谁要是爱它们，它们也以它们感人的狗爱来回报。因此，我们的看家狗总是喜欢安东·巴甫洛维奇。——原注
[2]诗中提到的巴巴卡依是我们家建筑工程的承包工。——原注

——雅尔塔的生活

上，接着拿出颜料，画起来。他只用了大约半小时就画成了。画上画的是田野上的草垛，背景是割草季节的月夜，远处是树林。他在画的右下角写了几个字："伊·列维坦赠安·契诃夫。"就这样，朋友的这件礼物后来永久留在壁炉龛上了。

哥哥的书房里还挂着列维坦的另外两幅画，一幅是1885年在巴勃基诺完成的《伊斯特拉河》，当时我们跟列维坦一块儿住在那里，另一幅是《橡树和桦树》。这两幅画都是列维坦送给安东·巴甫洛维奇的，不论我们住在哪儿，莫斯科也好，梅里霍沃也好，雅尔塔也好，哥哥一直把它们挂在自己的书房里。列维坦送给我的几幅画挂在我自己的房间里。

* * *

常到雅尔塔我们家里来的还有费多尔·伊万诺维奇·沙里亚宾。他爱安东·巴甫洛维奇，对他的作品推崇备至。沙里亚宾每在艺术剧院看过安东·巴甫洛维奇的一个新剧，都要给他拍电报，表示赞赏和感激。

哥哥喜欢听沙里亚宾唱歌，因此沙里亚宾每次来总为他唱很多歌。沙里亚宾到雅尔塔我们家里来毫不拘束，我们家里没有人给他伴奏，他就自己一边弹着钢琴一边唱。他唱的俄罗斯民歌很美，有的抒情甜蜜，有的雄壮奔放，还有的幽默滑稽。他唱得那么动人，那么优美，那么热情洋溢，让人一连听几个小时也不厌……安东·巴甫洛维奇喜欢沙里亚宾那无比动听的歌喉。

演员中常来的有巴·尼·奥尔列涅夫，他一直请求安东·巴甫洛维奇为他写一个剧本，以便到国外巡回演出；还有在《海鸥》剧中第一个演尼娜这个角色的科米萨尔热夫斯卡雅；另外，有莫斯科大剧院过去的男歌唱演员维·谢·米罗柳博夫（艺名米罗夫），他出版过《大众杂志》，安东·巴甫洛维奇在这个杂志上发表过短篇小说《主教》和《新娘》。

有时，一些安东·巴甫洛维奇早就认识，并且一向热情相待的作家，只要到雅尔塔来，就会到我们家里来做客。这些作家是：德·纳·玛

遥远的过去——我的哥哥契诃夫

明-西比里亚克、尼·德·捷列绍夫、科学院院士作家和进步司法家阿·费·科尼，还有一些作家是哥哥在雅尔塔生活时期才相识的：列·尼·安德列耶夫、维·维·维列萨耶夫、斯·加·斯基塔列茨、叶·尼·奇利科夫、诗人康·德·巴尔蒙特、剧作家谢·亚·纳依捷诺夫，安东·巴甫洛维奇对纳依捷诺夫的剧作特别赞赏。

作家尼·格·加林-米哈伊洛夫斯基很招人喜欢，常来拜访安东·巴甫洛维奇。他是著名的道路工程师，那时他设计过从克里米亚南岸通向雅尔塔的铁路工程。哥哥推崇米哈伊洛夫斯基的作品，认为他是有才华的作家。像鲍·亚·拉扎列夫斯基这样的文学家也常来登门拜访，他们一说起话来就没完没了，常弄得安东·巴甫洛维奇疲惫不堪，可是他宽以待人，特别客气，从来不让他们看出他的倦意。只有在他们走后，他才跟我们抱怨说，他头疼得厉害，他们搞得他不能工作。然而可悲的是，这种男女来客还不少，连我们家人都难于让安东·巴甫洛维奇摆脱他们的干扰。

我在前面提到过，1901年至1902年那个秋冬季节，列夫·尼古拉耶维奇·托尔斯泰住在克里米亚南岸。他住在加斯普尔的巴尼娜公爵夫人的庄园①，距雅尔塔12俄里。安东·巴甫洛维奇多次到加斯普尔拜访托尔斯泰。托尔斯泰没有到我们雅尔塔的家里来过。

托尔斯泰在加斯普尔得了重病。哥哥经常去看望他，他自己也是个病人，不能作为医生在托尔斯泰病榻旁边守护，因而感到很难过。他很爱戴托尔斯泰。托尔斯泰病重期间，安东·巴甫洛维奇成为莫斯科报道他真实病情的来源，因为当时沙皇政府极力对人民封锁托尔斯泰的真实情况。

时常来看望我们的还有作家兼医生谢尔盖·亚科夫列维奇·叶尔帕季耶夫斯基，他也在雅尔塔盖了房子。安东·巴甫洛维奇曾跟他共同为帮助外来的贫穷结核病患者而奔波，为给他们创建费用低廉的疗养院操劳。

---

①现在是"雅斯纳亚-波良纳"疗养院。——原注

───雅尔塔的生活

安东·巴甫洛维奇由于身体不好,在雅尔塔没有再从事实际的医务工作。可是阿乌特卡的病人,以及外来的大学生,经常找他看病,他一向免费治病,对谁也不拒绝。他的写字台上总放着听诊器、叩诊板和看病用的小槌子。那时,经常有些滑稽的事情。有一次,一个陌生人来找他,请求看病。哥哥解释说,他已经不行医了,那个人还是一再请求,怎么也不肯走。于是安东·巴甫洛维奇只好为他检查,听诊。看完病,那人在桌子上放了4个10卢布的金币。哥哥很生气,并且又向他解释一遍说,他现在不开业行医了,同意为他检查也只是个例外,还说这40卢布等于是对他的侮辱……过了一会儿,他又改变了主意,因为他看出客人来自殷实之家,他说:

"啊,不过,请您别着急……"

他拿出为贫穷病人接收捐款的收据簿,写了一张收到这位客人40卢布的单据,把这些钱作为救济贫穷病人的基金了。那个人起初拒绝拿收据,可是后来还是说:

"啊,不过,这毕竟是作家的墨迹呀。"于是他把收据拿走了。

* * *

安东·巴甫洛维奇在雅尔塔生活时期,在文坛上声望非常高。例如,伏尔加河上有一艘轮船便以"安东·契诃夫"来命名。美术明信片上也印着安东·巴甫洛维奇的肖像。敖德萨的报纸纷纷报道作家契诃夫抵达敖德萨,然而他当时根本哪儿也没有去。在某地的某轮船上,不知一个什么人自称是作家契诃夫,向别人借钱,于是大家毫不犹豫地把钱掏给了他。还有个人,也自称是作家契诃夫,追求一位姑娘,结果安东·巴甫洛维奇收到姑娘父母的一封信:他们责怪他,说他把年轻姑娘们搞得晕头转向,云云。总之,一些巧于钻营的人利用契诃夫的名字干他们的勾当,因为这个名字能博得读者的好感……

在雅尔塔,安东·巴甫洛维奇那时的声望特别高。他在堤岸上散步,

遥远的过去——我的哥哥契诃夫

身后不太远的地方总跟着一群崇拜者,或者说得确切些,跟着一群崇拜他的女人。在雅尔塔有许多这样的人,我们家人给她们取了个专用绰号,叫做"安东诺夫卡"。这些"安东诺夫卡"是安东·巴甫洛维奇诚心诚意的"崇拜者"。她们想看见作家契诃夫,跟他说上两三句话,帮他从城里拿回点什么东西,或者送送他,还有的人干脆守候在我们家围墙旁边,就为看一看在花园里散步的契诃夫。有些时候,还可以看到三五成群的"安东诺夫卡",一连几个小时站在我们庄园四周雕花围墙旁边。她们期待着,看契诃夫是不是要进城散步,是否要到花园里去……这种事让安东·巴甫洛维奇很难堪,因此他若进城散步,总是尽量找朋友或者亲近的熟人结伴同行。

有一回,发生过这样一件事。那个时期,在阿乌特卡的沃隆佐夫宫的狮子露台上有时举办音乐会。夏日的一天,安东·巴甫洛维奇、克尼碧尔和我,三个人一块儿去那里。音乐会开始之前,我们坐在一张小桌旁边喝茶。当时人很多。忽然,有个人从一张小桌旁边站起来,大声地说了一句"欢迎作家契诃夫莅临我们中间"之类文绉绉的话。所有人都扭过头来看我们。安东·巴甫洛维奇一下子飞红了脸,站起来,走出去了。我们等了半天也不见他回来,便去找他,后来在花园里找到了他。他心情很不好,不愿再去听音乐会,结果我们没听成音乐会就回家了。

我顺便再讲一件有趣的小事。有一次我跟安东·巴甫洛维奇一块儿乘火车,记不得是到哪儿去了。有两个男人跟我们同坐在一个车厢里。起初大家东拉西扯地闲聊。谈到文学的时候,这两个旅伴忽然提起作家契诃夫。他们之中的一个人恰好刚在某个火车站上买了一本杂志,上面刊登着安东·巴甫洛维奇的一篇小说(现在我不记得是哪一篇了)。

"您读过契诃夫的作品吗?他可真是个好作家,我建议您看看他的作品!"其中一个旅伴对安东·巴甫洛维奇说。

另一个旅客也赞成他的意见。我简直忍不住想笑,偷偷瞧了哥哥一眼。他却丝毫不动声色，只有那微微眯起的眼角显露出，他也在忍着笑。

"嗯……是吗？……曾经……"安东·巴甫洛维奇含含糊糊地答道。

"喂，您怎么看？他可是当代一位优秀作家呀！"

"嗯……不知道……不太了解……"安东·巴甫洛维奇又回答说。

那两个人继续向哥哥证明和讲述契诃夫文学作品如何如何好。安东·巴甫洛维奇静静地坐着，听着，不时地咳嗽一两声，哼哼哈哈地支吾搪塞："嗯……嗯……"

我真恨不得把实情告诉他们。

"安托沙，"我悄悄地对他说，"得了，你告诉他们你是谁吧……"

"嗯……"他一边回答一边摇头。

"得了，安托沙！……"我对哥哥仍不放松。

可是他好像没有听见我的话似的。我不吭声了，然而时不时地听见那两个旅伴谈论契诃夫的创作，我就又轻轻捅一下哥哥的腰。

"你听……"

过了一会儿，我们就要跟他们分手了。我对哥哥说：

"你就让我告诉他们你是契诃夫吧！"

他又两眼含笑地瞧了瞧我，不赞成地摇了摇头。我不敢不服从。我们跟那两个旅伴分手了。可是他们哪里知道，在车厢里他们正是极力让契诃夫本人相信，安·巴·契诃夫是俄国文坛上一位优秀而引人注目的作家，他的作品值得他自己好好读一读！

看来，这件趣事让安东·巴甫洛维奇感到开心，没让他不高兴，因为他明白，他们谈论他时，感情质朴、真挚，毫无虚假堂皇的言辞。

*　　*　　*

总而言之，仿佛诸事顺遂。我们全家人生活得和睦、安宁。安东·巴甫洛维奇早已成为公认的文学和戏剧的杰出艺术家。他笔下的每一篇新作问世，都是文坛上的一件大事。这样的作品有中篇小说《在峡谷里》，短

遥远的过去——我的哥哥契诃夫

篇小说《带小狗的女人》、《新娘》,剧本《樱桃园》。

要是安东·巴甫洛维奇不得病,他的身体不是一年不如一年,那么一切该有多好啊。说实在的,对他的身体状况,我们这些生活在他身边的亲人倒感觉不那么敏锐,不像旁人,也就是我们的朋友和熟人,偶尔见到安东·巴甫洛维奇时看得那样清楚。安东·巴甫洛维奇时常闹些小病,过后又好了,感觉身体不错,不知怎么的,我们甚至对这种情况有点儿习以为常了。然而,不用说,安东·巴甫洛维奇的健康一直是我们家人时常担忧的事情。最后几年,哥哥的病情日益严重,伤及肠胃,连吃的东西也须有所选择了,因此我遵照医嘱每天为他制定专门的菜谱。例如,我给他烧过一种特别的清汤,装进瓶子,浸在开水锅里,哥哥很喜欢这种汤。我们每个人,我也好,母亲也好,克尼碧尔也好,都为维持安东·巴甫洛维奇的健康费尽了心思。

二十三 哥哥的逝世与安葬

1904年5月3日,安东·巴甫洛维奇从雅尔塔到达莫斯科,当时我还住在那里。他病得很厉害,一进门就躺在床上了。那年春天,他总是生病。很明显,他的健康状况越来越糟。

在莫斯科我们一块儿住了十来天,中学放暑假后,我于5月14日动身回雅尔塔。安东·巴甫洛维奇的脸色很不好,在这种情况下离开他,我心里很难过。可是,我得走,因为哥哥已经对我这样说:

"你为什么不走呢?母亲孤零零一个人在雅尔塔……"

我万万没有想到,那天竟是我最后一次见到哥哥,最后一次跟他告别。我心里想,他躺一躺,治治病,就会好起来,一切还会照旧,因为那几年经常如此。再说,他还准备按在莫斯科一直给他治病的陶贝大夫的劝告,再次出国疗养呢。

可是这次,哥哥的病却拖了下来,他一直躺在床上。他从莫斯科来信说,他一次也没有穿上过外衣走出房门,我和母亲得知后十分伤心。要知道,这年克里米亚的春天美极了。哥哥栽种的树木枝繁叶茂,花园里绿树成荫,所有的花都开了,格外馥郁芬芳。果树已经果实累累。就在那年

遥远的过去——我的哥哥契诃夫

春天，我用自己家种的各种樱桃做了不少果酱。最使我懊丧的是，这一切哥哥竟没有见到。我写信给他，盼他快些恢复健康，早日返回雅尔塔的家园。

5月31日，安东·巴甫洛维奇在莫斯科才第一次到户外活动。6月3日，他和克尼碧尔离开莫斯科去德国。他们住在德国南方与瑞士交界的什瓦尔茨瓦尔德省巴登韦勒城，那里是疗养胜地。

不久，哥哥伊万·巴甫洛维奇到雅尔塔来看我们，他说，安东·巴甫洛维奇出国时瘦弱得吓人。我听了这些话，心情沉重，难过极了。

然而，哥哥从国外来信还十分乐观。他写信说，他的身体正在恢复，"体重不是一所洛特尼克①一所洛特尼克地长，而是一普特②一普特地增加"，他说只是巴登韦勒的生活太寂寞、太枯燥无味了："这里德国式的寂静和规矩太多了。"总之，根据安东·巴甫洛维奇的信件判断，当时他的状况并没有什么不吉的征兆。

伊万·巴甫洛维奇看到我心情烦乱，为了让我散散心，便建议我坐轮船到高加索的巴统旅行一趟。我们的一个堂弟格奥尔基·米特罗方诺维奇·契诃夫那时在雅尔塔轮船公司工作，他给我弄到一张半价船票。我们打算花十来天进行这次旅行，在此期间，格奥尔基·米特罗方诺维奇如果收到国外有关安东·巴甫洛维奇身体情况的消息，将转寄通知我们。

6月29日，我跟伊万·巴甫洛维奇坐轮船去高加索。旅行一路顺利，不过我仍然心神不定。我们到达巴统以后，又从那里乘火车去鲍尔若姆，并将行止通知了雅尔塔的堂弟。我们在旅馆里住了一夜，第二天早晨要去游览市容，可是我还是先到邮局看看有无从雅尔塔来的消息。结果，我在邮局收到那封骇人听闻的电报："安托沙逝世。"这封电报给我的打击太大了，我一生中还从未经受过这样的打击。

---

① 俄国重量单位，等于4.266克。——译者注
② 俄国重量单位，等于16.38公斤。——译者注

——哥哥的逝世与安葬

我不记得，我们是怎么回到巴统的。然后我们急忙去赶我们来时乘坐的那艘轮船，它正要返航。我们在鲍尔若姆便给船长打了电报，请求等我们一下。可是我们不知道他能否等我们。我记得，马车把我们从巴统火车站送到港口后，我立刻从车上跳下来，拼命地向轮船跑去。我跑着跑着，看到轮船还远远地停在那里。船长看到我们以后，在轮船上喊道：

"别着急，别着急，我们等你们！"

我和伊万·巴甫洛维奇刚刚登上船，轮船就起航了。

因为我们不在雅尔塔，格奥尔基·米特罗方诺维奇第一个得悉安东·巴甫洛维奇去世的消息，他知道弟弟米哈伊尔·巴甫洛维奇恰巧那天要来我们这里做客。于是他告诉米哈伊尔·巴甫洛维奇这个沉痛的消息，并给我和伊万·巴甫洛维奇拍了急电，只是没向我们的母亲透露一句。

我们返回雅尔塔以后，收到克尼碧尔打来的电报，电报说，她将把安东·巴甫洛维奇的遗体经彼得堡运往莫斯科。我们立即准备前往莫斯科。最后没办法，只得将真情告诉了母亲……母亲失去了她最心爱的儿子，那种痛苦是无法用语言来形容的。

我们乘火车到莫斯科去奔丧。

* * *

这一切是怎么发生的？为什么灾祸来得如此突然？

要知道，安东·巴甫洛维奇在去世的前三天，也就是6月28日，还给我写过一封信（我在雅尔塔收到这封信时，他已经不在人世了）。哥哥在这封信里，谈到他返回雅尔塔的计划，说他不想乘火车，因为车厢里又热又闷，还说"那样回家太快了，可我还没有玩够呢"。他想从的里雅斯特走海路到敖德萨，并且让我把轮船时刻表告诉他，看他们是否方便。他写信说，克尼碧尔那天到福列伊堡去了，为他定做一套夏季穿的法兰绒外衣。总之一句话，这封信充满了一个人最美好的希望和最具体的计划，他绝没有想到自己过几天就会去世。

遥远的过去——我的哥哥契诃夫

他在这封信中的确也写着这样的话:"我吃饭很香,但是感觉不大好,时常反胃。这里的黄油我不能吃。可见我的胃已经坏得不可救药,除了节食,就是说什么东西也别吃,任何药物也未必能够奏效,算啦!医治气喘的唯一办法就是静卧不动……

"好啦,祝你健康、愉快,问妈妈、万尼亚、乔治、老太婆和其他所有的人好。写信。吻你,握你的手。你的安。"

哥哥给我的最后一封信就是这样结尾的。

后来才知道,安东·巴甫洛维奇发出这封信后,心力突然衰竭,每天夜里都发作。后来心力衰竭渐渐平息。可是,7月2日夜里零点十五分,安东·巴甫洛维奇突然又感到呼吸困难。为他治病的德国医生什维列尔也被请来了。当时安东·巴甫洛维奇看来也知道病已垂危……

据医生本人后来证实,当时安东·巴甫洛维奇平静地对他说:"医生,我要死了……"克尼碧尔后来也讲过,安东·巴甫洛维奇见到医生时,说了句德语:"Ich sterbe…"(我要死了)然后他喝了医生递给他的香槟酒,"静静地朝左侧躺下,不一会儿就永远沉默了……"

安东·巴甫洛维奇在生活和文学创作中,总喜欢简单明了。他的死也是那样平静,那样简单……

*　　*　　*

7月9日早晨,我们乘火车到达莫斯科。《大众杂志》的编辑维·谢·米罗柳博夫到库尔斯克火车站来接我们,他说,安东·巴甫洛维奇的灵柩早些时候已经到达尼古拉耶夫车站,送葬队伍正向新圣女修道院的墓地行进,现在快走到莫斯科市中心了。我们坐马车到位于瓦甘科夫巷的《俄罗斯思想》杂志编辑部,以便在那儿迎上送葬的队伍。

可是我们哪儿能等得了啊,于是我们朝着送葬队伍迎过去。为安东·巴甫洛维奇送葬的人成群结队地出现在我们面前。此时此刻,我亲眼看到了人民对我作家哥哥的真诚热爱。送葬者人山人海,然而却秩序井

—— 哥哥的逝世与安葬

然。送葬队伍每经过一条街道，那里的车辆就停止走动，电车也停开，两侧街道上还拦着绳索。特别让人感动的是，大学生们在街上维持秩序。莫斯科的大学生和青年人手挽着手，组成一条长长的人墙，保护着送葬队伍，不让好奇的人们靠近哥哥的灵柩，以免造成混乱。起初他们也不让我们靠近灵柩。我们说我们是契诃夫的亲人，可是他们根本不听。我再也控制不住自己了，哭喊着冲向前去：

"让我到哥哥那里去，让我过去……"

最后，他们总算认出我们，放我们过去了。母亲和兄弟们也走过去。那是多么沉痛的时刻啊……整个送葬队伍都停了下来。

队伍又继续前进了。从火车站到修道院，一路上人们都是用手抬着哥哥的灵柩。走到《俄罗斯思想》编辑部大楼旁边（哥哥在最后时期曾在该杂志上发表过许多作品），队伍停下来进行祈祷。随后送葬队伍沿着兹纳缅卡、沃尔杭卡和普列奇斯坚卡几条街继续前进。当送葬队伍走到皮罗戈夫纪念碑旁边的医院门前时，又进行了祈祷。哥哥1897年吐血时，住在这所医院。

新圣女修道院外面也有许多人等待送葬队伍到来。很多戏剧界人士、作家、剧作家、教授和医生都等在那里，其中高尔基和沙里亚宾是赶过送葬队伍提前到达那里的，还有从彼得堡赶来参加葬礼的皇家剧院院长弗·阿·捷里亚科夫斯基、《彼得堡报》的出版者谢·尼·胡杰科夫，等等。

等队伍到了修道院墓地，秩序再也维持不住了，因为送葬的人都想参加契诃夫的葬礼。结果，葬礼过后墓地上的许多十字架被折断，墓碑被挤倒，墓栅也被踩坏。

使我难忘的是，随着哥哥的灵柩徐徐放入墓穴，成千上万的人一齐唱起送葬歌："永垂不朽！……"

葬礼进行过程中，人们送来上百个花圈，放在安东·巴甫洛维奇的坟

遥远的过去——我的哥哥契诃夫

墓上。送花圈的有各报刊编辑部、各剧院、各社会团体，以及安东·巴甫洛维奇的朋友和崇拜者。花圈上的挽联反映出俄国各界人士对安东·巴甫洛维奇深切的热爱。一部分挽联上的内容如下：

俄罗斯人民教师的好朋友安东·巴甫洛维奇·契诃夫永垂不朽　莫斯科改善小学生生活董事会敬挽

光荣的医生作家、敬爱的安东·巴甫洛维奇·契诃夫千古　保护人民健康协会下戈罗德分会敬挽

深切哀悼充满灵感的良师益友　处于无限悲痛中的莫斯科艺术剧院敬挽

敬爱的、富有同情心的安·巴·契诃夫千古　一位深怀谢忱的青年作家敬挽

敬爱的、永志不忘的安东·巴甫洛维奇·契诃夫千古　沙里亚宾痛挽

祖国文学之光安东·巴甫洛维奇·契诃夫千古　《敖德萨新闻》敬挽

敬爱的安东·巴甫洛维奇·契诃夫永垂不朽　谢尔普霍夫县农民敬挽

＊　　＊　　＊

我敬爱的哥哥和朋友、俄国作家安东·巴甫洛维奇·契诃夫的生活旅程就这样结束了。

二十四　半个世纪之后

我们失去了亲人的一家人，在安葬安东·巴甫洛维奇之后，于7月中旬回到雅尔塔。踏进家门，我们的心情是多么沉重啊。

到家后过了几天，我们全家人聚在餐厅里，在场的有母亲、克尼碧尔、大哥亚历山大、哥哥伊万、弟弟米哈伊尔，还有我。大家商量今后怎么办，家里如何安排：我和母亲是住在雅尔塔呢，还是搬到莫斯科去，雅尔塔的房子如何处理，等等。

我对克尼碧尔说：

"奥丽雅，安托沙给你留下什么话没有？有没有什么嘱咐？"

"对了，玛莎，是有一封信，他早就给我了，信是写给你的。我马上拿来。"

她出去，找到了信，交给我。原来这封信就是哥哥的遗嘱，他指定我做他遗嘱的执行人。那信是在1901年8月3日，他去世前三年，就写好了。信的全文如下：

遥远的过去——我的哥哥契诃夫

玛丽雅·巴甫洛芙娜·契诃娃：

　　亲爱的玛莎，我立下遗嘱，我在雅尔塔的别墅、钱财和戏剧著作的收入归你终身所有，古尔祖夫的别墅和5000卢布归我妻子奥尔迦·列昂纳尔多芙娜所有。如果你愿意，可以把不动产卖掉。请你给大哥3000卢布，给伊万5000卢布，给米哈伊尔3000卢布，给阿列克谢·多尔仁科1000卢布，如果叶莲娜·契诃娃（列丽雅）没有出嫁，就给她1000卢布。等你和母亲去世后，除戏剧收入外，其余一切均归塔甘罗格市政府支配，作为国民教育的经费，戏剧收入归弟弟伊万所有，等他（伊万）去世后，归塔甘罗格市政府支配，作为国民教育的经费。我答应过给梅里霍沃村的农民100卢布，作为修路的费用；还答应过加甫里尔·阿列克谢耶维奇·哈尔钦科[①]（地址是：哈尔科夫，莫斯卡列夫卡，他自己的住宅），替他的大女儿缴纳上中学的学费，一直到她不再需要缴纳学费为止。你要帮助穷人。要爱护母亲。

安东·契诃夫

　　我准确无误地完成了哥哥的一切嘱托。

　　我从莫斯科一返回雅尔塔，就把家里的所有房间保护起来，使它们仍旧保持安东·巴甫洛维奇在世时的样子。我决心让这些房间永远保持原样。写字台上的每一件物品，挂在墙上的所有照片，寝室和餐厅里的全部家具，我都精心地维护；我自己擦拭、打扫，细心地把每件物品都放在哥哥生前放的地方。我这样做，为的是让自己永远觉得，哥哥依然在家里。对哥哥深切的爱支配着我的一举一动，我真诚地想把房子保存好，以此寄托我对哥哥的怀念。

　　时间慢慢过去。许多熟人和不太熟的人经常到我们家来，请求观看安

[①] 加·阿·哈尔钦科，上世纪（19世纪）70年代曾在塔甘罗格我父亲的店铺里当过伙计。——原注

——半个世纪之后

雅尔塔家中安·巴·契诃夫的书房

遥远的过去——我的哥哥契诃夫

东·巴甫洛维奇的房间。后来，不少完全不认识的医生、教员、大学生、演员等等，也从外地来观看。他们请求看看房子，让我给他们讲哥哥的生活情况。尤其是青年学生，他们对这方面的要求特别强烈。

我逐渐地明白了，人民热爱安东·巴甫洛维奇的作品，爱戴作家契诃夫，渴望了解他的生平事迹，因而对他最后生活过的房子特别感兴趣。于是我产生了一种想法：应该把为我自己珍藏的这些遗物，作为全体人民的财产妥善保存。

把安东·巴甫洛维奇的房子变成纪念馆的想法就是这样产生的。我很难记清，是从哪一天起这所房子正式成为纪念馆的。即使说，从安东·巴甫洛维奇逝世那天起这房子实际上就变成了纪念馆也不为过，因为我在他逝世后立即把房子保护起来了。

十月革命前，依靠自己的经费保存这所纪念馆可不是一件容易事。特别是修缮房屋，要花大量劳力和钱财。有一个时期，我想争取一些报刊编辑部参加保存这所房子的工作。我与《俄罗斯思想》、《俄罗斯言论》，甚至科学院都进行过谈判，想让他们按间租用房子，把这些房间作为撰稿人休息室，其中哥哥的书房和寝室两处不能动用。可是，这些努力都毫无结果。

那个时期，我整理哥哥遗留的文献，分集发表了某些资料和他未发表过的著作。然后我着手收集、整理安东·巴甫洛维奇的书信，为出版他的书信遗产做准备，结果从1912年到1916年，我出版了著名的安东·巴甫洛维奇书信六卷集。这样，我不但有钱保管好纪念馆，而且还在米斯霍尔盖了一个便宜的小别墅。米斯霍尔是当时克里米亚南岸风景最美的地方之一，我非常喜欢那里。我的小别墅紧靠海边，坐落在高高的海岸上。周围的松树林奇美无比。后边耸立着陡峭的埃彼得里要塞，上面的雉堞历历在目。

早在盖雅尔塔别墅的时候，我就向安东·巴甫洛维奇建议过，给别墅取名为"海鸥",但是哥哥没采纳。这次我给米斯霍尔我的别墅取名为"海鸥"。我的老朋友亚历山德拉·亚历山德罗芙娜·霍佳英采娃在我的别墅旁边,也盖了一个小别墅。画家勃拉伊洛夫斯基的别墅也在那里,这样,我们几个画家住在同一个地方,经常在一起享受时光,结伴游玩,绘画写生。

我一般夏天住在米斯霍尔的别墅,那里有我自己的海滩和非常好的浴场。每当雅尔塔天气转热的时候,我就带着母亲到米斯霍尔去。别墅虽然不大,克尼碧尔和我的兄弟们有时也来做客。

国内战争时期,我的生活很艰难。伟大的十月社会主义革命在俄国内地已经胜利,而波及到克里米亚要晚得多。有一个时期,各种白色政府和军队在克里米亚称霸一方,克里米亚与莫斯科的联系中断,因此我们得不到援助和物质上的救济。我不但没有保存纪念馆的经费,就连我和母亲的生活都无着落了,那时母亲身体很虚弱,又有病。我只得干小时候做过的针线活儿,给别人缝补衣服、裙子,以此挣钱糊口。

苏维埃政权在克里米亚建立后,哥哥的纪念馆成为国家文化教育的一个正式机构,我被任命为纪念馆馆长兼管理员。

年轻的苏维埃国家建立初期,我决定在莫斯科建立一个契诃夫纪念室,因为在莫斯科我的住宅里,也保存有一些与纪念安东·巴甫洛维奇,特别是与纪念他在莫斯科时期的生活有关的物品和家具。有些东西在哥哥伊万和弟弟米哈伊尔处保存。我会见了当时任教育人民委员的阿纳托里·瓦西里耶维奇·卢那察尔斯基,向他说明我的愿望。他马上热情地支持我,我们还商定尽快一起去察看一些适合作契诃夫纪念馆的处所。

我现在还记得,那是夏季的一天,我和卢那察尔斯基在莫斯科市中心徒步转来转去,按他记在一张小纸条上的地址,察看那些地方。当时莫斯科流行嗑瓜子。人们嗑葵花子,把瓜子皮吐到人行道和马路上,走到哪儿吐到哪儿。我和他就在满是瓜子皮的莫斯科街道上溜达,一边走一边兴致

遥远的过去——我的哥哥契诃夫

晚年时期的玛丽雅·巴甫洛芙娜·契诃娃

勃勃地讨论建立纪念馆的计划。卢那察尔斯基没戴帽子，衣着很朴素，因此街上的人一点儿也没有注意我们。他很健谈，我兴致勃勃地听他谈论文学，谈论托尔斯泰、契诃夫和其他作家。

我当时提出在原来库德林花园街科尔涅耶夫的房子里建立纪念馆，他表示赞成。可是此事未能如愿，因为房子已经有人住了。后来契诃夫纪念馆建立在鲁缅采夫纪念馆的公共图书馆（苏联国家列宁图书馆）里。我把我在莫斯科保存的所有东西都交给了这个纪念馆。契诃夫纪念馆只开办了几年，后来逐渐补充其他作家的纪念品和文学陈列品。最后契诃夫纪念馆发展成为莫斯科的公共文学纪念馆，现在叫国家文学纪念馆。

* * *

安东·巴甫洛维奇曾经对伊·阿·布宁说过，他的作品人们可能只看7年，然后就会被遗忘……他这话可是大错特错了！7年过去了，15年过去了，50年又过去了，可是现在人们还在看他的作品！

可惜安东·巴甫洛维奇没能活到今天。他没能看到，现在人们不但称他为伟大的俄罗斯作家，而且称他为世界作家，他的作品永葆青春，全世界的人都在阅读。

1954年，在纪念安东·巴甫洛维奇逝世50周年的时候，我非常荣幸地亲眼目睹世界各国人民对他的创作给予崇高的赞誉。那是我献身于哥哥的漫长生涯中最让我激动的一件大事。

我的生命的确是漫长的。我目睹了许多事，经历了许多事。顺便说说，我经历过三代俄国沙皇统治，三次俄国革命和三次大的战争。我是在废除农奴制两年后出生的，因而也见过农奴制的一些明显的残余。可是我活到了翻天覆地的大变革时期，旧俄罗斯的面貌彻底改变了。

* * *

谁活得时间长，谁就应该做更多的事。我不能肯定，自己已经做了许多事，然而在我93岁的时候，我可以说："我将自己的一生献给了作家契

遥远的过去——我的哥哥契诃夫

诃夫,因此我完成了我想做的事。安东·巴甫洛维奇在世时,我尽一切可能帮助他,让他能安心写作。他去世后,我致力于人民对他的纪念活动。现在,50年后,看到人民对安东·巴甫洛维奇的热爱仍旧那么强烈,我感到由衷的高兴。想到安东·巴甫洛维奇·契诃夫的作品、生活和创作为人民所喜闻乐见,这其中也有我一份小小的贡献,我内心就感到无比的欣慰和满足。"

1956年于雅尔塔

人名索引

A

阿尔汉格尔斯基,巴维尔·阿尔辛季耶维奇(1852—？),俄国沃斯克列辛斯克地方自治会医院医生。

阿尔捷姆(阿尔捷姆耶夫),亚历山大·罗焦诺维奇(1842—1914),俄国莫斯科艺术剧院演员。

"阿麦纳伊萨·埃拉斯托芙娜"(阿尼玛伊萨·奥列斯托芙娜),俄国鲍基莫沃村贝利姆-科洛索夫斯基庄园的女管家。

阿努赫金,阿列克谢·尼古拉耶维奇(1841—1893),俄国诗人。

阿维兰,费多尔·卡尔洛维奇(1839—1916),俄国海军上将。

阿维洛娃,丽季雅·阿列克谢耶芙娜(1865—1943),俄国女作家。

阿赞切夫斯基,Б.М.,俄国作曲家。

埃格斯,亚历山大·罗曼诺维奇(1880—1953),俄国文艺学家。

埃弗罗斯,叶弗多基雅·伊萨科芙娜,参看叶·伊·科诺维采尔。

安德列耶夫,列昂尼德·尼古拉耶维奇(1871—1919),俄国作家。

安德列耶娃,玛丽雅·费多罗芙娜(热里亚布日斯卡娅)(1872—1953),1906年前俄国莫斯科艺术剧院女演员。

遥远的过去——我的哥哥契诃夫

安托科尔斯基,马克·玛特维耶维奇(1843—1902),俄国雕刻家。

奥博连斯基,列昂尼德·叶戈罗维奇(1845—1906),俄国文学批评家。

奥博隆斯基,尼古拉·尼古拉耶维奇,俄国医生。

奥尔列涅夫,巴维尔·尼古拉耶维奇(1869—1932),俄国演员。

奥穆托娃,叶甫盖尼雅·维克托罗芙娜,俄国科尔什剧院女演员。

奥斯特罗夫斯基,米哈伊尔·尼古拉耶维奇(1827—1901),俄国剧作家亚·尼·奥斯特罗夫斯基的弟弟,1881—1893年任俄国财政部部长。

奥斯特罗夫斯基,彼得·尼古拉耶维奇(1839—1906),俄国剧作家亚·尼·奥斯特罗夫斯基的弟弟。

奥斯特罗夫斯基,亚历山大·尼古拉耶维奇(1823—1886),俄国剧作家。

奥斯特罗乌莫夫,阿列克谢·亚历山德罗维奇(1844—1908),俄国教授,内科医生,安·巴·契诃夫1897年住其医院。

B

巴尔蒙特,康斯坦丁·德米特里耶维奇(1867—1942),俄国诗人。

巴尔明,里奥多尔·伊万诺维奇(1841—1891),俄国诗人。

巴尔扎克,奥诺雷·德(1799—1850),法国作家。

巴丘什科夫,费多尔·德米特里耶维奇(1857—1920),俄国文学史家和批评家。

贝多芬,路德维希·凡(1770—1827),德国作曲家、钢琴家和指挥家。

贝利姆-科洛索夫斯基,叶夫根尼·德米特里耶维奇,俄国鲍基莫沃村庄园主。

贝奇科夫,谢苗·伊里奇,俄国"莫斯科大饭店"服务员。

彼得罗夫,维克托·亚历山德罗维奇(1859—?),俄国上校,伊·巴·契诃夫妻子的亲戚。

彼得罗夫,斯捷潘·阿列克谢耶维奇(谢尔基神父),契诃夫家的熟人。

别尔纳尔,萨拉(1844—1923),法国话剧女演员。

别基切夫,弗拉基米尔·彼得罗维奇(1828—1891),俄国剧作家,戏剧活动家,莫斯科皇家剧院院长,玛·弗·基谢廖娃的父亲。

别列诺夫斯卡娅(玛丽尤什卡),玛丽雅·多尔米顿托芙娜(1826—1906),契诃夫家的厨娘。

别什科娃,叶卡捷琳娜·巴甫洛芙娜(1878—?),阿·马·高尔基的妻子。

波德莱尔,沙尔(1822—1867),法国诗人。

波格丹诺夫,阿纳托里·彼得罗维奇(1834—1896),俄国莫斯科大学教授,动物学家和人类学家。

波隆斯基,亚科夫·彼得罗维奇(1819—1898),俄国诗人。

波塔片科,伊格纳季·尼古拉耶维奇(1856—1929),俄国作家。

波塔片科,玛丽雅·安德列耶芙娜,伊·尼·波塔片科的妻子。

勃拉伊洛夫斯基,列昂尼德·米哈伊洛维奇(1867—1937),俄国画家。

勃拉兹,约西弗·埃玛努伊洛维奇(1872—1936),俄国画家。

勃列基辛,费多尔·亚历山德罗维奇(1831—1904),俄国莫斯科大学教授,天文学家。

布列宁,维克托·彼得罗维奇(1841—1926),俄国新闻撰稿人。

布宁,伊万·阿列克谢耶维奇(1870—1953),俄国作家。

布托娃,娜捷日达·谢尔盖耶芙娜(1878—1921),俄国莫斯科艺术剧院女演员。

C

柴可夫斯基,彼得·伊里奇(1840—1893),俄国作曲家。

柴可夫斯基,莫杰斯特·伊里奇(1850—1916),俄国作曲家彼·伊·柴可夫斯基的弟弟,剧作家。

D

达维多夫,弗拉基米尔·尼古拉耶维奇(1849—1925),俄国演员。

遥远的过去——我的哥哥契诃夫

德雷福斯,阿尔弗雷德(1859—1935),法国军官。

德罗兹多娃,玛丽雅·基莫菲耶芙娜(1871—?),俄国画家。

杜泽,埃列奥诺拉·切基,意大利话剧女演员。

多尔戈夫,尼克托波列昂·瓦西里耶维奇,俄国钢琴家。

多尔仁科,阿列克谢·阿列克谢耶维奇(1866—1942),安·巴·契诃夫的表弟。

E

尔热夫斯卡雅,柳博芙·费多罗芙娜,俄国莫斯科私立女子中学校长,玛·巴·契诃娃曾在其学校任教。

F

费多罗夫,伊万·瓦西里耶维奇(1883—?),俄国文艺学家。

费多托娃,格里克利雅·尼古拉耶芙娜(1846—1925),俄国莫斯科艺术剧院女演员。

费特(申申),阿法纳西·阿法纳西耶维奇(1820—1892),俄国诗人。

弗拉基斯拉夫列夫,米哈伊尔·彼得罗维奇(1827—1909),俄国歌唱家。

福尔,弗朗索瓦·菲利(1841—1899),法国总统(1895—1899)。

G

高尔基(别什科夫),阿列克谢·马克西莫维奇(1868—1936),俄国作家。

戈鲁勃金娜,安娜·谢苗诺芙娜(1864—1927),俄国雕刻家。

戈尔采夫,维克托·亚历山德罗维奇(1850—1906),俄国《俄罗斯思想》杂志出版人和编辑。

格里耶,弗拉基米尔·伊万诺维奇(1837—1919),俄国历史教授,莫斯科女子高等学院创始人。

格拉德科夫，尼古拉·彼得罗维奇，契诃夫家在梅里霍沃时期的邻居。

格林卡，米哈伊尔·伊万诺维奇（1804—1857），俄国作曲家。

格卢霍夫斯基，B.C.，俄国兽医。

格利果罗维奇，德米特里·瓦西里耶维奇（1822—1899），俄国作家。

格里戈利耶夫，叶夫根尼·巴甫洛维奇，俄国地方自治会医生。

果戈理，尼古拉·瓦西里耶维奇（1809—1852），俄国作家。

H

哈尔凯耶维奇，瓦尔瓦拉·康斯坦丁诺芙娜（？—1932），俄国雅尔塔女子中学创始人和校长。

哈尔钦科，加甫里尔·阿列克谢耶维奇（1857—？），曾在巴·叶·契诃夫塔甘罗格店铺里做过"伙计"。

霍普特曼，盖尔哈特（1862—1946），德国剧作家。

霍佳英采娃，亚历山德拉·亚历山德罗芙娜（1865—？），俄国画家。

胡杰科夫，谢尔盖·尼古拉耶维奇（1837—1913），俄国《彼得堡报》出版人。

J

加甫利洛夫，伊万，猎人。

加甫利洛夫，伊万·叶戈罗维奇，俄国莫斯科商人，契诃夫的父亲巴维尔·叶戈罗维奇曾在其货栈的防寒物品部做事务员。

加尔金-弗拉斯基，米哈伊尔·尼古拉耶维奇（1834—？），俄国监狱管理局局长。

加林-米哈伊洛夫斯基，尼古拉·格奥尔基耶维奇（1852—1906），俄国作家。

加特楚克，阿列克谢·阿列克谢耶维奇（1832—1891），俄国出版商。

吉利亚罗夫斯基，弗拉基米尔·阿列克谢耶维奇（1855—1935），俄国作家。

基宾涅特，俄国基辅警察局局长。

遥远的过去——我的哥哥契诃夫

基米里亚泽夫,克里蒙特·阿尔卡季耶维奇(1843—1920),俄国莫斯科大学教授。

基普连斯基,奥列斯特·阿达莫维奇(1782—1836),俄国画家。

基谢廖夫,阿列克谢·谢尔盖耶维奇,俄国巴勃基诺庄园主。

基谢廖夫,巴维尔·德米特利耶维奇(1788—1872),俄国尼古拉一世时的财政部长和外交家。

基谢廖夫,亚历山大·亚历山德罗维奇(1838—1911),俄国画家。

基谢廖夫,谢辽沙,阿·谢·基谢廖夫和玛·弗·基谢廖娃之子。

基谢廖娃,玛丽雅·弗拉基米罗芙娜(?—1921),俄国儿童文学作家,阿·谢·基谢廖夫的妻子,弗·彼·别基切夫的女儿。

基谢廖娃,萨莎("瓦西里萨·潘捷列芙娜"),阿·谢·基谢廖夫和玛·弗·基谢廖娃的女儿。

基谢廖娃,维拉,索尼娅,娜佳("小基谢廖娃"),俄国画家亚·亚·基谢廖夫的三个女儿。

季亚科夫,亚历山大·亚历山德罗维奇(1845—1895),俄国《新时报》记者和撰稿人(笔名"居民")。

捷里亚科夫斯基,弗拉基米尔·阿尔卡季耶维奇(1860—1924),俄国彼得堡和莫斯科皇家剧院院长。

捷列绍夫,尼古拉·德米特里耶维奇(1867—1957),俄国作家。

K

卡查洛夫,瓦西里·伊万诺维奇(1875—1948),俄国莫斯科艺术剧院演员。

卡尔法,巴巴卡依·奥西波维奇,安·巴·契诃夫雅尔塔房子的建筑承包工。

康德拉季耶夫,阿列克谢·米哈伊洛维奇(1846—1913),俄国莫斯科小剧院的导演。

康申，M.，木材商人，曾购买契诃夫家梅里霍沃庄园。

科尔涅耶夫，亚科夫·阿列克谢耶维奇，俄国医生，莫斯科库德林花园街上一房主，契诃夫家曾在1886—1890年租住其住宅。

科尔什，费多尔·阿达莫维奇（1852—1921），俄国戏剧活动家。

科罗博夫，尼古拉·伊万诺维奇（1860—1919），俄国医生，安·巴·契诃夫的大学同学。

科罗文，康斯坦丁·阿列克谢耶维奇（1861—1939），俄国画家。

科米萨尔热夫斯卡雅，维拉·费多罗芙娜（1864—1910），俄国女演员。

科尼，阿纳托里·费多罗维奇（1844—1927），俄国法律学家，司法和社会活动家，作家。

科诺维采尔（埃弗罗斯），叶弗多基雅·伊萨科芙娜，玛·巴·契诃娃在高等女子学院的女友。

科诺维采尔，叶菲姆·齐诺维耶维奇，俄国律师，叶·伊·埃弗罗斯的丈夫。

科瓦列夫斯基，马克西姆·马克西莫维奇（1851—1916），俄国法律学家，历史学家，社会活动家，莫斯科大学1877—1887年教授。

柯罗连科，弗拉基米尔·加拉克焦诺维奇（1853—1921），俄国作家。

克拉索夫斯卡娅，俄国科尔什剧院的女演员。

克柳切夫斯基，瓦西里·奥西波维奇（1841—1911），俄国莫斯科大学教授和历史学家。

克尼碧尔，安娜·伊万诺芙娜（1850—1919），奥·列·克尼碧尔的母亲。

克尼碧尔-契诃娃，奥尔迦·列昂纳尔多芙娜（1870—1958），安·巴·契诃夫的妻子，莫斯科艺术剧院的演员。

克雷洛夫（亚历山德罗夫），维克托·亚历山德罗维奇（1838—1906），俄国剧作家。

克雷洛夫，伊万·安德列耶维奇（1769—1844），俄国寓言作家。

遥远的过去——我的哥哥契诃夫

孔达索娃,奥尔迦·彼得罗芙娜,玛·巴·契诃娃的女友,契诃夫家的熟人。

库弗申尼科夫,德米特利·巴甫洛维奇,俄国医生,女画家索·彼·库弗申尼科娃的丈夫。

库弗申尼科娃,索菲雅·彼得罗芙娜(1847—1907),俄国女画家。

库玛宁,费多尔·亚历山德罗维奇(1855—1896),俄国戏剧杂志出版人。

库普林,亚历山大·伊万诺维奇(1870—1938),俄国作家。

L

拉弗罗夫,武科尔·米哈伊洛维奇(1852—1912),俄国《俄罗斯思想》杂志出版人。

拉扎列夫斯基,鲍利斯·亚历山德罗维奇(1871—1919),俄国作家。

莱蒙托夫,米哈伊尔·尤利耶维奇(1814—1841),俄国诗人。

赖特林格尔,埃德蒙德·鲁多里弗维奇,契诃夫家乡塔甘罗格男子古典中学校长。

丽丽娜(阿列克谢耶娃),玛丽雅·彼得罗芙娜(1866—1943),俄国莫斯科艺术剧院的女演员,康·谢·斯坦尼斯拉夫斯基的妻子。

李斯特,弗朗兹(1811—1886),匈牙利作曲家、钢琴家和指挥家。

连斯卡雅,丽季雅·尼古拉耶芙娜,亚·巴·连斯基的妻子。

连斯基,亚历山大·巴甫洛维奇(1847—1908),俄国莫斯科小剧院的演员和导演。

列宾,伊里亚·叶菲莫维奇(1844—1930),俄国画家。

列夫克耶娃,伊丽莎白·伊万诺芙娜(1851—1904),俄国彼得堡亚历山大剧院的女演员。

列夫申,列夫·利沃维奇(1842—1911),俄国教授和外科医生。

列格拉,尤利(Jules Legras),"尤利·安东诺维奇",法国教授,曾把契诃夫的作品译成法文。

列依金，尼古拉·亚历山德罗维奇（1841—1906），俄国作家，《花絮》杂志出版人。

列维坦，阿多利弗·伊里奇（1859—1933），俄国画家，伊·伊·列维坦的哥哥。

列维坦，伊萨克·伊里奇（1861—1900），俄国画家。

林特瓦列夫，巴维尔·米哈伊洛维奇，俄国苏梅当地卢卡人士。

林特瓦列夫，格奥尔基·米哈伊洛维奇（1865—？）俄国钢琴演奏家。

林特瓦列娃，娜塔丽雅·米哈伊洛芙娜，俄国教师。

林特瓦列娃，齐纳伊达·米哈伊洛芙娜，俄国医生。

林特瓦列娃，亚历山德拉·瓦西里耶芙娜，俄国苏梅卢卡庄园女主人。

林特瓦列娃，叶莲娜·米哈伊洛芙娜，俄国医生。

卢那察尔斯基，阿纳托里·瓦西里耶维奇（1875—1933），苏联教育人民委员。

卢日斯基（卡卢日斯基），瓦西里·瓦西里耶维奇（1869—1931），俄国莫斯科艺术剧院的演员。

洛巴京，列夫·米哈伊洛维奇（1855—1920），俄国莫斯科大学教授，唯心主义哲学家。

罗克萨诺娃，玛丽雅·留多米罗芙娜（1874—？），莫斯科艺术剧院的女演员。

罗曼诺夫，谢尔盖·亚历山德罗维奇（1857—1905），俄国大公，莫斯科总督。

罗斯丹，埃德蒙德（1868—1918），法国诗人和剧作家。

鲁比尼，德若万尼·巴基斯塔（1795—1854），俄国歌唱家。

M

马克思，阿多利弗·费多罗维奇（1838—1904），俄国图书出版商。

马克思，卡尔（1818—1883），国际无产阶级革命运动的领袖，马克思主义的

遥远的过去——我的哥哥契诃夫

奠基人。

玛卡罗夫,康斯坦丁·伊万诺维奇,俄国图画教员。

玛科夫斯基,弗拉基米尔·叶戈罗维奇(1846—1920),俄国画家。

玛明-西比里亚克,德米特里·纳尔基索维奇(1852—1912),俄国作家。

玛穆娜,克拉拉·伊万诺芙娜,契诃夫家19世纪90年代的熟人。

玛耶夫斯卡雅,安尼雅,索尼雅,博·伊·玛耶夫斯基的两个女儿。

玛耶夫斯基,阿辽沙,博·伊·玛耶夫斯基的儿子。

玛耶夫斯基,博列斯拉夫·伊格纳基耶维奇,俄国炮兵上校,契诃夫家在沃斯克列辛斯克时的熟人。

米津诺娃,丽季雅·斯塔希耶芙娜(1870—1937),玛·巴·契诃娃的女友,契诃夫家亲密的朋友。

米罗柳博夫,维克托·谢尔盖耶维奇(1860—1939),俄国《大众杂志》的编辑兼出版人,记者。

缅希科夫,米哈伊尔·奥西波维奇(1859—1919),俄国记者。

莫泊桑,居伊·德(1850—1893),法国作家。

莫里哀,让-巴蒂斯特(1622—1673),法国剧作家。

莫斯克文,伊万·米哈伊洛维奇(1874—1946),俄国莫斯科艺术剧院的演员。

穆拉维耶夫-阿波斯托尔,谢尔盖·伊万诺维奇(1796—1826),俄国十二月党人。

穆欣娜-普希金娜,达丽雅·米哈伊洛芙娜("德丽什卡"),玛·巴·契诃娃的女友,话剧演员。

N

纳雷什金娜,伊丽莎白·阿列克谢耶芙娜,俄国一些慈善协会的主席。

纳依捷诺夫,谢尔盖·亚历山德罗维奇(1869—1922),俄国剧作家。

涅克拉索夫，尼古拉·阿列克谢耶维奇（1821—1878），俄国诗人。

涅米罗维奇-丹钦科，弗拉基米尔·伊万诺维奇（1858—1943），俄国作家，剧作家，戏剧活动家。

涅米罗维奇-丹钦科，瓦西里·伊万诺维奇（1848—1936），俄国作家。

涅米罗维奇-丹钦科，叶卡捷琳娜·尼古拉耶芙娜（1858—1938），弗·伊·涅米罗维奇-丹钦科的妻子。

诺维科夫，尼古拉·伊万诺维奇（1744—1818），俄国讽刺作家，出版家。

P

佩尔菲莉耶娃，购买过契诃夫家克里米亚的库丘柯依庄园，后反悔。

皮罗戈夫，尼古拉·伊万诺维奇（1810—1881），俄国外科医生。

普里亚尼什尼科夫，伊拉里昂·米哈伊洛维奇（1840—1894），俄国画家。

普列谢耶夫，阿列克谢·尼古拉耶维奇（1825—1893），俄国诗人。

普希金，亚历山大·谢尔盖耶维奇（1799—1837），俄国诗人。

Q

契诃夫，巴维尔·叶戈罗维奇（1824—1898），安·巴·契诃夫的父亲。

契诃夫，格奥尔基·米特罗方诺维奇（1870—1943），安·巴·契诃夫的堂弟。

契诃夫，米哈伊尔·米哈伊洛维奇（1869—？），安·巴·契诃夫的堂弟。

契诃夫，米哈伊尔·巴甫洛维奇（1865—1936），安·巴·契诃夫的弟弟，文学家。

契诃夫，尼古拉·巴甫洛维奇（1858—1889），安·巴·契诃夫的哥哥。

契诃夫，叶戈尔·米哈伊洛维奇（1801—1879），安·巴·契诃夫的祖父。

契诃夫，伊万·巴甫洛维奇（1861—1922），安·巴·契诃夫的弟弟。

契诃夫，亚历山大·巴甫洛维奇（1855—1913），安·巴·契诃夫的哥哥，文

遥远的过去——我的哥哥契诃夫

学家,新闻撰稿人。

契诃娃,奥尔迦·戈尔曼诺芙娜(1871—1950),米·巴·契诃夫的妻子。

契诃娃,玛丽雅·巴甫洛芙娜(1863—1957),安·巴·契诃夫的妹妹,雅尔塔契诃夫纪念馆馆长。

契诃娃,索菲雅·弗拉基米罗芙娜(1872—1950),伊·巴·契诃夫的妻子。

契诃娃,叶甫盖尼雅·亚科夫列芙娜(1835—1919),安·巴·契诃夫的母亲。

契诃娃,叶莲娜·米特罗方诺芙娜,安·巴·契诃夫的堂妹。

奇利科夫,叶夫根尼·尼古拉耶维奇(1864—1932),俄国作家。

齐普拉科娃,玛莎,契诃夫家在梅里霍沃居住时期的女仆。

齐热夫斯基,俄国新闻撰稿人。

丘普罗夫,亚历山大·伊万诺维奇(1842—1908),俄国经济学教授。

丘丘尼克,瓦西里·萨维奇(1858—1924),俄国歌唱家。

R

热姆丘日尼科夫,阿列克谢·米哈伊洛维奇(1821—1908),俄国诗人。

S

萨宾尼科夫,俄国塔甘罗格商人。

萨勃林,米哈伊尔·阿列克谢耶维奇(1842—1898),俄国《俄罗斯新闻》编辑。

萨尔杜,维克多里昂(1831—1908),法国剧作家。

萨尔蒂科夫-谢德林,米哈伊尔·叶甫格拉弗维奇(1826—1889),俄国作家。

萨宁(申别尔格),亚历山大·阿基莫维奇,莫斯科艺术剧院演员和导演,1919年起为小剧院导演。

萨维茨卡娅,玛尔加丽塔·格奥尔基耶芙娜(1868—1911),俄国莫斯科艺术剧院女演员。

萨维利耶夫,德米特里·季莫费耶维奇(1860—1910),俄国医生,安·巴·契诃夫中学和大学同学。

瑟京,伊万·德米特里耶维奇(1851—1934),俄国图书出版商。

斯基塔列茨(彼得罗夫),斯捷潘·加甫里洛维奇(1869—1941),俄国作家。

斯玛金,谢尔盖·伊万诺维奇,亚·伊·斯玛金的弟弟。

斯玛金,亚历山大·伊万诺维奇,俄国波尔塔瓦省地主,索罗琴齐附近巴库莫夫卡庄园主。

斯玛金娜,叶莲娜·伊万诺芙娜,亚·伊·斯玛金的妹妹。

斯丘阿尔特,俄国男爵,购买契诃夫家梅里霍沃庄园。

斯塔霍维奇,阿列克谢·亚历山德罗维奇(1856—1919),俄国莫斯科艺术剧院演员。

斯坦尼斯拉夫斯基(阿列克谢耶夫),康斯坦丁·谢尔盖耶维奇(1863—1938),俄国导演,演员,莫斯科艺术剧院创办人。

斯托罗仁科,尼古拉·伊里奇(1836—1906),俄国教授,文艺学家。

斯沃博金,巴维尔·玛特维耶维奇(1850—1892),俄国演员。

沙里亚宾,费多尔·伊万诺维奇(1873—1938),俄国歌唱家。

沙波瓦洛夫,列夫·尼古拉耶维奇(1871—1956),俄国建筑师。

沙霍夫斯科依,费多尔·彼得罗维奇(1797—1829),俄国十二月党人。

沙霍夫斯科依,谢尔盖·伊万诺维奇,俄国公爵,契诃夫家居住在梅里霍沃时期的邻居。

舍赫捷尔,弗兰茨·奥西波维奇(1859—1926),俄国建筑学院士。

申别尔格,叶卡捷琳娜·阿基莫芙娜,亚·阿·萨宁–申别尔格的妹妹。

什维列尔(Schwöhrer),德国医生,曾在巴登韦勒给安·巴·契诃夫治病。

叔本华,亚瑟(1788—1860),德国哲学思想家。

索博列夫斯基,瓦西里·米哈伊洛维奇(1846—1913),俄国《俄罗斯新闻》编辑。

遥远的过去——我的哥哥契诃夫

索罗赫京,尼古拉·巴甫洛维奇,俄国画家,安·巴·契诃夫购买其在梅里霍沃的庄园。

索罗金,叶夫格拉弗·谢苗诺维奇(1821—1892),俄国画家。

索洛维耶夫,尼古拉·亚科夫列维奇,俄国剧作家。

苏姆巴托夫-尤仁,亚历山大·伊万诺维奇(1857—1927),俄国剧作家,演员,导演。

苏姆巴托娃-尤仁娜,玛丽雅·尼古拉耶芙娜,亚·伊·苏姆巴托夫-尤仁的妻子。

苏沃林,阿列克谢·谢尔盖耶维奇(1834—1912),《新时报》编辑兼出版人。

苏沃林娜,安娜·伊万诺芙娜,阿·谢·苏沃林的妻子。

T

塔塔林诺娃,凡妮·卡尔洛芙娜,俄国雅尔塔房产主。

陶贝,尤利·罗曼诺维奇,俄国内科医生,曾为安·巴·契诃夫治病。

特列基亚科夫,巴维尔·米哈伊洛维奇(1832—1898),俄国莫斯科绘画陈列馆创始人。

屠格涅夫,伊万·谢尔盖耶维奇(1818—1883),俄国作家。

托尔斯泰,阿列克谢·康斯坦丁诺维奇(1817—1875),俄国作家和诗人。

托尔斯泰,列夫·尼古拉耶维奇(1828—1910),俄国作家。

托尔斯泰雅,索菲雅·安德列耶芙娜(1844—1919),列·尼·托尔斯泰的妻子。

托尔斯泰雅(苏霍基娜),塔季雅娜·利沃芙娜(1864—1951),列·尼·托尔斯泰的女儿。

W

瓦格涅尔，弗拉基米尔·亚历山德罗维奇（1849—1934），俄国动物学家。

瓦格涅尔，玛丽雅·阿波罗诺芙娜，弗·亚·瓦格涅尔的妻子。

瓦连尼科夫，伊万·阿尔卡季耶维奇，契诃夫家在梅里霍沃村的邻居。

维列萨耶夫（斯米多维奇），维肯基·维肯基耶维奇（1867—1945），俄国作家。

维诺格拉多夫，阿列克谢·尼古拉耶维奇，俄国莫斯科房地产委托行所有者。

维什涅夫斯基，亚历山大·列昂尼多维奇（1863—1943），俄国莫斯科艺术剧院演员。

维谢洛夫斯基，阿列克谢·尼古拉耶维奇（1843—1918），俄国文学史学家。

X

西蒙诺夫，亚历山大·马克西莫维奇，安·巴·契诃夫的亲戚（作家母亲的叔伯侄儿，住在叶卡捷琳堡）。

西纳尼，伊萨克·阿勃拉莫维奇（？—1919），俄国雅尔塔图书-烟草商店老板。

肖邦，弗雷德利克（1810—1849），波兰音乐家。

谢尔盖延科，彼得·阿列克谢耶维奇（1854—1930），俄国作家。

谢尔基，主教。参看彼得罗夫，斯捷潘·阿列克谢耶维奇。

谢利瓦诺娃（克拉乌泽），亚历山德拉·利沃芙娜（萨莎），玛·巴·契诃娃的女友。

谢罗夫，瓦连京·亚历山德罗维奇（1865—1911），俄国画家。

谢玛什科，玛里安·罗姆阿尔多维奇，契诃夫家的亲密朋友，俄国大提琴演奏家。

谢缅科维奇，弗拉基米尔·尼古拉耶维奇，契诃夫家在梅里霍沃居住时期的邻居，瓦西基诺村庄园主。

遥远的过去——我的哥哥契诃夫

谢缅科维奇,叶甫盖尼雅·米哈伊洛芙娜,弗·尼·谢缅科维奇的妻子。
谢普金,米哈伊尔·谢苗诺维奇(1788—1863),俄国演员。
谢普金娜-库佩尔尼克,塔季雅娜·利沃芙娜(1874—1952),俄国作家。
休罗夫斯基,弗拉基米尔·安德列耶维奇(1852—?),俄国莫斯科医生,曾
  给安·巴·契诃夫治病。

Y

雅沃尔斯卡娅,丽季雅·鲍利索芙娜(1872—1921),俄国演员。
亚辛斯基,耶罗尼姆·耶罗尼莫维奇(笔名:马克西姆·别林斯基)(1850—
  1931),俄国作家。
伊万年科,亚历山大·伊格纳季耶维奇,契诃夫家的亲密朋友,俄国长笛演奏
  家。
伊万诺夫,伊万·伊万诺维奇(1862—?),俄国文学史家和批评家。
伊万诺芙娜,瓦塔,娜·米·林特瓦列娃的堂妹。
易卜生,亨里克(1828—1906),挪威剧作家。
叶尔莫洛娃,玛丽雅·尼古拉耶芙娜(1853—1928),俄国女演员。
叶尔帕季耶夫斯基,谢尔盖·亚科夫列维奇(1854—1933),俄国作家。
叶弗列莫娃,伊丽莎白·阿列克谢耶芙娜,俄国巴勃基诺庄园基谢廖夫家孩子
  们的家庭女教师。
叶戈罗夫,叶甫格拉弗·彼得罗维奇,俄国一炮兵连军官,后在下戈罗德省做
  地方官。
叶若夫,尼古拉·米哈伊洛维奇(1862—1942),俄国小说家和批评家。
尤诺舍娃,叶卡捷琳娜·伊万诺芙娜,玛·巴·契诃娃在格里耶女子高等学院
  的女友。
尤仁,亚·伊,参看亚·伊·苏姆巴托夫-尤仁。

——特别感谢

Z

赞科维茨卡娅,玛丽雅·康斯坦丁诺芙娜(1860—1934),俄国乌克兰话剧女演员。

泽姆布拉托夫,瓦西里·伊万诺维奇(1857—1908),安·巴·契诃夫中学和大学同学,俄国医生。

兹凡采娃,伊丽莎白·尼古拉耶芙娜(1868—1922),俄国画家。

兹科夫,俄国医生。

左拉,埃米尔(1840—1902),法国作家。

扎哈林,格里果利·安东诺维奇(1829—1897),俄国莫斯科大学教授,医生。

遥远的过去——我的哥哥契诃夫

特别感谢

我在翻译《遥远的过去》的日子里,得到过汝宜陵先生的热情关心和大力帮助,在此表示衷心的感谢。

译者
2010年12月

附录 为什么契诃夫41岁才结婚？

史永利

俄国别具一格的、令人敬佩的著名作家契诃夫生于1860年，1901年结婚，3年后，1904年，便离开了人世。我心里一直有个疑问：为什么契诃夫那么晚，41岁，才结婚？最近，我浏览了《契诃夫文集》第14、15和16卷（书信集，上海译文出版社出版，汝龙先生翻译），跟着他的一封封书信，走过了他的一生。他自己说的话给了我答案。

首先，契诃夫为了维持家庭生活，从开始上大学那一年（1879年）起，便踏上了文学之路，发表文学作品，挣稿费养家，忙得一塌糊涂，但是手头拮据，生活经常捉襟见肘。契诃夫在许多信里提到他没有钱。我想，家庭经济情况不允许他过早结婚。

1886年，契诃夫已经成为俄国文坛上的新星。1月他写信给哥哥亚历山大说："我还没有结婚，没有子女。生活颇不容易。多半夏天就会有钱了。啊，但愿如此！"

1887年1月他写信给《花絮》杂志出版人列依金说："千真万确：一

遥远的过去——我的哥哥契诃夫

个小钱也没有！我还没学会借债，那是一种极大的麻烦事！"10月他写信给哥哥亚历山大说："我又生病，又心境忧郁，简直不像话。钢笔从我手里掉下去，我根本没法写作。我预料最近的将来会破产。要是那个剧本[①]不来救我，那我正当壮年就要完蛋了。那个剧本可能给我带来600到1000个卢布，可是最早也要在11月中旬，至于在11月中旬以前怎么过日子，我不知道。"

1888年6月他写信给列依金说："我自己也愿意套上许门[②]的绳套，可是，唉！环境支配着我，而不是我支配着环境。……我马上要坐下来为糊口而写东西了。"7月他从雅尔塔写信给妹妹玛丽雅说："我一行文字也没有写成，一个小钱也没有挣到；要是我这种可恶的清闲再持续一两个星期，那我就会一个小钱也没有，契诃夫一家人就只好在卢卡[③]过冬了。"

1889年5月他写信给作家阿·尼·普列谢耶夫说："由《伊万诺夫》和那些小书挣来的钱，我快要花完了，不预支稿费不行了。我要在各编辑部预支稿费，胡乱花掉，然后抬起眼睛望着天空，开始大声呼号：'亚伯拉罕、以撒、雅各和震惊世人的歌利亚的上帝啊，你用五块面包喂饱五千人，请倾听我祷告的声音，叫土地张开大口，把我的债主吞没吧；光荣、骄傲、尊崇归于你，圣父圣子圣灵，阿门。'"5月他还是给列依金写信说："今年2月间我有将近1500百个卢布。我原来希望整个夏天，一直到10月为止，我可以逍遥自在地度过，不做什么事情，我可以周游全世界，不必写作。我还没逍遥自在地生活过一天，而且什么地方都还没去过，可是我那1500，如今只剩下340个卢布了。……我觉得等到我像人那样生活，也就是等到我有了自己的窝，有了自己的而不是别人的妻子，一句话，等到我摆脱了俗事和纷扰，我就会又动手写幽默作品，我甚至做梦都

[①] 指契诃夫写的剧本《伊万诺夫》。
[②] 指希腊神话中的婚姻之神。
[③] 在苏梅附近林特瓦列夫家的庄园，当时契诃夫家住在那里度夏。

——为什么契诃夫41岁才结婚？（附录）

梦见了幽默作品。种种题材在我的脑子里翻腾，好比深水里的鱼一样。"

1890年4月他给《新时报》的出版人阿·谢·苏沃林写信说："我家里人的生活费可以维持到9月底，在这方面我已经放心了。"因此，契诃夫向《新时报》编辑部借了1000卢布，去萨哈林岛考察苦役流放犯的生活。在旅途中，他写了大量游记，寄给《新时报》发表，"以工抵债"。

1891年2月他又给苏沃林写信说："请您给我寄钱来。我没有钱了，而且似乎也没有地方可以拿钱。"8月他给苏沃林写信说："如果您不淘汰这篇小说①，那么我要把稿费的一半用来偿还我欠报纸的债，另一半供我糊口。要是您推迟到秋天发表这篇小说，那么请您打电报给可敬的会计处，要它赶快给我汇300个卢布来，记在这篇小说的账上，否则我囊空如洗，连出门的路费也没有了。……唉！我不会到您那儿去了。我是用低沉阴郁的声调说这句话的。我没有路费，而又不想借新债。"10月他给朋友娜·米·林特瓦列娃写信说："我希望来年春天我会有一大笔钱。我是根据迷信来判断的：没有钱就是快有钱了。"

由于契诃夫身体不好，需要把家搬离莫斯科，到农村去住。契诃夫的那句名言——"如果我是医生，就需要病人和医院；如果我是文学工作者，就需要生活在人民中间。"——就是在1891年底写信说的，决心离开城市。1892年他借钱买了离莫斯科不很远的梅里霍沃村的庄园。他3月份写信给作家伊·列·列昂捷夫（谢格洛夫）说："先生，这个庄园值13000，而我只付了3000。其余的是债务，这会很久很久地像一根链子似的拴住我。"这年6月，他给苏沃林写信说："我的心灵痛苦不堪，因为我意识到我是在为钱工作，钱是我的工作的中心。这种痛心的感觉连同正义，使得我的作家生活在我的心目中成为一种可鄙的行业；……我暗自庆幸我有医疗工作，不管怎样，我干医疗工作总还不是为钱。我应当在硫酸里洗个澡，烫掉我身上的一层皮，然后再长出一身新毛来。"

---

①指契诃夫写的中篇小说《决斗》。

遥远的过去——我的哥哥契诃夫

我们知道，契诃夫1884年从莫斯科大学医学系毕业，成为医生。在农村居住时期，他经常给农民看病，但是他完全不收诊费。不但如此，他还在梅里霍沃主持当地扑灭、预防霍乱的工作，参加人口普查，参与救济饥民的工作，为农民子弟建造两所学校，等等，也都是无偿的，有时还要自己为这些工作掏钱，提供资金。在那个时期，契诃夫写信给列依金说："除了这种流行病[1]以外，我还等待另外一种流行病，这种病是一定会传布到我的庄园来的。那就是缺钱。由于我的文学工作的停顿，我的收入也停止了。"

1893年12月，他在给《俄罗斯思想》杂志编辑兼出版人维·亚·戈尔采夫写信时慨叹："钱老是没有，而且不会很快就有，真要命。"

1894年11月，他给苏沃林写信说："这样说来，我欠1004个卢布。……我急于偿清最后这点债务，因为我打算在您那儿再借新债。"

1895年1月，他给作家维·维·比里宾写信说："我住在乡下，偶尔到莫斯科去一趟，吃一下牡蛎。我在苍老。没有钱。没有勋章。没有官阶。债务倒有。"3月，他给苏沃林写信说："我已经没有钱了。光了！不过，我住在乡下，没有饭馆，没有街头马车，于是钱也就好像没有用处了。"

1897年，契诃夫劳累过度，吐血住院。他在给作家弗·尼·阿尔古京斯基-多尔戈鲁科夫的信中说："3月间和4月初我躺在医院里。我吐血了。现在没什么了。春天十分美好，然而没有钱，真是倒霉。"

直到1898年，契诃夫才开始有钱。7月，他写信给女作家丽·阿·阿维洛娃说："经济问题已经顺利解决。我把《花絮》上我那些小的短篇剪下来，卖给了瑟京[2]，让他出版10年。再者，看样子我可以从《俄罗

---

[1]指霍乱病。
[2]俄国出版商。

斯思想》拿到1000个卢布①；顺便说一句，他们给我增加稿费了。从前是250，现在是300②。"8月，契诃夫给苏沃林写信说："瑟京买下我的幽默小说，所出的价钱不是3000，而是5000。……一句话，得出版文集了。这会把我从困境中解救出来，这是托尔斯泰给我出的主意。"正是从1898年开始，契诃夫才真心考虑结婚的事。这年10月，他给苏沃林写信说："我离开莫斯科以前去看过《沙皇费多尔·伊凡诺维奇》③的彩排。那种有文化修养的表演风格我十分喜欢，并为之感动；……依我看，伊莉娜演得出色。她的悦耳的声调、高贵的气度、诚恳的态度，都那么出色，弄得人喉头发痒。……要是我留在莫斯科，我就会爱上这个伊莉娜④。"

契诃夫彻底解决经济问题是在1899年。他把自己的所有作品卖给了《田地》杂志的发行人阿·费·马克思。1月27日，他给妹妹玛丽雅写信说："你写信来说：'别卖给马克思'，可是彼得堡来了电报：'合同已公证签署。'我做的这个出售可能不划算，也许将来证明果真如此，不过它有一个好处，它解开了我的双手，一直到我生命的最后一天，我都不用去跟出版商和印刷厂打交道了。况且马克思出版的书非常漂亮。这将是货真价实的版本，不是那种粗俗丑陋的东西。他们将分三期付给我75000卢布；……"

由于契诃夫身体不好，医生建议他搬到温暖的南方居住。他用卖掉全部作品（戏剧作品除外）得到的钱，在雅尔塔盖了房子，偿清了一切债务。同年，契诃夫把家搬到了雅尔塔。还在1899年2月，契诃夫刚把作品卖给阿·费·马克思，就给苏沃林写信说，关于向马克思出售版权的事，"我是这样想的，如果我活不久，不满5年或10年，这次出售就划算；如

---

① 指契诃夫在该杂志发表的《套中人》、《醋栗》和《关于爱情》的稿费。
② 指每一个印张的稿费。
③ 俄国剧作家阿·康·托尔斯泰的剧作。
④ 伊莉娜由奥尔迦·列昂纳尔多芙那·克尼碧尔——契诃夫未来的妻子——扮演。

遥远的过去——我的哥哥契诃夫

果我活得久,那就不划算了。"

契诃夫迟迟不结婚的第二方面的原因是:契诃夫志怀高远,他担心婚姻会妨碍他的工作,妨碍他写作。例如,俄国没有一个著名文学家到萨哈林岛去过,可是契诃夫去了,而且写出一本学术性、文学性俱佳的专著《萨哈林岛》。难怪《神的世界》杂志1902年第9期上一篇文章说:"即使契诃夫先生除这本书之外再没有写过任何别的作品,他的名字也将载入俄国文学的史册,在俄国流放史上也将永远被人们所怀念。"从契诃夫去萨哈林岛考察这件事,我们就可以看出,契诃夫立志要做前人没有做过的事,处处以天下为己任。从他的作品我们也可以看出,他的小说与众不同,他的戏剧更是新颖别致。契诃夫担心过早结婚对他的工作有妨碍。1891年5月,他在给苏沃林的信中说:"我的家庭人口众多,我这个写作的人好比一只虾跟别的虾同装在一个筐里:挤得很。……我不打算结婚。我希望我现在是一个秃顶的小老头,在一个讲究的书房里挨着一张大桌子坐着。"

1895年3月,他给苏沃林写信说:"遵命,我结婚就是,既然您希望这样。不过我有一个条件:一切照旧,也就是说她得住在莫斯科,我住在乡下,我常去找她。至于那种天长日久、时时刻刻厮守在一起的幸福,我是受不了的。要是每天她老是跟我讲她那一套话,老是用那种腔调讲,我会发脾气。……我应该做一个宽宏大量的丈夫,可是请您给我一个像月亮那样不是每天在我的天空出现的妻子;我不会因为结了婚而写作得更好的。"11月,他还是给苏沃林写信说:"我应当洗澡和结婚才对。我怕妻子,怕家庭的秩序,这些东西使我感到拘束,不知为什么在概念里同我的散漫无秩序格格不入……"

1896年12月,他给科学院院士、建筑师弗·奥·舍赫捷尔写信说:"请您容许我再晃荡两三年,到那时候再看,说不定我也真会结婚的。只是为什么您希望我的妻子'折腾'我呢?要知道就是没有她,生活本身也

——为什么契诃夫41岁才结婚？（附录）

已经在折腾，而且'折腾'得够厉害的了。"

第三，契诃夫重视真正的、纯洁的爱情。我们知道，契诃夫长得漂亮，有才能，既谦虚，又幽默，超凡脱俗，成为作家以后，很多女人追求他，甚至被他迷得晕头转向。比如，女作家丽·阿·阿维洛娃，有丈夫，有孩子，可是她爱了契诃夫一辈子。她送给契诃夫一个书形表坠，上面刻着数字，按数字找到契诃夫的一本书的第几页第几行，就可以看到这样的句子："假如你什么时候需要我的生命，就来把它拿去好了。"

再比如，契诃夫妹妹的女友丽·斯·米津诺娃长得非常漂亮，"五官端端正正，灰眼睛妩媚动人，烟色头发松软光洁，两道眉毛乌黑乌黑的，看上去十分迷人"。她非常爱慕契诃夫，直到1898年，尽管已经经历过与作家伊·尼·波塔片科的一次惨痛的爱情悲剧，还给契诃夫抄写这样的句子："不论我的将来是光明，还是黑暗，不论我的生命是否就要毁灭，从此销声匿迹，我只知道一点：在彻底走进坟墓以前，一切都属于你！"

契诃夫跟她们都是很好的朋友，也十分珍惜她们的友谊。但是，契诃夫看人可不光看表面。1898年10月，他给弟弟米哈伊尔写信说："结婚只有在相爱的情形下才是有趣的；至于仅仅因为一个姑娘惹人喜欢就跟她结婚，那就无异于在市集上买下一种不需要的东西仅仅因为它很好一样。在家庭生活这架机器里最主要的螺丝钉就是爱情、性的吸引、性生活的和谐，至于其他一切东西，不管我们的看法多么明智，都无关紧要而且无聊。可见问题不在于惹人喜欢的姑娘，而在于爱情；你也知道，问题在于男人。"契诃夫是作家，作家是研究人的。他很会看人，能透过人的外表，看到人的心灵。

最后，契诃夫找到了他寻求多年的妻子——莫斯科艺术剧院漂亮、才华横溢的女演员奥尔迦·列昂纳尔多芙娜·克尼碧尔。契诃夫住在雅尔塔，克尼碧尔在莫斯科工作。如果契诃夫没有病，不过早地逝世，他们的婚姻该是多么美呀！